AF289214

Ulla Grall

Bohnen – vom Garten in die Küche

Ulla Grall

Bohnen –
vom Garten in die Küche

Vielfalt erhalten und genießen

illustriert von Lisa Apfelbacher

Inhalt

6

Wer sagt hier ...

... »das interessiert mich nicht die Bohne«?!

Halten auch Sie Bohnen für ein recht banales Thema und meinen, eine Bohne sei so gut wie die andere? Ich möchte Sie mit diesem Buch gerne vom Gegenteil überzeugen! Entdecken Sie Bohnen und ihre Vielfalt für den Garten und die Küche neu.

Ich wünsche Ihnen dabei viel Vergnügen!

Märchenhafte Bohnen

Rund um die Bohne ranken sich – im wahrsten Sinne des Wortes – auch zahlreiche Geschichten und Märchen.

Meist ist es die Kletterkunst der Stangenbohne, die dabei eine tragende Rolle spielt. So auch im bekannten Bohnenmärchen »Jack und die Bohnenranke«, das aus dem englischen Sprachraum überliefert ist:

Jack, ein recht einfältiger Junge, tauscht die einzige Kuh seiner Mutter gegen eine Handvoll Bohnen. Seine Mutter, erbost über diesen schlechten Handel, wirft die Kerne zum Fenster hinaus. Diese Bohnen entpuppen sich jedoch als äußerst wuchsfreudig, sie wachsen bis in den Himmel. Jack erklettert die Ranke und gelangt so in das Schloss eines Riesen ... Natürlich geht die Geschichte am Ende gut aus für Jack und er bekommt eine Prinzessin zur Frau! Wer gerne das ganze Märchen lesen möchte, findet es in ähnlichen Versionen zum Beispiel im Internet.

In Frankreich, in der Region Poitou, war es der Sage nach die »Schöne Melusine«, eine Zauberin und Wasserfrau, halb Mensch, halb Schlange oder Fisch, die Raimondin, den Sohn des Königs der Bretagne, zum Gemahl nahm unter der Bedingung, er dürfe sie nie im Bade sehen. Für dieses Versprechen machte sie ihn zum reichen Mann und erbaute nicht nur das Schloss Lusignan in einer einzigen Nacht, sondern schenkte dem Lande auch die Bohne. Als ein Symbol von Reichtum vielleicht?

Doch Raimondin konnte seine Neugier nicht bezähmen und belauschte die Dame, die sich daraufhin wieder verwandeln musste und durchs Fenster entflog. Der Ursprung dieser Sage liegt im frühen Mittelalter, sodass es auf keinen Fall die Gartenbohne gewesen sein kann, die Melusine ins Poitou brachte. Im Stundenbuch des Herzogs von Berry – »Les très riches heures du duc du Berry« – ist auf der Tafel zum Monat März das Schloss dargestellt, dessen Erbauerin die schöne Zauberin war. Über dem Dach sieht man sie fliegen – zurückverwandelt in ein Ungeheuer, im Vordergrund sind Bauern bei der Arbeit, einer pflügt mit dem Ochsengespann, ein anderer beugt sich über einen Sack, wohl, um zu säen. Ob es Bohnen sind?

Geschichte

Die Bohnen der Alten Welt

Wenn in mittelalterlichen Kochbüchern von Bohnen die Rede ist, meint der Autor oder die Autorin die **Puffbohne** oder **Saubohne** *(Vicia faba* var. *major)*, auch Dicke Bohne genannt, und die kleinere, **Ackerbohne** oder **Pferdebohne** genannte *Vicia faba* var. *minor.* Nur diese Bohnenart war in Mitteleuropa zu dieser Zeit bekannt.

Ihre nächsten Verwandten sind *Vicia galilea* aus dem Vorderen Orient und *Vicia pliniana* aus Nordafrika. Diese Gegenden sind wahrscheinlich auch die ursprüngliche Heimat unserer Saubohne. Woher sie letztendlich wirklich stammt, ist unsicher, denn eine wilde Urform der Faba-Bohne wurde bislang nicht entdeckt. Eine kleinsamige Form – *Vicia faba* ssp. *paucijuga* –, die sowohl in Indien als auch in Spanien vorkommt, wird als der Wildform am engsten verwandt angesehen.

Unsere Faba-Bohne wurde als Kulturpflanze in Mitteleuropa nördlich der Alpen schon seit dem Ende der Bronzezeit (in Mitteleuropa dauerte diese Zeit bis etwa 800 v. Chr.) angebaut. Belegt ist dies durch Funde in den Pfahlbausiedlungen des Alpenvorlandes. Die bisher ältesten Funde, datiert auf 6500 bis 6000 v. Chr., stammen aus der Ausgrabung einer steinzeitlichen Siedlung in der Nähe von Nazareth.

Eine ganz schön lange Reise hatte diese Bohne also schon hinter sich, als sie hierzulande zu einem der wichtigsten Grundnahrungsmittel wurde.

Noch vor Beginn der Römerzeit (750 v. Chr.) wanderte die Faba-Bohne bis zum Niederrhein und in die Region zwischen Oder und Weichsel und wurde dann zu einer der Hauptkultursorten an der Nordseeküste.

Natürlich wanderte die Bohne nicht selbst, »einfach so« und von alleine. Es waren die Menschen, die als Reisende, Händler oder Handwerker auf ihren Fahrten und Wanderungen Speisen entdeckten, die in ihrer heimischen Region nicht bekannt waren, und Samen zurück nach Hause brachten.

Auch kriegerische Beutezüge führten dazu, dass sich Arten und Sorten weiter verbreiteten. Und die Mitgift bei Ehen, die innerhalb der Herrscherdynastien oft genug über große Distanzen geschlossen wurden, enthielt nicht nur den »üblichen Hausrat«, sondern auch Saatgut von Pflanzen, welche die in die Fremde ziehende Braut nicht missen wollte. So könnte es wohl auch bei der Faba-Bohne gewesen sein.

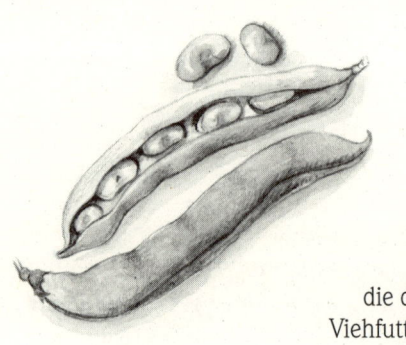

Puffbohnen

Die damals noch niedrigeren und stämmigeren Bohnenpflanzen wurden sowohl in den Gärten als auch feldmäßig angebaut, sie kamen gut mit leicht salzigen Böden zurecht und waren unempfindlich gegen die starken Winde der küstennahen Regionen.

Die Kerne, auch sie waren kleiner als die der heutigen Sorten, dienten sowohl als Viehfutter als auch als Nahrung der Menschen. Sicher kommt auch aus dieser Zeit die Namensvielfalt, die sich auf die Tierfütterung bezieht (wie Saubohne oder Pferdebohne) und die manch einen heutzutage die Nase rümpfen lässt. Die kleinsamige Form *(Vicia faba* var. *minor)* ist bis heute als Ackerbohne ein geschätztes Tierfutter, was nicht heißt, dass diese kleinsamigen Sorten für den menschlichen Verzehr nicht geeignet wären.

Die Römer jedenfalls, denen nachgesagt wird, dass sie gut zu essen verstanden, schätzten sie als »Fabaciae virides«. Überliefert ist zum Beispiel ein Rezept mit Lauch, das als eine Art Salat lauwarm oder kalt serviert wurde, gewürzt mit Kümmel, Koriander und natürlich Garum, der berühmt-berüchtigten Fischsauce, die bei den Römern so beliebt war, dass sie an wohl kaum einem Gericht fehlen durfte (siehe Apicius, de re coquinaria, V VI. 1.). Etwas abgewandelt habe ich das Gericht für Sie nachgekocht, Sie finden es bei den Rezepten auf Seite 121.

Die Köche des Mittelalters konnten auf die Saubohne natürlich ebenso wenig verzichten. Sie war in den Hausgärten ebenso wie in den Klostergärten ganz gewiss anzutreffen, selbst wenn sie nicht so häufig Erwähnung fand, wie es mir ihrer Stellung in der Ernährung als angemessen erscheint. Den Autoren der berühmten mittelalterlichen Kräuterbücher, die überwiegend in den Klöstern entstanden, kam es meist mehr auf die heilenden Aspekte der von ihnen beschriebenen Pflanzen an, einfache Kochrezepte waren ihnen wohl zu banal. Doch hatte trotzdem ganz gewiss kein Mönchlein Einwände dagegen, das leibliche Wohl mit einem schlichten Mus aus Bohnen zu fördern. Denn Mus war es am häufigsten, wenn im Mittelalter Gemüse auf den Tisch kam: Der Gleichklang der beiden Worte kommt nicht von ungefähr.

Wenn Sie also ein Püree aus Saubohnenkernen zubereiten und zum Beispiel mit Salbei würzen, dürfen Sie sich durchaus »mittelalterlich« fühlen. Noch köstlicher wird es, wenn man es mit kalt gepresstem Olivenöl und Zitronensaft beträufelt und vielleicht einige Kristalle Fleur de Sel darüberstreut; das ist dann aber wohl nicht mehr ganz authentisch …

Aus der Zeit um 812 stammt auch die erste schriftliche Quelle, die »Faba maiores« nennt.

Das unter Karl dem Großen erstellte »Capitulare de villis«, eine sogenannte Landgüterverordnung, enthält neben detaillierten Anweisungen zum Betreiben der kaiserlichen Güter auch einen Absatz mit einer Aufzählung der anzubauenden Nutzpflanzen. Geschrieben wurde das Werk vom Abt der Benediktinerabtei Wandrille in Aachen, Ausegius. Die Liste der anzubauenden Arten ist recht lakonisch gehalten – eine Aufzählung lateinischer Namen, mehr nicht. Schade, dass uns Ausegius nicht auch etwas über die Anbauweise verraten hat. Möglicherweise hat der Abt mit »Faba maiores« jedoch noch nicht wirklich die Dicke Bohne *(Vicia faba* var. *major)* gemeint.

Erst spätere Hinweise sind dann eindeutig: Eine sehr naturgetreue Zeichnung von Conrad Gesner (1516 – 1565) zeigt eindeutig eine »Große Bohne« genannte *Vicia faba* var. *major* und zwei Holzschnitte aus dem Kräuterbuch von Joachim Camerarius von 1586 bieten die Möglichkeit zum Vergleich von kleinsamigen, »Wilde Bohnen« genannten und großsamigen, einfach als »Bonen« bezeichneten Saubohnenarten.

Man schließt daraus, dass die *Vicia faba* var. *major* in der Zeit zwischen 800 und etwa 1200 entstanden sein muss – ob durch bewusste Züchtung, Kreuzung oder Auslese ist nicht bekannt. Sie können ein Mittelalterrezept also mit dicken Saubohnen vom Markt zubereiten und müssen dafür nicht unbedingt die ältere, kleine Ackerbohne anbauen.

Interessant ist auf jeden Fall die Tatsache, dass die Faba-Bohne nur als Kulturpflanze vorkommt! Zwar gibt es in Nordafrika eine Verwandte, die *Vicia narbonensis,* sie ist aber nicht so eng verwandt, dass sie sich mit der *faba* kreuzen ließe. Weitere Vicia-Bohnen gibt es im Vorderen Orient und in Algerien. Der Wildform, die doch ursprünglich existiert haben muss, am nächsten ist wohl die *Vicia faba* ssp. *paucijuga.* Sie wird in Indien, am Himalaya und in Südspanien angebaut und gilt als eine sehr primitive Form einer Kulturbohne.

Zwei weitere Bohnenarten waren in Europa zwar bekannt, stammen jedoch ursprünglich aus Afrika: die **Kuhbohne** oder **Augenbohne** *(Vigna unguiculata)* und die **Helmbohne** *(Dolichos lablab* beziehungsweise *Lablab purpureus).*

Im schon erwähnten »Capitulare« nennt der Abt von St. Wandrille auch eine »fasiolum«, womit nach Ansicht von Wissenschaftlern diese beiden Arten gemeint sind. »Fasiolo« heißt auch eine Bohne, die im Gartenentwurf zum Benediktinerkloster St. Gallen von etwa 817 aufgeführt ist.

Genau beschrieben wird sie dann um 1260 von Albertus Magnus: eine Pflanze namens »faseolus«, deren verschiedenfarbige Samen einen schwarzen Nabel tragen. Diese Beschreibung passt zur Kuhbohne *(Vigna unguiculata),* die wegen des Augenflecks auch Augenbohne oder, wegen der langen Hülsen,

11

Langbohne genannt wird. Sie ist in Afrika zu Hause und wurde schon um etwa 2500 v. Chr. in Ägypten kultiviert.

Insgesamt umfasst die Gruppe der Vigna-Bohnen, zu der auch die Augenbohne gehört, mehr als 150 Arten, auch die Mungbohne, die Adzukibohne und die indische Urdbohne zählen dazu. Die Bezeichnungen sind sehr vielfältig: Durch die Umbenennung der ursprünglich als »Phaseolus« bezeichneten Bohnen der Alten Welt (siehe auch Seite 15) entstand ein chaotisches Namenswirrwarr, das nur Botaniker (vielleicht) korrekt aufdröseln können.

Die Pflanzen der Vigna-Bohnen sind zierlicher als die unserer heutigen Gartenbohne, ihr aber im sonstigen Wuchs sehr ähnlich. Die Blüten und also auch die reifenden Hülsen stehen einzeln bis zu wenigen in den Blattachseln an den Stängeln, während die Gartenbohne Trauben von Blüten und Hülsen bildet. Die Vigna-Hülsen sind dünner und fester, die Kerne klein.

Es gibt kletternd wachsende und buschförmige Augenbohnen, beide Formen werden bis heute in Afrika angebaut und sind wichtige Eiweißlieferanten. In Ägypten heißen sie »Lubia-Bohnen«. In Indien, wo die Pflanze zwar nicht heimisch ist, aber sehr früh eingeführt wurde, gibt es extrem langfrüchtige Sorten mit Hülsen, die bis zu 50 cm lang werden. Gelegentlich sind bei uns solche Bohnen auf dem Markt erhältlich als Kilometerbohne oder, weniger übertreibend, Meterbohne, Spargelbohne, Strumpfbandbohne oder Spaghettibohne. In den Gemüsetheken gut sortierter asiatischer Lebensmittelgeschäfte kann man sie ab und an finden. Achten Sie beim Kauf unbedingt darauf, dass die Stängelansätze noch nicht völlig ausgetrocknet sind: Diese Bohnen sind überlagert, zäh und gar nicht mehr schmackhaft.

Kerne von Augenbohnen sind gelegentlich als Suppenböhnchen in Delikatessgeschäften zu haben. In Italien werden sie angebaut und gerne verwendet, ganz besonders in der Toskana, wo Bohnen in der traditionellen Küche eine recht große Rolle spielen.

Augenbohnen benötigen im Anbau richtig warmes Klima, selbst in Weinbauregionen gedeihen sie bei uns leider nur einigermaßen gut. Der Ertrag ist nie so richtig üppig und ein kühler Sommer lässt die Bohnen nur schlecht zur Reife kommen. Die Augenbohnen haben es darum nie zu einer der Faba-Bohne vergleichbaren Verbreitung gebracht. Gut ist derjenige dran, der ein Gewächshaus sein eigen nennt: Dort kann man Augenbohnen problemloser kultivieren. Gut funktioniert die Mischkultur mit Tomaten und besonders schön ist es, rankende Sorten zu kultivieren, deren Hülsen dann vom First herabhängen.

Die zweite afrikanische Art, Helmbohne genannt wegen des auffälligen Wulstes am Nabel oder auch Pharaobohne nach der vermutlichen Herkunft aus Ägypten, wird heute in allen heißen Regionen der Erde angebaut. Am besten gedeiht sie bei 20 bis 35 °C, ihre sehr tief wachsenden Pfahlwurzeln lassen

12

sie auch Trockenzeiten gut überstehen. Die Kulturzeit ist jedoch sehr lang: Selbst vorgezogene Pflanzen tragen hierzulande erst im Oktober reife Samen. Das zeigt schon, dass die Helmbohne für den Anbau bei uns wenig geeignet ist. Helmbohnen kamen früher zwar gelegentlich in die Küchen, waren aber immer »Importware« und dementsprechend wesentlich teurer als Bohnen, die in der Region gediehen oder sogar im eigenen Garten oder vom eigenen Acker geerntet werden konnten. Eine große Bedeutung in der Ernährung der Bevölkerung Mitteleuropas hat deshalb auch diese Art nie errungen.

Die Faba-Bohne jedoch war im wahrsten Sinne des Wortes »in aller Munde«. Einfach zu kultivieren, anspruchslos in Bezug auf Boden und Klima, nahrhaft für Mensch und Tier war sie ein ideales Lebensmittel. Und das wäre sie unter den Bohnen hierzulande wohl auch bis heute geblieben, wenn nicht von Christoph Kolumbus das zweite Kapitel der Bohnengeschichte geschrieben worden wäre.

Die Reise der Gartenbohne nach Europa

Mit der Entdeckung (oder besser Wieder-entdeckung) Amerikas durch Christoph Kolumbus im Jahre 1492 änderten sich in Europa die Küchenzettel und zuvor auch die Anbaupläne von Äckern und Gärten grundlegend!

Nicht nur die Kartoffel, Kürbisse, Mais und Tomaten brachten die Conquistadores über den großen Teich, sondern auch die Gartenbohne, die Feuerbohne und die Mondbohne.

Bohnen zählen zu den Schmetterlingsblütlern.

Die älteste Darstellung der Gartenbohne findet sich im »New Kreüterbuch« von Leonhart Fuchs aus dem Jahre 1543. Der Mediziner und Botaniker hat in diesem sehr umfangreichen Werk die typischen Merkmale der »Welsch Bonen« sehr anschaulich dargestellt und auch ihren Anbau beschrieben (siehe auch Seiten 211 und 213).

Die damals noch recht neuen Bohnen heißen bei ihm noch Fremde (Welsche), die im gleichen Buch abgebildeten Faba-Bohnen werden einfach nur »Bonen« genannt.

Während von den Bohnen der Alten Welt nur Kulturformen bekannt sind, fand man in Nordamerika und Mittelamerika wilde oder halbwilde Bohnen als Vorgänger der Kultursorten unserer heutigen **Gartenbohne** (Phaseolus *vulgaris)*. In Südamerika heimisch ist eine weitere Wildbohne *(Phaseolus aboригineus)*, die der heutigen Gartenbohne sehr ähnlich ist und auch gesammelt und gegessen wurde, aus der sich aber keine Kultursorten entwickelten. All diese Sorten wachsen rankend beziehungsweise klimmend, die Kerne sind meist kleiner als bei den heute angebauten Gartenbohnen. Gegessen wurden vor allem die Kerne, die sich getrocknet auch sehr gut zur Vorratshaltung eignen.

Auch die **Feuerbohne** *(Phaseolus coccineus)* kam aus der Neuen Welt zu uns, sie hatte jedoch bereits dort eine weniger große Bedeutung als die Gartenbohne. Sie ist mit letzterer verwandt, kreuzt sich jedoch nicht mit ihr.

Als Kind der Hochländer von Mexiko und Guatemala ist die Feuerbohne kühlem und feuchtem Klima hervorragend angepasst, weshalb sie sich auch für den Anbau im nördlichen Europa gut eignet.

Über die Insel Krim gelangte sie zunächst nach Osteuropa. Anfangs hielt man sie, wahrscheinlich der eindrucksvollen Blüten wegen, für nicht essbar, in Frankreich wird sie noch immer eher als Zierpflanze denn als Gemüse angesehen. In England dagegen, wo das Klima den Gartenbohnen wenig zuträglich ist, erreichte sie eine große Beliebtheit, was sich auch in der Vielfalt der dort gezüchteten Feuerbohnensorten niederschlägt.

Die Kerne sind größer als die der Gartenbohne und zeigen eine große Vielfalt an Farbvarianten: Rein weiße Kerne kommen von weiß blühenden Pflanzen, die farbigen Kerne zeigen ein Spektrum von zartem Lila und allen nur denkbaren Sprenkelungen von Dunkel auf Hell und Hell auf Dunkel bis zu tiefem, glänzendem Lackschwarz.

Ihre Synonyme sind »Blumenbohne« wegen der schönen, wickenartigen Blüten, »Spanische Bohne« nach der Herkunft über Spanien ins westliche Europa oder auch »Dicke Bohne«, was in Rezepten oft zu Verwechslungen mit der ebenso bezeichneten Puffbohne führt.

Als weitere Arten kannte man im südlichen Amerika die **Mondbohne** *(Phaseouls lunatus* var. *lunatus)*, so genannt wegen der mondsichelförmig gebogenen Hülsen, und die **Limabohne** *(Phaseouls lunatus* var. *macrocarpus)*, benannt nach der Hauptstadt von Peru. Die Limabohne ist der Mondbohne sehr ähnlich, jedoch insgesamt größer als diese. Für die Verwendung in der Küche spielt dieser Unterschied aber keine Rolle.

Ab etwa 3000 v. Chr. war der Ackerbau bei den Indios in der Region des heutigen Mexiko und New Mexico bereits hoch entwickelt. Bemerkenswert ist die unterschiedliche Wertschätzung der Arten: Die Gartenbohne diente als Nahrung für das gewöhnliche Volk und die Mondbohne war der herrschenden Klasse als Speise vorbehalten. Für die Hochkulturen der Azteken und Inkas waren die Bohnen eine der Lebensgrundlagen und ein ausgeklügeltes Bewässerungssystem sorgte für reiche Ernten. Kolumbus war davon beeindruckt und beschrieb bereits nach seiner ersten Reise die »wohlbestellten Bohnenfelder« auf Kuba, wo er den Bohnen zum ersten Mal begegnete.

Sehr bald wurde erkannt, dass die Gartenbohnen im Anbau wesentlich weniger anspruchsvoll waren als die neben der heimischen Puffbohne bislang in Europa bekannten, aus tropischem Klima stammenden Bohnen. Der zuvor bekannte Name »Faseolus« oder »Phaseolus« für Bohnen der Alten Welt wurde kurzerhand auf die neue Art übertragen und die Pflanze konnte ihren Siegeszug durch unsere Gärten und Küchen antreten.

Im Gegensatz zu etlichen anderen »Mitbringseln« der Conquistadores, die recht lange brauchten, bis sie in den europäischen Küchen Akzeptanz fanden – man denke an das Misstrauen gegenüber der Tomate und den Widerstand, den die Bauern der Kartoffel entgegensetzten –, wurde die Gartenbohne schnell populär. Ein Haus- und Küchengarten ohne Bohnen – undenkbar!

Überall in ihren Heimatländern, in Südamerika und Mittelamerika und den südlichen Teilen Nordamerikas, spielte die Bohne eine wesentliche Rolle in der Ernährung. Überliefert ist der gemeinsame Anbau von Bohnen und Mais auf dem gleichen Feld, gemeinsam stellten diese beiden Arten die Grundernährung sicher, und dies ist in Mittelamerika und Südamerika bis heute der Fall. Diese Methode des gemeinsamen Anbaus konnte sich in Europa nicht durchsetzen, man kann diese Mischkultur jedoch im eigenen Garten versuchen: In unseren Breiten sollte der Mais dafür vorgezogen werden, um ihm einen Kulturvorsprung zu geben. Um die ausgepflanzten Maispflanzen werden dann die Bohnenkerne, nicht mehr als drei pro Pflanze, gelegt. Geeignet sind vor allem Bohnensorten, die nicht zu hoch ranken (Typ »Reiserbohne«, siehe Seite 56), und eine Maissorte, die im Gegensatz dazu möglichst hoch wächst. Der Mais bietet der rankenden Bohnenpflanze Stütze und Halt und die Bohne, als Leguminose eine Stickstoffsammlerin, versorgt den immer hungrigen Mais mit Nährstoffen.

Auch in der Küche ist die Kombination von Mais und Bohnen sinnvoll: Die Indianer kochten »Succotash«, einen Eintopf aus Mais und Bohnen, der in die traditionelle amerikanische Küche übernommen wurde und nun gerne zu Thanksgiving serviert wird (siehe auch Seite 180). Eine nahrhafte Angelegenheit!

In der mexikanischen Küche haben Maisgerichte mit Bohnen Tradition, zum Beispiel als Chili – mit oder ohne Carne (Fleisch) – zu Maistortillas, Tacos (weichen Maistortillas) oder als Nachos (Maischips), die in ein pikantes Bohnenpüree gedippt werden. Auch »Frijoles refritos«, gebratene Bohnen, das Nationalgericht Mexikos, wird mit Tortillas, Nachos oder Tacos serviert (siehe auch Seite 162).

Auch in Afrika kennt man die Kombination der beiden Arten, so habe ich ein Rezept aus Kapstadt gefunden mit dem für deutsche Zungen unaussprechlichen Namen »Umngqusho«, bei dem Mais(-Mehl) und Bohnen gemeinsam zu Brei verkocht werden. Das Originalrezept sieht für diese Speise keinerlei Gewürze vor: Traditionell werden Breie in den meisten Kulturen nicht gewürzt, die Würze kommt zum Beispiel durch die begleitenden Saucen hinzu. Der Brei als solcher soll vor allem sättigen und das tut auch dieses Mus ganz gewiss.

Doch ist die Kombination von Mais und Bohnen auch ernährungsphysiologisch vorteilhaft: Der hohe Eiweißgehalt und die hohe biologische Wertigkeit des Eiweißes macht sie besonders wertvoll. So soll diese Ernährungsweise bei den Tarahumara-Indianern im mexikanischen Bundesstaat Chihuahua mit ein Grund für deren außerordentliche sportliche Leistungen sein: Sie sind hervorragende Langstreckenläufer.

Zwar kamen Mais und Bohnen gemeinsam in die Alte Welt, trotzdem spielt Speisemais in den Regionen nördlich der Alpen bis heute eine eher unbedeutende Rolle, die neue Gartenbohne wurde dafür umso beliebter: Sie ist aus den Küchen ganz Europas nicht mehr wegzudenken und es haben sich rund um die Gartenbohne viele regionale Traditionsrezepte entwickelt. Oft finden dabei Sorten Verwendung, die ebenfalls regional entstanden sind und heute als »Landsorten« vom Aussterben bedroht sind.

Diese Landsorten sind weniger homogen als moderne Züchtungen, oft auch weniger ertragreich, dafür jedoch robuster und der jeweiligen Region, in der sie entstanden, hervorragend angepasst.

So populär sind die Gartenbohnen in Europa, dass es vielen Liebhabern von Küche und Garten gar nicht bewusst ist, dass sie eigentlich gar nicht zu den heimischen Gemüsen zählen. Da passiert auch schon mal so ein Lapsus wie in dem kleinen Museum, das ich besuchte, wo frühe mittelalterliche Wohnverhältnisse sehr anschaulich dargestellt wurden und ein mittelalterlicher Nutzgarten rekonstruiert und bebaut war. Alles sehr schön und liebevoll aufgebaut, aber mittendrin: Stangenbohnen ...

»Grüne Bohnen« werden in Europa in einer Menge von etwa 1,2 Millionen Tonnen pro Jahr produziert, weltweit sind es mehr als 3 Millionen Tonnen pro Jahr; davon geht ein Großteil in die Konservenindustrie. In Deutschland liegen die Anbauzentren für grüne Bohnen am Rhein und Neckar, der Anbau im Gewächshaus übersteigt mittlerweile die Freilandkultur. Insgesamt geht der Anbau bei uns jedoch zurück. 39 Buschbohnensorten und 17 Stangenbohnensorten führt die aktuelle Sortenliste des Bundessortenamtes momentan. Das ist angesichts der ursprünglichen Vielfalt erschreckend wenig, habe ich doch in meiner »privaten Sammlung« allein schon mehr als 90 Sorten zusammengetragen, und die Erhalterorganisation »Arche Noah« zählt in ihrem Archiv mehr als 800!

Ob die Sorten zum Frischverzehr oder zum Konservieren als »grüne Bohnen« genutzt werden, ob sie sich als Trocken-

Kunst mit Bohnen

Als ich vor einiger Zeit eine Anfrage nach Bohnen mit ungewöhnlicher oder besonders schöner Zeichnung »für Objekte« erhielt, war ich neugierig und fragte zurück. So kam ich in Kontakt mit Susanne Isselstein, einer Künstlerin, die sich von der Farbvielfalt der Bohnenkerne inspirieren lässt.

Frau Isselstein bekam von mir ein kleines Sortiment besonders schöner Bohnenkerne und sandte mir dafür den kleinen Ausstellungskatalog mit Abbildungen ihrer Bohnenkunstwerke. Da konnte ich nicht widerstehen: Das Objekt mit der »Red Nightfall« musste ich haben! Die Bohne mit ihrer wunderschönen Sprenkelung, die wirklich an einen Sonnenuntergang erinnert, ist im Zentrum des Bildes montiert, auf einer kleinen, quadratisch ausgesparten Fläche. Davon ausgehend verläuft nach außen dunkler werdend eine gesprenkelte Struktur, die sowohl die Farben als auch die Art der Zeichnung auf der Bohne aufgreift.

Das Werk hängt gerahmt bei mir im Esszimmer und ich freue mich immer wieder daran. Was doch aus so einer Bohne alles werden kann!

bohnen eignen oder als Flageoletbohnen am besten schmecken, geht aus der Liste des Bundessortenamtes nicht hervor. So geht Wissen über althergebrachte Nutzungsformen verloren. Zwar liegt eine große Anzahl Samen, natürlich nicht nur von Bohnen, in Genbanken, wie es sie in Gatersleben gibt, und dienen Züchtern als Ausgangsmaterial für neue Sorten, aber zu den dort gelagerten Sorten ist leider oft nicht mal mehr ein Name vorhanden und die Samen warten nur mit Nummer und Herkunftsangabe versehen darauf, dass sich vielleicht wieder eine Gelegenheit findet, sie außerhalb der reinen Erhaltung für die Archive nachzubauen.

Dass vor allem der Anbau von Trockenbohnen oder Körnerbohnen so stark im Zurückgehen begriffen ist, liegt unter anderem daran, dass wir für unsere Eiweißversorgung auf (zu) billiges Fleisch zurückgreifen können und die häusliche Vorratshaltung durch die geänderte Art der Haushaltsführung nicht mehr die Rolle spielt, die sie früher innehatte.

Mit dem Anbau von Bohnen im eigenen Garten, ob als grüne Bohne oder als Körnerbohne zu verwenden, leistet jede Gärtnerin und jeder Gärtner also einen persönlichen Beitrag zur Erhaltung der Sortenvielfalt unserer Gemüse und zwar am besten, indem er zur Aussaat alte oder überkommene Sorten wählt.

Er wird zum Vielfaltsgärtner – und hat den Genuss obendrein!

17

Redensarten rund um die Bohne

Auch in den allgemeinen Sprachgebrauch ist die Bohne eingegangen. Eine bekannte Redensart lautet: »Das interessiert mich nicht die Bohne«. Aber was heißt das eigentlich? Warum ist die Bohne denn so uninteressant? Es soll damit wohl die scheinbare Wertlosigkeit einer einzelnen Bohne zum Ausdruck gebracht werden. Man könnte also auch sagen: »Das interessiert mich nicht im Geringsten«. Dies mit dem Bild der Bohne auszudrücken, ist aber natürlich viel lebendiger.

Auch derjenige, der »einen Sack Bohnen« bekommt, wird nicht zufrieden sein, denn er ist schlecht bezahlt oder fühlt sich im übertragenen Sinne in seinen Leistungen nicht anerkannt.

Wenn jemand schlecht hört – oder hören will – sagt man zu ihm: »Du hast wohl Bohnen in den Ohren«. Diese Redensart wurde in den 60er-Jahren sogar zum Schlager: Chris Howland verhalf dieser Hörbehinderung mit »Bohnen in die Ohr'n« in die Hitparade und machte sie zum Ohrwurm.

Ein abschätziger Vergleich lautet, jemand sei »dumm wie Saubohnenstroh«. Der Volksmund meint damit, jemand sei so dumm, dass er zu nichts zu gebrauchen sei. So wie eben das Saubohnenstroh, das nach dem Dreschen der Saubohnen übrig bleibt und zu nichts mehr nütze ist. Jede andere Strohart kann noch als Einstreu oder sogar zu Futterzwecken im Stall eingesetzt werden, das Bohnenstroh jedoch findet dort keine Verwendung. Dass diese Redensart recht alt sein muss, können Sprachkundler sicher bestätigen, denn die Saubohne, auch Puffbohne, Pferdebohne oder Dicke Bohne (siehe Seite 31), war lange vor den Gartenbohnen bei uns heimisch und wichtiger Bestandteil der Ernährung im Winter für Mensch und Tier. Der Spruch »jedes Böhnchen gibt ein Tönchen« ist der blähenden Wirkung der Bohnen zu verdanken. Warum Bohnen diese Eigenschaft haben, werde ich im Kapitel über die Inhaltsstoffe ab Seite 80 erklären.

»Geh mir aus den Bohnen« ist eine deutliche und nicht gerade höfliche Aufforderung, sich aus dem Staube zu machen.

Wer »lang wie eine Bohnenstange« ist, hat schon allein wegen seiner Körpergröße den Überblick. Ein Mädchen, das als »Bohnenstange« tituliert wird, ist aber nicht nur sehr groß gewachsen, sondern noch dazu dürr. (In meiner Schulklasse war so ein Mädchen, das uns alle überragte, wir hänselten es – »seht ihr den Hut dort auf der Stange …« – später wurde es Fotomodell.)

»Blaue Bohnen« wachsen nicht nur im Garten, sondern kommen in Western oder Krimis häufig vor. Wenn sie einem um die Ohren pfeifen, wird's gefährlich. Also besser in Deckung gehen!

18

Bunte Vielfalt bei den Bohnen

Bohnenarten im Überblick
Hier ein Überblick über Bohnenarten, die teilweise im folgenden Kapitel näher vorgestellt werden:
- **Gartenbohnen,** siehe ab Seite 20
  - ⬦ Buschbohne *(Phaseolus vulgaris* var. *nanus)*
  - ⬦ Stangenbohne oder Kletterbohne *(Phaseolus vulgaris* var. *communis)*
- **Feuerbohne** oder Prunkbohne, auch Spanische Bohne, Türkische Bohne, Blumenbohne oder Käferbohne *(Phaseolus coccineus),* siehe ab Seite 30
- **Puffbohne,** Saubohne oder Dicke Bohne *(Vicia faba* var. *major),* und **Ackerbohne** oder Pferdebohne *(Vicia faba* var. *minor),* siehe ab Seite 31
- **Limabohne,** auch Butterbohne oder Riesenbohne *(Phaseouls lunatus* var. *macrocarpus)* und **Mondbohne** *(Phaseolus lunatus* var. *lunatus),* siehe ab Seite 33
- **Mungobohne** *(Phaseouls aureus)*
- Vigna-Bohnen mit etwa 150 Spezies (hier eine Auswahl):
  - ⬦ **Mungbohne** *(Vigna radiata),* siehe ab Seite 35
  - ⬦ **Adzukibohne** oder Azuki-Bohne, auch Asuki-Bohne *(Vigna angularis* var. *angularis),* siehe ab Seite 36
  - ⬦ **Spargelbohne** *(Vigna unguiculata* ssp. *sesquipedales),* siehe ab Seite 37
  - ⬦ **Augenbohne** oder Kuhbohne *(Vigna sinensis* oder *Vigna unguiculata* ssp. *unguiculata),* siehe Seite 37
  - ⬦ **Catjang-Bohne** *(Vigna unguiculata* ssp. *sylindrika)*
  - ⬦ **Urdbohne** *(Vigna mungo),* siehe Seite 38
  - ⬦ **Reisbohne** *(Vigna umbellata),* siehe ab Seite 38
- **Helmbohne** oder Faselbohne *(Lablab purpureus,* früher *Dolychos lablab),* siehe ab Seite 39
- **Flügelbohne** *(Psophocarpus tetragonobolus),* siehe ab Seite 40
- **Sojabohne** *(Glycine maxima),* siehe ab Seite 41

Diese Liste erhebt keinen Anspruch auf Vollständigkeit!

Gartenbohnen

Mal als Busch, mal rankend

Je nach Wuchstyp unterscheidet man bei den Gartenbohnen die Kletterbohnen *(Phaseolus vulgaris* var. *communis)* mit unbegrenztem Wachstum und die Buschbohnen *(Phaseolus vulgaris* var. *nanus)* mit begrenztem Wachstum.

Bei den Kletterbohnen findet man außerdem zwei Zwischenformen mit determiniertem, das heißt begrenztem Wachstum: die Reiserbohne oder Pfahlbohne *(Phaseolus vulgaris* var. *communis* convar. *medius)*, deren Sorten zwischen 80 cm und 1,5 m Wuchshöhe erreichen, und eine 2 bis 5 m hoch wachsende Varietät *(Phaseolus vulgaris* var. *communis* convar. *altus)*, die keinen speziellen deutschen Namen hat, sondern, wenn überhaupt, als »niedrige Kletterbohne« angeboten wird. Diese beiden Zwischenformen beenden ihr Wachstum in einer genetisch vorbestimmten Höhe.

Die unbegrenzt (indeterminiert) wachsenden **Kletterbohnen** werden in ihrer Heimat nicht durch niedrige Temperaturen im Wachstum beschränkt: Ist das Klima warm genug, wachsen die Pflanzen »unbegrenzt« weiter. Wie hoch das letzten Endes wirklich sein kann, konnte ich leider auch in wissenschaftlichen Werken nicht herausfinden, und für den eigenen Versuch fehlt mir das beheizte Gewächshaus. Denn für den Bohnenanbau im Freien in Mitteleuropa macht es keinen Unterschied, ob begrenzt oder unbegrenzt wachsend: Der erste Frost rafft jede Bohnenpflanze dahin.

Frisch aus dem Garten oder vom Markt schmecken Bohnen einfach gut!

Die Urform der Gartenbohne war rankend, genauer gesagt klimmend: Die Pflanzen brauchen eine Stütze, um die sie sich nach oben winden können. Von diesen Ahnen haben die heutigen Stangenbohnen ihre Dynamik geerbt: Sie erklimmen in Windeseile die für sie aufgestellten Bohnenstangen, aber genauso gerne auch Zäune und Spaliere. Der Stängel windet sich gegen den Uhrzeigersinn immer weiter in die Höhe und erst der einbrechende Spätherbst mit Nachtfrost macht seinem Wachstum ein Ende. Sollten Sie einer Bohnenranke mal etwas Hilfestellung geben müssen und sie an der Stange aufleiten, beachten Sie unbedingt die Rankrichtung. Eine falsch herum aufgeleitete Ranke verliert den Halt und pendelt hilflos im Wind.

Die **Buschbohnen** sind stärker verzweigt und bleiben mit 20 bis 60 cm Höhe niedrig. Sie werden mittlerweile von den meisten Hausgärtnern bevorzugt, da sie einfacher zu beernten sind als die kletternden Schwestern und manch einer den Aufwand des Stangenstellens scheut. Jedoch ist der Ertrag eher niedriger als bei den hoch wachsenden Sorten. Ich selbst bin ausgesprochener Stangenbohnenfan! Ich finde, die Stangen verleihen dem Garten Struktur, und das Gestaltungselement der dritten Dimension kann so jedes Jahr neu in die Gartenplanung einbezogen werden. Außerdem kann man die Bohnen wunderbar mit rankenden Zierpflanzen kombinieren: Eine Mischkultur von Bohnen mit Trichterwinden zum Beispiel wirkt ungeheuer dekorativ!

Ursprünglich für den Erwerbsanbau gezüchtete Buschbohnen vom sogenannten »Gluckentyp« tragen die Hülsen über den Blättern, wodurch sie für eine maschinelle Ernte besser geeignet sind. Die einfache Ernte machte diese Sorten auch bei Hausgärtnern beliebt, doch ein Nachteil ist, dass viele dieser Sorten auch auf eine möglichst gleichzeitige Reife hin gezüchtet wurden. Was für den Marktgärtner von Vorteil ist – alle Bohnenhülsen reifen zugleich und das Beet ist danach frei für die Folgekultur – führt im Hausgarten zu einer Ernteschwemme mit entsprechendem »Verarbeitungsdruck«. Mir persönlich sind die alten Sorten mit nach und nach reifenden Hülsen lieber!

Grüne Bohnen können auch gelb sein!

Wenn man von grünen Bohnen spricht, meint man solche Sorten, deren Hülsen »unreif« geerntet und verzehrt werden. Von diesen gibt es sowohl Buschsorten als auch Klettersorten und die Hülsen müssen keineswegs wirklich von grüner Farbe sein. So gibt es zahlreiche **gelbhülsige Sorten,** die gemeinhin als »Wachsbohnen« bezeichnet werden und besonders gut für Salate geeignet sind. Gelegentlich hört man auch die Bezeichnung »Butterbohnen« für sie, die aber auch für die Kerne der Limabohne verwendet wird, und sogar getrocknete, dicke weiße Gartenbohnenkerne sind unter diesem Namen im Handel.

Eine der bekanntesten Wachsbohnen ist die buschförmig wachsende 'Wachs Beste von Allen'. Ich kenne diese Bohne schon aus dem Garten meiner Großmutter. Omas Wachsbohnensalat war beim Familienessen im sommerlichen Garten am Sonntagmittag immer sehr beliebt.

Auch bei den kletternden Sorten gibt es gelbhülsige wie die 'Berner Butter' oder die kurios geformte Sorte 'Gelbes Posthörnchen'. Den Namen hat diese Bohne von der starken Krümmung der Hülsen, eben wie ein Posthorn, die daher rührt, dass der stützende Faden in der Hülse fehlt. Zwar krumm, aber dafür absolut fadenfrei!

Recht selten sind **blauhülsige Sorten:** Die Hülsenfarbe ist Dunkelblau bis Violett, oft mit einem Grünstich oder grünen Sprengseln. Beim Kochen behalten diese Sorten ihre ungewöhnliche Farbe aber leider nicht, sondern werden dunkelgrün. Unbestritten ein Vorteil der auffälligen Farbe ist jedoch, dass man sie beim Pflücken viel besser als grünhülsige Sorten sieht. Auch hier finden sich beide Wuchstypen. Aus Frankreich kommt zum Beispiel die 'Reine des Pourpres' ('Purpurkönigin') als Buschbohne, und ein Beispiel für eine blaue Stangenbohne ist die 'Blauhilde', die bei mir im Garten besonders gut gedieh.

Sorten mit **gesprenkelten Hülsen** findet man häufig noch unter den Flageoletsorten (siehe Seite 24): ein wunderbares Bild, wenn ein Berg gesprenkelter Bohnenhülsen auf dem Markt zum Kauf lockt. Auch bei Zwiebohnen (siehe Seite 28) und vor allem bei Trockenkochbohnen (siehe Seite 24) findet sich die Zweifarbigkeit noch häufig. Die mehrfarbigen Hülsen sind meistens ein Zeichen dafür, dass es sich um eine ältere Sorte handelt, moderne Züchtungen sind grün, denn grüne Bohnen haben grün zu sein. Punktum.

In Österreich nennt man die grünen Bohnen »Fisolen«. Die Herkunft dieses Wortes von »Phaseolus« ist ihm deutlich anzuhören.

Fädig oder nichtfädig?

Am Faden der Bohne können sich die Geister scheiden: Allgemein erwünscht sind heutzutage fadenlose Sorten. Aber fragen Sie mal Ihre Großmutter (oder Urgroßmutter), die weiß es noch genau: Vor noch nicht mal 60 Jahren hatten fast alle grünen Bohnen noch Fäden! Heute ist das anders, die verarbeitende Industrie verlangte Bohnen ohne Fäden, und die Züchter folgten dem Ruf gerne. Auf der Strecke geblieben sind dabei viele sehr aromatische Sorten. Schade um sie!

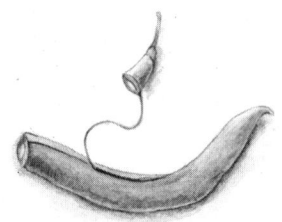

Alte Sorten haben häufig noch Fäden.

22

Grüne Bohnen nach Art der Zubereitung benannt

Häufig werden die grünen Bohnen auch über die Art der Zubereitung definiert:

- **Filetbohnen** oder **Prinzessbohnen** sind rundhülsige Sorten, meist buschförmig wachsend, die sehr jung geerntet und meistens im Ganzen (als Filet) serviert werden. Sie sollten unbedingt fadenfrei sein – was würde die Prinzessin sagen, wenn sie beim Bohnenessen plötzlich Fäden spucken muss.
- Auch **Keniabohnen** sind Filetbohnen. Ursprünglich in Kenia für den Handel angebaut, wurde die Herkunftsbezeichnung zu einem Handelsnamen für einen Typ junger, zarter Böhnchen, die besonders früh auf dem Markt sind.
- **Brechbohnen** (»Brockelbohnen« in meinem heimischen, rheinhessischen Dialekt) sind kräftige, rundhülsige Sorten, die vor dem Garen in Stücke gebrochen werden. Auch hierfür werden fadenfreie Sorten bevorzugt. (Das Brechen der Gartenbohnen ist übrigens auch ein Frischetest: Ganz frische Hülsen brechen mit einem leisen Knacks und zeigen saftige Bruchstellen. Je länger die Bohnen schon geerntet sind, desto stärker kann man sie biegen, bis zu dem Zeitpunkt, an dem sie so schlapp sind, dass man einen Knoten daraus knüpfen könnte. Ein Versuch auf »Biegen oder Brechen« also.)
- Als **Schnittbohnen** oder **Schnippelbohnen** bezeichnet man die flachen, breithülsigen Sorten, die vor dem Zubereiten in feine Streifen geschnitten werden. Dazu haben wir zu Hause ein »Bohnenmühlchen«, mit dem sich die Bohnen rascher als per Hand in »nudelige« Streifen schneiden lassen. Für Schnippelbohnen können fädige Sorten verwendet werden, da bei den kurzen Stücken ein eventueller Fadenrest nicht unangenehm auffällt.
- Besonders breithülsige Sorten werden auch **Schwertbohnen** genannt, die wahrscheinlich breiteste von allen trägt den Namen 'Schlachtschwertbohne'. Ein Bespiel für eine Schwertbohne »normaler Breite« ist die 'Pfälzer Juni', eine sehr frühe Sorte, gut zum Vorziehen geeignet, und durch die kurze Vegetationszeit auch für die Aussaat in zweiter Tracht zu empfehlen.

Wenn Sie Bohnen selbst anbauen, probieren Sie mal eine der alten fädigen Buschbohnensorten wie die 'Ostfriesische Speck' oder 'St. Andreas' und kommen Sie so auf den urtümlich deftigen Bohnengeschmack.

Auch bei den Feuerbohnensorten ist gewöhnlich die Anlage zur Fädigkeit noch vorhanden. Man erntet Feuerbohnen für den Frischverzehr deshalb als grüne Hülsen möglichst jung, solange sich in den grünen Hülsen noch keine Kerne abzuzeichnen beginnen, denn dann sind auch die Fäden noch nicht ausgebildet.

Von Kennern geliebt – Flageoletbohnen

Nicht der Hülsen, sondern der zarten, buttrigen, meist weißen oder hellgrünen Kerne wegen werden die Flageoletbohnen oder Palbohnen angebaut: Man erntet die Hülsen halbreif, wenn die Kerne noch so weich sind, dass sie sich leicht mit dem Fingernagel ritzen lassen. Milchreif nennt man diesen Zustand. Man pult sie aus den Hülsen und genießt sie gegart und in Butter geschwenkt.

Flageoletbohnen sind in Frankreich sehr beliebt, man kann sie auf dem Markt zum Selbstauspulen kaufen. Die eilige Hausfrau ersteht sie küchenfertig, entweder eingeschweißt oder als Konserve im Glas oder auch tiefgekühlt. Bei uns sind Flageolets recht unbekannt und man muss sie selbst anbauen, wenn man diese Delikatesse genießen will.

Eine meiner Lieblingssorten ist die 'Soisson vert á râmes', eine kletternde Sorte, natürlich aus Frankreich, mit hellgrünen, großen, buttrigen Kernen.

In Deutschland wird der Name »Flageolet-Bohne« oder »Flageolettbohne« auch für eine Sortengruppe grüner Bohnen mit rundovalen oder flachovalen Hülsen verwendet. Die Begriffe gehen hier ziemlich durcheinander und selbstverständlich kann man von französischen Flageoletsorten auch die grünen Hülsen essen, bevor sich die Kerne ausbilden. Allerdings sind diese Sorten oft nicht fadenfrei. Der Vorteil ist aber, dass sich dadurch die Kerne leichter auspulen lassen – der Faden funktioniert fast wie ein Reißverschluss!

Getrocknet für den Wintervorrat – Körnerbohnen

Körnerbohnen, auch Trockenkochbohnen oder Palbohnen genannt, spielten früher eine wichtige Rolle, um im Winter den Eiweißbedarf zu decken. Geerntet werden dafür die rascheltrockenen Hülsen mit den ausgereiften Samen. Weil im Herbst, zur Zeit der Ernte, die Nächte oft feucht sind, ist vor dem Auspulen oder Dreschen meistens Nachtrocknen notwendig.

Das geschieht am besten an einem warmen, trockenen Ort, der ruhig zugig sein darf. Die Tennen in den alten Scheunen waren da ideal. Bei mir wird oft, zum Schrecken meines Mannes, das Wohnzimmer zweckentfremdet: In Obststeigen, denn diese lassen sich gut stapeln, liegen die Bohnen zum Nachtrocknen auf Zeitungspapier, bis sie trocken genug sind und ich die Zeit finde, sie zu dreschen oder zu pulen. Gut getrocknet, sind die Kerne dann sehr lange haltbar. Über verschiedene Methoden, sie aufzubewahren, lesen Sie im Kapitel über die Vorratshaltung ab Seite 85.

Im Folgenden einige Gartenbohnensorten, die als Körnerbohnen verwendet werden – die Auswahl erhebt keinen Anspruch auf Vollständigkeit:
- Zu den bekanntesten Sorten unter den Körnerbohnen oder Trockenkochbohnen gehört die 'Kidneybohne' mit ihren roten Kernen, die klassische Sorte

Trockenkochbohne oder grüne Bohne?

Nicht alle Bohnensorten sind geeignet, um als Trockenkochbohne verzehrt zu werden, ebenso wie speziell für die Trockenbohnenernte gezüchtete oder selektierte Sorten nicht unbedingt als grüne Bohnen so richtig lecker schmecken.

Wenn Sie eine Sorte anbauen, bei der Sie unsicher sind, probieren Sie es aus, entscheidend ist der Geschmack. Wenn Sie Kerne einer Sorte getrocknet haben und sie Ihnen dann doch nicht munden, können Sie die Samen immer noch als Saatgut für grüne Bohnen im kommenden Jahr aufheben.

für »Chili con Carne« und »Baked beans«. »Kidney«, englisch für »Niere«, heißt sie wegen der deutlich ausgeprägten Nierenform. Sie wird, ebenso wie eine Reihe anderer Sorten, deren Kerne diese Form haben, darum auch »Nierenbohne« genannt.

- Die bunt gefleckten »Borlottobohnen«, auch »Borlottibohnen« genannt, aus Italien gibt es sowohl als Buschbohnen als auch als Stangenbohnen.
- Rundliche, weiße »Kokosbohnen« existieren in verschiedenen Sorten ebenso wie die großsamigen »Maisbohnen«. Zu diesen gehört die in Frankreich besonders beliebte 'Tarbais' aus der Gegend von Castre.
- »Perlbohnen«, die es in vielen verschiedenen Farben gibt, wurden und werden auch als Schmuck auf Schnüre gezogen oder wie die 'Monstranzbohne' wegen ihrer bildhaften Zeichnung zu Rosenkränzen gefädelt. Sie können aber genauso gut wie auch andere Körnerbohnen in der Küche verwendet werden.
- Die sehr dicken weißen Kerne, die beim Griechen als Salat serviert werden, sind manchmal Gartenbohnen *(Phaseolus vulgaris)*, meistens jedoch Samen von weiß blühenden Feuerbohnen *(Phaseolus coccineus)*. Sie werden als »Riesenbohnen« oder »Gigantes« verkauft, es sind dies jedoch keine Sortennamen, sondern bezeichnen eine Sortengruppe. Im Handel sind außerdem dicke, weiße Bohnenkerne unter dem Namen »Butterbohnen« erhältlich. Dies ist ebenfalls keine Sortenbezeichnung. Es können sowohl Feuerbohnenkerne als auch, das ist meistens der Fall, Limabohnen sein. Verwirrend ist dies deshalb, weil auch frische, gelbe Bohnenhülsen oft als Butterbohnen bezeichnet werden.

Perlen, die im Garten wachsen

Wer Körnerbohnen einmal aufmerksam betrachtet, anstatt sie gleich in den Kochtopf zu werfen, kann in ihnen eine fast unbegrenzte Vielfalt an Formen und Farben entdecken. Zwar glaubt man, es bliebe als erstes Erkennungsmerkmal

25

die typische Bohnenform, aber auch diese ist von großer Variabilität: Es gibt dicke und flache Kerne ebenso wie stark gewölbte; schmale und lang gezogene Ovale ebenso wie solche, die beinahe perfekte kleine Kugeln sind.

Und dann erst die Farben!

Schon die einfarbigen Kerne sind hübsch, selbst die ganz weißen, mit ihren glatten, porzellanen schimmernden Samenschalen. Noch schöner aber die Vielfalt von Braun und Rotbraun, hellem Ocker, zartem Gelb und Beige ebenso wie die die dunklen, fast schwarzen, tiefvioletten oder dunkelblauen Farbtöne. Man möchte sie nach Farben sortieren und entdeckt dabei immer weitere Abstufungen eines Farbtons, zumal die einzelnen Sorten ihre Farbe auch noch ändern können! Ein anderer Boden – und schon ist die Farbe der Kerne anders als die der Ausgangssaat. Ich frage mich: Gibt es Untersuchungen darüber, warum sich die Farbe ändert und welche Rückschlüsse sich daraus ziehen lassen?

Noch vielfältiger sind die Entdeckerfreuden bei den zweifarbigen und mehrfarbigen Bohnenkernen: Hier beginnt es mit einem schlichten farbigen Kranz rund um den Nabel über eine zarte Zeichnung, wie mit dem Tuschpinsel aufgemalt in Schwarz oder Rot, bis zu dunklen Tupfen, Sprenkeln oder Flecken auf hellem Grund oder umgekehrt. Diese Umkehrung kommt sogar bei ein und derselben Sorte vor, ich war ganz verblüfft, als ich dieses Phänomen beim Öffnen einer Bohnenhülse zum ersten Mal entdeckte: Neben vier hellen, dunkel gefleckten Kernen lag eine dunkle, hell gesprenkelte Bohne. Das ist jedoch keine Seltenheit, man findet beim Bohnenauspulen immer mal wieder so einen Ausreißer.

Bei einigen Sorten lässt sich mit etwas Fantasie ein Bild erkennen, andere bestricken mit subtilsten Farbverläufen.

Solche Schönheiten blieben natürlich nicht unbeachtet. Die runden, schönfarbigen Perlbohnen tragen ihren Namen zu recht: Sie wurden zu Ketten und Armbändern aufgefädelt – dekorativer und wohlfeiler Schmuck. Namen wie 'Schnurrbartbohne' oder 'Orcabohne' zeigen, dass die Gärtnerinnen und Gärtner Fantasie hatten und Freude an den bunten Zeichnungen auf den Bohnen. Die besonders hübsche 'Monstranzbohne' jedoch, eine alte Bohnensorte, die mit ihrer Zeichnung an die Monstranzen auf den katholischen Altären erinnert, war für Rosenkränze bestimmt und wurde zu diesem Zweck in Klöstern und Pfarrgärten angebaut.

Die Vielfalt an Farben und Mustern ist aber nicht nur den Kernen vorbehalten: Gelbhülsige Sorten sind bekannt, blauhülsige schon weniger, aber gerade bei den alten Sorten gibt es etliche mit Hülsen von teilweise erstaunlicher Sprenkelung! Schade ist, dass nur die gelben Hülsen beim Kochen die Farbe behalten. Alle anderen werden grün, die Sprenkel verschwinden fast ganz.

Schmuck mit Bohnen

Ich habe experimentiert, wie man eine trockene Bohne am besten mit einem Loch versehen kann, um sie auf eine Kette aufzuziehen. Schließlich splittern diese Kerne leicht, trotzdem müssen sie wirklich völlig trocken sein, weil sie ansonsten faulen, sobald sie verletzt werden, und man am Bohnenschmuck dann nicht lange Freude hat. Das Durchbohren mit einer dünnen, glühenden Nadel – durch einen Korken getrieben, weil man sich sonst ganz schnell die Finger verbrennt – funktioniert zwar, aber es gibt doch viel Ausschuss. Die meiner Erfahrung nach beste Methode ist das Bohren mit einer Mini-Bohrmaschine, wie sie im Modellbau verwendet wird: Ich klebe die Bohne mit einem transparentem Klebstreifen – dann sehe ich, wohin das Bohrloch kommt – auf einen alten Untersetzer aus Kork und bohre dann vorsichtig mit dem ganz dünnen Bohraufsatz. Nach einiger Übung geht es schon ganz flott, ich kann eine ganze Reihe Bohnen nebeneinanderkleben und eine nach der anderen durchbohren, dann kommt die nächste Partie an die Reihe. Trotzdem keine Arbeit für Ungeduldige. Der Lohn der Mühe ist ein individuelles Schmuckstück, Kette, Armband oder Ohrring, aus der Natur und womöglich sogar aus eigenem Anbau!

Auch Knöpfe kann man aus Bohnen machen. Dafür eignen sich natürlich die groß-kernigeren Sorten, Feuerbohnen zum Beispiel oder auch die schön geflammten, bunten Limabohnen oder Mondbohnen, besonders gut. Ein Wermutstropfen im Bohnendesign ist es, dass man solche Knöpfe natürlich nicht mitwaschen darf. Und mit dem Schmuck sollte man auch nicht unbedingt im Regen stehen und schon gar nicht schwimmen. Sonst könnte es passieren, dass man angesprochen wird: »Gnädige Frau, Ihr Ohrring keimt ...«

Wer nicht selbst aktiv werden und seinen eigenen Bohnenschmuck auffädeln will, wird zum Beispiel bei Anja Oetmann-Mennen fündig (siehe auch Seite 212). Die studierte Landwirtin war schon lange an der Vielfalt unserer Nutzpflanzen interessiert. Aus einem Vielfaltsprojekt heraus entstand dann die Idee mit dem Bohnenschmuck und aus der Landwirtin wurde eine Schmuckdesignerin. Wie wär's mit einem Collier von grüner und blauer Meerbarbe – beides natürlich alte Bohnensorten – und Silberperlen?

Die Bohnen, welche die Künstlerin in ihren Kreationen verarbeitet, werden in einer biologisch arbeitenden Gärtnerei vermehrt, alle Schmuckstücke entstehen in reiner Handarbeit. Trotzdem sind die Werke wirklich erschwinglich. Besonders schön finde ich, dass ein Teil des Erlöses an den Verein zur Erhaltung der Nutz-pflanzenvielfalt geht, und damit die Erhaltungsarbeit, nicht nur bei Bohnen, weiterhin wirkungsvoll unterstützt werden kann.

27

Vielfalt greifbar und sichtbar gemacht

Die Vielfalt der Gartenbohnen lässt sich an ihren Kernen eindrucksvoll demonstrieren: Von kleinen, reinweißen Körnern über solche mit Sprenkeln, Tupfen und Streifen in allen erdenklichen Farben und Größen bis zu dicken, tiefschwarzen Samen haben die Natur und die Züchtung eine kaum überschaubare Mannigfaltigkeit hervorgebracht.

Interessant sind in diesem Zusammenhang auch die unterschiedlichen regionalen Vorlieben: In Südamerika bevorzugt man Bohnen mit schwarzen Kernen, in Europa werden helle, weiße oder braune Kerne bevorzugt und sowohl in den USA als auch den Balkanländern und Vorderasien sind Bohnen mit braunen Kernen die Favoriten. Ich finde: alles zu seiner Zeit – und bevorzuge keine Farbe besonders, sondern verwende meine unterschiedlichen Bohnenkerne zu unterschiedlichen Gerichten, ganz nach Lust und Laune – und Rezept.

Auch wenn die Sortenliste des Bundessortenamtes sie beileibe nicht alle aufzählt, die Sortenvielfalt ist ein Zeichen für die Beliebtheit dieses Lebensmittels, ebenso wie es die Namen sind, mit denen Züchter und Gärtner die Sorten bedacht haben. Leider ist diese Beliebtheit stark im Sinken begriffen – und mit ihr auch eine große Anzahl überkommener Bohnensorten, denn was nicht mehr angebaut wird, verschwindet. So sind viele alte Sorten schon verloren gegangen.

Weil gerade Körnerbohnen so gut geeignet sind, um Sortenvielfalt anschaulich und augenscheinlich darzustellen, hat der Verein zur Erhaltung der Nutzpflanzenvielfalt die Körnerbohne 2004 zum Gemüse des Jahres gewählt.

Doppelter Nutzen – Zwiebohnen

Als Zwiebohnen sind solche Sorten anzusprechen, die sich sowohl zum Frischverzehr als grüne Bohnen als auch für die Ernte und Verwendung als Körnerbohnen oder Trockenkochbohnen eignen.

Die Sorte 'Klosterfrauen', eine alte Kletterbohnensorte aus der Schweiz, ist ein Beispiel für diesen Typ: Sie trägt kurze, breite, grüne Hülsen, ihre rotbraunweiß gefärbten Kerne sind besonders hübsch und in beiden Verwendungsarten ist sie sehr schmackhaft! Das Gleiche gilt für eine andere alte Schweizer Sorte: die 'Schöne von Richigen' aus dem Emmental mit flachen, grünen Hülsen für die Frischernte und tiefschwarzen, glänzenden Samen zum Trocknen.

Wegen des doppelten Nutzens sind die Zwiebohnen für den gärtnernden Selbstversorger besonders gut geeignet. Wichtig ist es, von den **ersten** reifenden Hülsen einige zum Trocknen hängen zu lassen. Dies gilt auch dann, wenn man eigenes Saatgut gewinnen möchte: Nur dann kann man sichergehen, dass die Samen am Stock voll ausreifen können.

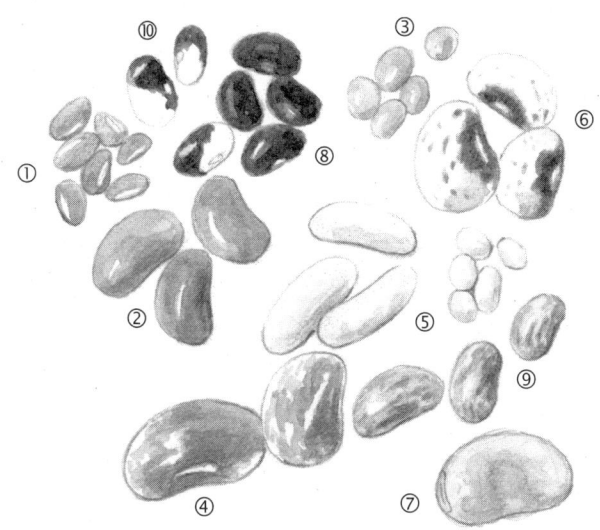

Eine Fundgrube für Entdecker auf der Suche nach Vielfalt: oben eine Auswahl Bohnenkerne: Adzukibohnen (1), Kidneybohnen (2), Sojabohnen (3), Mondbohnen (4), weiße und gesprenkelte Feuerbohnen (5, 6), Puffbohnen (7), schwarze und gesprenkelte Gartenbohnen (8, 9) sowie Gartenbohnen der Sorte 'Yin & Yang' (10). Unten eine Auswahl Bohnenhülsen: Puffbohnen (1), Stangenbohnen der Sorten 'Blauhilde' (2), 'Berner Landfrauen' (3) und 'Gelbes Posthörnchen' (4), Buschbohnen der Sorte 'Pfälzer Juni' (5) und Feuerbohne der Sorte 'Weiße aus Polen' (6).

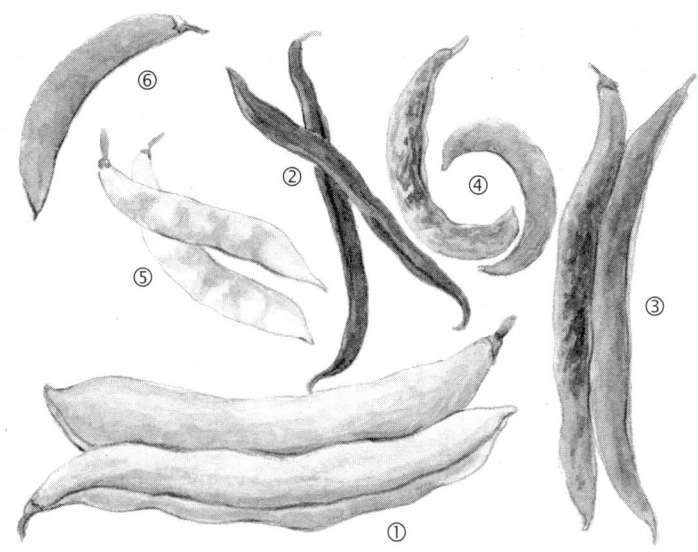

29

Feuerbohne

Mit ihren prächtigen Blütenständen schien die Feuerbohne *(Phaseolus coccineus)*, wie die Gartenbohne ein Kind der Neuen Welt, vielen Anbauern früher eher Zierpflanze denn Nutzpflanze zu sein. Darauf nehmen Namen wie »Blumenbohne«, »Prachtbohne« oder »Prunkbohne« Bezug. Andere Namen der Feuerbohne wie »Schminkbohne«, der heute ungebräuchlich geworden ist, oder »Käferbohne«, wie sie in Österreich genannt wird, beziehen sich auf ihre häufig bunt gesprenkelten Kerne.

Diese sind wesentlich dicker als die der meisten Gartenbohnensorten. In der Grundfarbe sind die Samen der rot blühenden Sorten rötlich violett, violett, hellbraun bis rotbraun mit dunkleren oder schwarzen Flecken, seltener auch ganz schwarz. Die Variantenvielfalt ist weniger groß als bei der Gartenbohne. Die Sorten mit weißen Blüten haben meist auch weiße Kerne.

Auch die Hülsen der Feuerbohnen können in der Küche verwendet werden. Vorzugsweise erntet man sie dafür sehr jung, da ältere Hülsen zu derb und fädig werden.

Die Sortennamen nehmen oft Bezug auf die Blütenfarbe, wie zum Beispiel bei 'Scarlet Emperor' mit scharlachroten Blüten oder bei 'White Lady' in zartem Weiß mit gelegentlich zartgelbem Hauch. Die einzige Feuerbohnensorte, die in der Liste des Bundessortenamtes aufgeführt ist, heißt schlicht 'Rotblühende'. Bei der 'Painted Lady' bezieht sich der Name auf die bunten Kerne. Abbildungen einer rosa blühenden Feuerbohne habe ich zwar schon gesehen, aber leider noch keine Quelle für das entsprechende Saatgut entdeckt. (Dazu eine Bitte: Wenn Sie eine rosa blühende Feuerbohne entdecken oder schon länger kultivieren, senden Sie mir ein paar Kerne. Danke schon im Voraus!)

Die größte Sortenvielfalt bei den Feuerbohnen gibt es in England, wo sie gegenüber den Gartenbohnen bevorzugt und auch feldmäßig angebaut werden. Wegen ihrer Robustheit – selbst in windigen Lagen gedeihen die Feuerbohnen – gelingt der Anbau sogar im südlichen Teil Norwegens und in den Südtiroler Alpen bis in eine Höhe von 1200 Metern.

Im Gegensatz zu den Gartenbohnen, die beim Keimen mitsamt den beiden Samenhälften die Erde durchstoßen, bleiben die Keimblätter bei den Feuerbohnen unter der Erde. Sie werden deshalb etwas tiefer gelegt als Gartenbohnen. Da sie kühleres Klima gut vertragen, kann man sie schon bei Bodentemperaturen ab 8 °C, besser 10 °C, in die Erde bringen. Sie keimen und klimmen dann rasch

30

in die Höhe, dafür brauchen sie ein stabiles Gerüst. Klassisch ist dafür das Bohnenzelt, das tipiartig aus Stangen gestellt wird, am Zaun zum Nachbarn sorgen die dicht wachsenden Pflanzen den ganzen Sommer über für Sichtschutz.

Aus neuerer Züchtung stammen buschförmig wachsende und rot-weiß blühende Sorten, beide als Zierpflanzen gedacht, obwohl die Hülsen und Kerne auch zum Verzehr geeignet sind. Sehr schön ist die neue Sorte 'Hestia', die nur etwa 30 cm hoch wird und üppig rot-weiße Blüten trägt. Sie wird sowohl als Beetpflanze als auch für den Balkonkasten empfohlen.

Hierzulande ist die Feuerbohne, da nicht frostfest, einjährig zu kultivieren, aber in wärmeren Gegenden kann sie zweijährig oder sogar mehrjährig sein. Unter günstigen Bedingungen bildet sie dann sogar Wurzel-knollen, die nach dem Absterben der oberirdischen Pflanzenteile wieder austreiben können. Haben sich in unseren Breiten Knollen ausgebildet, können diese vor den ersten Frösten wie Dahlien aus der Erde genom-men, frostfrei überwintert und im darauffolgenden Frühjahr wieder gepflanzt werden. Diese Pflanzen sollen dann kräftiger und schneller wachsen als die nur einjährig kultivierten. Zudem sind die Knollen essbar und sollen im Geschmack einer guten Kartoffel ähneln. Bisher habe ich sie jedoch selbst noch nicht gekostet.

Feuerbohnen sind prachtvolle Pflanzen und gedeihen auch auf dem Balkon.

Puffbohne oder Saubohne und Ackerbohne

Die wichtigsten Speisebohnen der Alten Welt, die **Puffbohne,** Saubohne oder Dicke Bohne *(Vicia faba* var. *major)* und ihre ältere Schwester, die kleiner samige **Ackerbohne** oder Pferdebohne *(Vicia faba* var. *minor),* sind heute fast völlig von unseren Speisezetteln verschwunden, während sie im Mittelalter zu den wichtigsten Lebensmitteln für die Eiweißversorgung zählten. Durch die Gartenbohne wurden sie verdrängt und zu Viehfutter degradiert.

Auch die Römer wussten die Faba-Bohnen schon zu schätzen, es sind Rezepte überliefert, die unserem heutigen Geschmack aber eher fremd sind (oder was halten Sie von einer Sauce aus vergorenen Fischen, die über alles gekippt wird?). Sowohl die grünen Hülsen als auch die Kerne können verzehrt werden, wobei der Genuss der Hülsen eher ungebräuchlich ist. Bei der Sorte 'Dr. Becker Nr. 1' wird der Verzehr der jungen Hülsen jedoch sogar besonders empfohlen. Roh sollte man sie aber nicht genießen. Gängig ist es, die Kerne im knapp lederreifen Zustand zu ernten, die Hülsen sind dann noch saftig grün und im Innern der Hülsen sind die Kerne in eine wattige Schicht gebettet.

Man kann sie dann gegart als warmes Gemüse oder als Salat genießen oder die Hülsen mit den Kernen an der Pflanze ausreifen lassen, um die getrockneten Bohnenkerne für den Wintervorrat zu lagern.

Im Garten beginnt die Kultur der Puffbohne möglichst früh, sobald der Boden eine Aussaat zulässt. Das kann in milden Gegenden schon ab Februar der Fall sein.

Die Pflanzen wachsen aufrecht und werden je nach Sorte bis zu 1 m hoch. Weil solch hohe Pflanzen aber häufig umgeweht werden, wurde bei der Züchtung neuerer Sorten auf gedrungenes Wachstum, wie es bei den älteren Sorten üblich war, wieder mehr Wert gelegt. Die Sorten aus südlichen Regionen sind von Natur aus niedriger und oft verzweigt. Moderne Sorten blühen weiß, manche tragen einen schwarzen Fahnenfleck, während es bei den älteren Sorten auch rot blühende gibt, wie die Sorte 'Karmesin', eine zierliche, mittelspäte Sorte, oder die englische Sorte 'Crimson flowered'.

Die Farbe der Kerne ist bei rein weiß blühenden Sorten meistens hell, sie bleiben auch nach dem Kochen weiß oder grün, die 'Dreifach Weiße' ist deshalb auch zum Einkochen recht beliebt, weil sie im Glas sehr appetitlich aussieht. Bei den Sorten mit weißen Blüten und einem markanten, schwarzen Fahnenfleck werden die Kerne beim Garen braun, wie es bei den Sorten 'Frühe Weißkeimige' und 'Aquadulce' der Fall ist. Sie gelten als besonders wohlschmeckend.

Rot blühende Sorten und auch die kleinsamigen Ackerbohnen haben oft dunkle, rotbraune Samen, es gibt jedoch auch Sorten mit weißen Blüten und dunklem Fahnenfleck, die dunkelrote, rostrote oder braune Kerne haben.

Bei einem Teil der Sorten stehen die Hülsen aufrecht an den Pflanzen, bei anderen, vor allem älteren Sorten, hängen sie nach unten.

Nur relativ selten findet man frische Puffbohnen auf dem Markt. Greifen Sie zu, wenn Sie frische Hülsen angeboten bekommen, die Saison ist kurz, von Juni bis August sind sie aus heimischer Produktion auf dem Markt zu haben. Importware aus den Mittelmeerländern ist etwas früher dran. Man erkennt die Frische am noch saftigen Stängelansatz und dem flauschig weichen, pelzigen Hülseninneren, in dem die Kerne eingebettet sind. Bei länger gelagerten

Hülsen trocknet dieses »Pelzfutter« aus.
Dann wird auch die Samenhülse, die
den Kern umgibt, zäh.

In Erfurt, wo der Puffbohnenan-
bau Tradition hat, ist die Puffbohne
noch immer so beliebt, dass man sie
zum Stadtmaskottchen erhoben hat:
Mitbringsel vom Besuch im Erfurter
Gartenbaumuseum ist ein Beutelchen
»Erfurter Kuschelbohnen«, daran hängt eine
dicke Plüschbohne mit Gärtnerhut! Die Puffboh-
nen wegen der pelzigen »Ausfütterung« der Hülsen als »Kuschelbohnen« zu
bezeichnen, ist wohl eine Idee der Leute vom Erfurter Stadtmarketing – aber
nicht schlecht: anschaulich auf jeden Fall.

Puffbohnenblüte

Als Trockenbohnen gibt es Puffbohnen vor allem in türkischen Lebensmittelgeschäften. Man muss sie vor dem Kochen natürlich einweichen und sollte,
wenn das Gericht wirklich delikat werden soll, nach dem Garen die recht feste
Hülle jeder einzelnen Bohne abziehen. Da diese Sorten meistens sehr dicksamig
sind, ist das nicht ganz so aufwendig, wie es sich vielleicht anhören mag.

Die kleinsamige Ackerbohne oder Feldbohne hat generell nur noch als Viehfutter an Bedeutung behalten und wird in Futtermischungen als Eiweißträger
eingesetzt. Sie ist natürlich trotzdem in der Küche verwendbar. Ich kultiviere
seit einigen Jahren eine kleinsamige Mischung, nehme zum Kochen aber nur
die frischen Kerne, die sich noch gut mitsamt den Samenhülsen, also den relativ
festen Häuten, die die einzelnen Bohnenkerne umgeben, verzehren lassen.

Nicht zuletzt war *Vicia faba* eines der ersten »Gemüse des Jahres«, das vom
Verein zur Erhaltung der Nutzpflanzenvielfalt jährlich gekürt wird, um auf vergessene Sorten oder Nutzungsformen aufmerksam zu machen und Erhalter oder
Paten für vom Aussterben bedrohter Sorten zu finden. Liebhaber alter Sorten
haben das Andenken an die Dicken Bohnen jedoch immer hochgehalten und
ihnen für die Nutzung in der eigenen Küche ein Beet reserviert. Frischer als
aus dem eigenen Garten geht es nicht!

Limabohne und Mondbohne

Sowohl die Limabohne *(Phaseolus lunatus* var. *lunatus)* als auch die Mondbohne
(Phaseolus lunatus var. *macrocarpus)* stammt aus Südamerika. Man vermutet,
dass die Sorten mit größeren Samen in Peru heimisch sind – Funde werden

33

auf 6000 bis 5000 v. Chr. datiert –, während der Anbau kleinsamiger Sorten in der Küstenregion Mexikos auf 500 bis 300 v. Chr. datiert werden konnte. Zahlreiche Namen für die Lunatus-Bohnen wie »Limabohne«, »Kapbohne«, »Birmabohne«, im Englischen auch »Madagaskarbohne«, weisen auf die verschiedenen Anbaugebiete hin und zeigen, welche Reisen diese Bohnen schon hinter sich haben: Nachdem die Spanier und Portugiesen sie nach Europa gebracht hatten, gelangten sie nach Afrika und Asien. Dort werden sie häufig angebaut und es gibt zahlreiche Sorten, während der Anbau in Europa, schon wegen ihres Anspruchs an höhere Temperaturen, selten geblieben ist. Saatgut für Limabohnen und Mondbohnen findet man bei uns nur bei wenigen Anbietern und die Sortenvielfalt ist beschränkt.

Im tropischen Klima ist die **Limabohne** ausdauernd. Die Pflanzen sind jedoch frostempfindlich und lassen sich deshalb bei uns, wenn überhaupt, nur einjährig kultivieren. Es gibt sowohl buschförmige als auch kletternde beziehungsweise windende Sorten, die bis zu 4 m hoch wachsen. Die Blätter sind kleiner und länglicher als bei den Gartenbohnen und mit einer Wachsschicht überzogen, die ganze Pflanze ist leicht behaart. Die Blüten sind weiß bis blassgelb und stehen in Trauben beisammen. Die Hülsen sind platt und mondsichelförmig gebogen, sie werden bis zu 12 cm lang und 3 cm breit und enthalten jeweils drei bis fünf große Samen. Die Farben der Kerne sind sortenabhängig sehr unterschiedlich, wenn auch nicht so vielfältig wie bei der Gartenbohne. Es überwiegen weiße Samen mit roter oder schwarzer, strahlenförmiger Zeichnung rund um den Nabel, andere sind rot-weiß gemustert. Insgesamt sind die Samen sehr dekorativ.

Limabohnen stellen hohe Ansprüche an die Wärme, bei uns lassen sie sich nur im Weinbauklima oder im Gewächshaus erfolgreich als Trockenbohnen anbauen. Der Ertrag ist niedriger als bei den Gartenbohnen. Ein Anbauversuch ist jedoch lohnend, der delikaten Kerne wegen. Sowohl Limabohnen als auch Mondbohnen sind selbstbefruchtend, eine Fremdbefruchtung ist möglich. Es besteht jedoch keine Kreuzungsgefahr mit Gartenbohnen oder Feuerbohnen.

Synonyme der Limabohne sind »Birmabohne«, »Sichelhülsige Bohne«, »Butterbohne«, »Duffinbohne« oder »Große Mondbohne«, im Englischen heißt sie »large flat lima«.

Die **Mondbohne** ist ausschließlich einjährig und wächst weniger hoch als die Limabohne. Insgesamt ist die Pflanze zierlicher, auch die Kerne sind kleiner. Sie ist stärker behaart als die Limabohne, die Hülsen sind jedoch glatt. Gegenüber der Limabohne haben die Kerne eine ausgeprägtere Nierenform, die Farben sind Cremeweiß bis Dunkelbraun, gelegentlich ist sie schwarz gefleckt.

Mondbohnen reifen früher und sind weniger wärmeabhängig als Limabohnen, deshalb im Anbau hierzulande sicherer als letztere.

Synonyme der Mondbohne sind »Rangoonbohne«, »Karolinabohne« oder »Kapbohne«, im Englischen heißt sie »small lima bean«.

Von beiden Lunatus-Bohnen kann man die zarten Hülsen mit den noch weichen Samen essen, häufiger jedoch werden die Samen milchreif ausgepult und als Gemüse verzehrt. In asiatischen Lebensmittelgeschäften und Spezialitätenläden erhält man auch die getrockneten Kerne, die vor dem Garen eingeweicht werden müssen. Sie sind leichter verdaulich als Gartenbohnen und führen auch bei empfindlichen Essern weniger zu Blähungen.

Mondbohnen und Limabohnen dürfen auf keinen Fall roh gegessen werden, da die Pflanzen in allen Teilen Linamarin enthalten, ein cyanogenes Glycosoid, aus dem in Kontakt mit der Darmflora die giftige Blausäure entsteht. Linamarin baut sich erst beim Garen ab. Vor allem die farbigen Kerne haben einen hohen Linamaringehalt. Einweichwasser und Kochwasser sollten darum immer weggeschüttet werden. Bei den Inkas galten die buntsamigen Sorten generell als nicht essbar, sie wurden ausschließlich als Spielsteine genutzt. Wer auf Nummer sicher gehen will, hält es ebenso und verzehrt nur die weißsamigen Sorten der Limabohnen und Mondbohnen (siehe auch Seite 83).

Mungbohne

Die sicher bekannteste Bohne der Vigna-Gattung ist die Mungbohne *(Vigna radiata)*, obwohl sie häufig »unter falschem Namen reist«: Sie wird in diesen Fällen als »grüne Sojabohne« bezeichnet. Was dann eingelegt in Gläsern oder gelegentlich frisch im gekühlten Gemüseregal als »Sojabohnensprossen« verkauft wird, sind in Wirklichkeit häufig Mungbohnenkeime! Diese Keime sind schlanker als »echte« Sojabohnenkeime und können roh verzehrt werden – was man bei Sojabohnen nicht tun sollte.

Die getrockneten Kerne der Mungbohne sind kugelig oval bis walzenförmig und nur etwa 5 mm lang. Um den hellen Nabel tragen sie einen dunkleren Ring. In den hauptsächlich asiatischen Erzeugerländern gibt es zahlreiche Sorten mit Kernen unterschiedlicher Farbe: Gelb, Braun oder Schwarz. Vor allem in Japan, aber mittlerweile auch bei uns, werden die grünsamigen Sorten bevorzugt, die auch für das Keimen zu Hause am besten geeignet sind.

In Indien, das als Herkunftsland gilt, werden sowohl die frischen grünen Hülsen als auch die Samen verzehrt. Die getrockneten Samen werden dort und in anderen asiatischen Ländern auch zu Mehl für Fladenbrote und Nudeln gemahlen, und »Mung Dal«, eine suppenartige Zubereitung aus gelben Mungbohnen, zählt zu den heilwirksamen Gerichten der ayurvedischen Küche Indiens.

Ein Anbau ist in unseren Breiten nicht üblich, denn in unserem Klima tut sich die Mungbohne schwer: Sie benötigt eine so hohe Temperatur, dass man sie nur im Gewächshaus oder unter Folie erfolgreich anbauen kann: Bei Temperaturen zwischen 30 und 36 °C fühlt sie sich wohl und reift in 90 bis 100 Tagen. Kühle Phasen werden nicht vertragen, sodass ein Anbau in Mitteleuropa auch in sehr begünstigten Lagen immer recht unsicher sein dürfte.

Ein anderer Name für die Mungbohne ist »Jerusalem-Bohne«, im Englischen heißt sie »green gram«.

Blattgemüse von Vigna-Bohnen

Eine Besonderheit der Vigna-Bohnen ist die Tatsache, dass auch die jungen Blätter genossen werden können: Sie werden wie Spinat zubereitet. Ein spezielles Rezept hierfür habe ich jedoch bisher nicht gefunden und sie auch noch nicht gekostet – ich werde mich hüten, meine kostbaren Spargelbohnen zu entblättern –, aber wenn ich erst ein Gewächshaus habe ...

Im Anbau sind alle Vigna-Bohnen sehr wärmebedürftig. Ideal sind Temperaturen von 25 bis 30 °C. Hitze und Trockenheit werden besser vertragen als dies bei den meisten anderen Bohnen der Fall ist.

Adzukibohne

Wie auch die Mungbohne machte die Adzukibohne *(Vigna angularis)*, so genannt nach ihrer japanischen Bezeichnung »Azuki«, bei uns als Keimgemüse Karriere. Japan gilt auch als eines der möglichen Herkunftsländer, weil eine verwandte Wildform, die *Vigna angularis* var. *nipponensis,* nur in Japan vorkommt. Angebaut wird die Kulturform jedoch auch in China oder Indien. In ihren Herkunftsländern wird die kleine Bohne meistens als Trockenkochbohne verwendet. Die Kerne haben ein feines, leicht süßliches Aroma.

Obwohl ihr Anbau in den gemäßigten Zonen gut möglich ist, war sie doch bis vor kurzem außerhalb Asiens nicht verbreitet und noch immer spielt ihr Anbau bei uns keine Rolle.

Ihr Wärmeanspruch ist nur wenig höher als derjenige der Gartenbohnen. Die Pflanze wächst buschförmig und trägt gelbe Blüten. Die Hülsen werden zwischen 6 und 12 cm lang und umschließen jeweils vier bis zehn eiförmige bis zylindrische Samen. Diese hübschen, meist roten Kerne sind 5 bis 7 mm lang und etwa 5 mm dick, fast wie Perlen. Ockergelbe, braune und schwarzsamige Sorten gibt es zwar ebenfalls, sie werden jedoch sehr viel seltener angebaut.

Meines Erachtens werden bei Handelsware gelegentlich schwarze Soja-bohnen und schwarze Adzukibohnen verwechselt und die schwarzen Adzu-kibohnen als »Schwarze Sojabohnen« bezeichnet.

Augenbohne

Augenbohnen der Sorte 'Brezelbohne'

Die Augenbohne *(Vigna unguiculata* ssp. *unguiculata),* die vor allem in afrikanischen Ländern angebaut wird, dient überwie-gend der Gewinnung von Bohnenkernen zum Trocknen. Die ovalen, roten, orangen, schwarzen, beigen bis gelben oder seltener grünen Kerne kennzeichnet ein ausgeprägter Fleck am Nabel, das »Auge«.

Kleine, feine Augenböhnchen habe ich in Italien gegessen, wo sie als Sup-peneinlage serviert wurden. Bei uns erhält man die getrockneten Kerne im Delikatessenladen oder beim Spezialversender. Wie bei der Spargelbohne sind auch die Blätter der Bohnenpflanze genießbar. Synonyme der Augenbohne sind »Kuhbohne« oder »Kuherbse«, im Englischen heißt sie »cowpea«, »creampea«, »southern pea« oder »black eyed pea«.

Spargelbohne

Ihren langen, dünnen Hülsen verdankt die Spargelbohne *(Vigna unguiculata* ssp. *sesquipedales)* ihren Namen, und auch ihre Synonyme – »Strumpfbandbohne«, »Schlangenbohne«, »Meterbohne«, »Kilometerbohne«, »Spaghettibohne« oder »Ägyptische Bohne«, im Englischen heißt sie »asparagus bean« – beziehen sich fast alle auf ihre ungewöhnliche Länge. Ihre Heimat liegt in den Ländern Süd-ostasiens, wo sie sehr beliebt ist und zu den wichtigsten Gemüsearten zählt. Dort sind Sorten von 80 bis 110 cm Länge nicht ungewöhnlich. In Mitteleuropa werden die Hülsen aber meistens nur 30 bis 50 cm lang.

Es gibt sowohl rankende als auch buschförmig wachsende Sorten, die Kerne sind cremeweiß, beige bis braun oder rötlich und tragen stets einen dunkel-grünen Ring um den Nabel. Zubereitet und verzehrt werden Spargelbohnen wie Gartenbohnen als »grüne Bohnen«. Auch die Blätter sind genießbar. In Asialäden kann man gelegentlich importierte, frische Spargelbohnen kaufen.

37

Mit einer mittellangen Sorte könnte man auch hierzulande einen Anbauversuch starten, im Gewächshaus oder zumindest im Weinbauklima im Freiland sollte man mit einer erfolgreichen Ernte rechnen können. Leider ist an Saatgut nur schwer heranzukommen.

Urdbohne

Fünfte im Bunde der vorgestellten Vigna-Bohnen ist die Urdbohne *(Vigna mungo)*. Sie sorgt mit ihrer lateinischen Bezeichnung gelegentlich für Verwirrung, weil sie dem Namen nach leicht mit der Mungbohne verwechselt werden kann. Im Aussehen unterscheidet sie sich jedoch von dieser, denn ihre Kerne sind meistens schwarz.

In Indien ist die Urdbohne sehr beliebt, bei uns hingegen weitgehend unbekannt. Als ganze, getrocknete Kerne erhält man Urdbohnen hierzulande unter der Bezeichnung »Whole Urid« in Asialäden oder im Spezialversand für indische Lebensmittel.

Synonyme der Urdbohne sind »Linsenbohne« oder »Mungobohne« (nicht mit der Mungbohne verwechseln!), im Englischen heißt sie »urdbean« oder »black gram«.

Reisbohne

Als sechste und wahrscheinlich unbekannteste der beschriebenen Bohnen aus der Vigna-Gruppe möchte ich die Reisbohne *(Vigna umbellata)* erwähnen. Wegen ihrer roten Kerne kann sie mit der gleichfarbigen, aber größeren Adzukibohne verwechselt werden. Die Böhnchen sind wesentlich kleiner als die Kerne der Adzukibohne und tragen einen weißen Wulst um den langgeschlitzten Nabel. So kann man sie von den anderen roten Bohnensorten doch recht gut unterscheiden.

In China, Indien und auf den Philippinen wird sie wegen des raschen Wachstums gerne angebaut. Diese Regionen bieten ihr auch die nötigen hohen Temperaturen, um zur Reife zu gelangen. Die getrockneten Bohnen werden traditionell als Suppe verzehrt, aber auch zusammen mit Reis oder an dessen Stelle gereicht.

Die Reisbohne gilt in der traditionellen chinesischen Medizin getreu der Devise, dass ein Lebensmittel immer auch zugleich ein Heilmittel sein soll, als kühlendes Nahrungsmittel mit entwässernder und entgiftender Wirkung. Ein Lebensmittel für den Sommer also und gut geeignet für hitzige Gemüter. Die der Adzukibohne zugeschriebene Wirkung ist demgegenüber erwärmend und sie wird als winterliche Nahrung empfohlen. Der chinesische Name der Reisbohne ist »Chi Xiao Don«.

Getrocknete Reisbohnen kauft man hierzulande im asiatischen Lebensmittelgeschäft. Man findet sie dort unter der Bezeichnung »Rote Bohnen« oder »small red beans« (kleine rote Bohnen).

Helmbohne oder Faselbohne

Ihren Namen erhielt die Helmbohne *(Lablab purpureus* früher *Dolichos lablab)* nach dem deutlich abgesetzten Wulst, der sich auf den Kernen vom Nabel zur Seite hin zieht. Ihr zweiter Name, Faselbohne, lässt den sprachlichen Bezug zu »Phaseolus« gut erkennen, ist aber ungebräuchlich geworden.

Helmbohnenhülsen

Die Kerne der Helmbohne sind einfarbig, es gibt weiße, beige, hellbraune und dunkelbraune sowie schwarze, immer tragen sie den deutlich abgesetzten hellen Wulst, dem sie ihren Namen verdanken. Am deutlichsten ist der weiße Helm natürlich auf den dunkelfarbigen Bohnen zu erkennen.

Die Blüten sind rot, violettrot, rosa, weiß oder auch gelb, sie stehen aufrecht in lockeren Kerzen. Die Blütenfarbe korrespondiert mit der Farbe der Kerne. Auch die flachen Hülsen sind von intensiver Farbe: dunkelviolett, rot oder rot-grün gemustert.

Verzehrt werden die jungen Hülsen, die Kerne frisch ausgereift oder getrocknet und auch die jungen Blätter und Triebe sind essbar. Aber wie bei allen Bohnen gilt: Nie roh essen!

Es gibt drei Typen von Helmbohnen: Feldmäßig angebaut wird der aufrecht wachsende Typ mit Trieben bis 2 m Länge. Der Gartentyp wächst windend, je nach Sorte bis zu 10 m und der dritte Typ wächst bodendeckend und wird überwiegend als Gründüngung genutzt. In ihrer Heimat Indien ist die Helmbohne mehrjährig. In Mitteleuropa wird sie jedoch wie eine einjährige Pflanze behandelt. Höhenrekorde kann man bei uns natürlich kaum erwarten, oft setzen die Pflanzen keine oder nur mangelhafte Hülsen an und wenn doch, so reifen die Kerne häufig nicht aus. Als hoch rankende Zierpflanze ist die Helmbohne jedoch unübertroffen: In Frankreich habe ich städtische Blumenkübel gesehen, in denen neben den üblichen Zierpflanzen an hohen Bambusstäben blühende Helmbohnen rankten und so das »Grün im urbanen Raum« um eine eindrucksvolle dritte Dimension bereicherten. An einem warmen Platz im Garten kann man dies natürlich nachmachen und auch eine besonnte Hauswand bietet sich zur Begrünung mit Helmbohnen an.

Synonyme der Helmbohne sind »Faselbohne«, »Hyacinthbohne« oder »Lablabbohne«, im Englischen heißt sie »hyacinth bean«, »egyptian bean«, »indian bean«, »pharao bean« oder »kindneybean« (woran man wieder mal sieht, wie verwirrend die Benennungen oft sind!) und im Sudan, wo diese Bohne eine wichtige Rolle in der Ernährung spielt, heißt sie »lubia bean«.

Flügelbohne

Die Herkunft der Flügelbohne *(Psophocarpus tetragonobolus)* ist umstritten. Ob Indien, Madagaskar oder Ozeanien als Heimat in Frage kommen, konnte die Wissenschaft noch nicht endgültig klären. Als Feldfrucht angebaut wurde sie jedenfalls in Burma, und ihre Anbaugebiete liegen heute noch dort, sowie in Thailand, Indien, Indonesien, Sri Lanka, Vietnam, Ghana und Papua Neuguinea.

Ihren Namen trägt sie wegen der geflügelten Hülsen, die im Querschnitt quadratisch und zu unregelmäßig gewellten Flügeln ausgezogen sind. Die Hülsen ähneln stark denen der Spargelerbse *(Tetragonobulus purpureus)*, auch Flügelerbse genannt, sind jedoch wesentlich größer, bis zu 30 cm lang und bis 4 cm dick.

Das tropisch feuchte Klima ihrer Anbaugebiete bietet der Flügelbohne die besten Wachstumsbedingungen. Sie rankt wie Kletterbohnen an Stäben oder Schnüren und bildet nicht nur Hülsen, sondern auch kleine, rübchenförmige Speicherwurzeln aus, die als Gemüse zubereitet werden können. Alles an der Pflanze ist essbar: die Blätter, die Blüten, natürlich die Hülsen und auch die Samen, nichts davon jedoch roh. In Burma, wo die Pflanze überwiegend der Knollen wegen angebaut wird, ist es üblich, die Blüten zu entfernen, um die Wurzelproduktion anzuregen.

Da auch die unreifen und reifen Samen gegessen werden und das daraus gepresste Öl qualitativ etwa dem Sojaöl gleichkommt, kann man von einer echten Vielzweckpflanze sprechen. Schade, dass sie bei uns nicht recht gedeiht: In Mitteleuropa ist der Anbau kaum lohnend und im Freiland höchstens im Weinbauklima möglich. Ein Gewächshaus könnte am ehesten adäquate

Kulturbedingungen bieten. In asiatischen Lebensmittelgeschäften gibt es manchmal frische Flügelbohnen zu kaufen, sie kommen meistens aus Thailand. Gelegentlich kommt es auch hier zu Verwechslungen mit der Flügelerbse, die aber nur fingerlang ist.

Synonyme der Flügelbohne sind »Goabohne«, »Flügelhülse« oder »Manilabohne«, im Englischen heißt sie »winged bean« oder »manila bean«.

Sojabohne

Von den zuletzt beschriebenen, raren und in unseren Breiten eher unbekannten Bohnen komme ich am Ende meiner Beschreibung der Bohnenarten und Bohnensorten zur wohl wichtigsten Bohne unserer Tage: zur Sojabohne *(Glycine maxima)*.

Schon vor mehr als 3000 Jahren wurden Sojabohnen in ihrem Herkunftsland China angebaut, dies ist durch Schriftstücke eindeutig belegt. Wissenschaftler vermuten jedoch, dass die Kulturpflanze, verwandt mit der Wildform *Glycine soja,* bereits 5000 Jahre alt ist. Von China gelangte die Sojabohne

Sojabohnen

vor etwa 2000 Jahren nach Japan, wo sie der deutsche Forschungsreisende Engelbert Kaempfer gegen Ende des 17. Jahrhunderts kennenlernte. Er war es auch, der sie nach Europa brachte. Die neue Bohne wurde damals jedoch nur in botanischen Gärten kultiviert und erlangte noch keine landwirtschaftliche Bedeutung.

Sojabohnensorten

Die wahrscheinlich größte Sortenvielfalt an Sojabohnen entstand in Japan und Korea. Es gibt neben buschförmig wachsenden auch hoch wachsende und klimmende Sorten, weltweit insgesamt mehr als 7000, von denen die meisten wegen der langen Kulturzeit für den Anbau in Europa jedoch nicht geeignet sind.

Außer Sorten mit gelben Kernen gibt es auch Sojabohnensorten mit grünen, braunen oder schwarzen bis tiefvioletten Samen. Sie spielen aber in Mitteleuropa bisher keine Rolle. In Mitteleuropa am weitesten verbreitet sind buschförmig wachsende Sorten mit gelben Kernen. Es finden ständig neue Anbauversuche statt, die Saatgutzüchter arbeiten an neuen und verbesserten Sorten, die mit den Bedingungen unserer Böden besser zurechtkommen und zu höheren Erträgen führen.

Zahlreiche Sojabohnensorten sind auf die Symbiose mit bestimmten Knöllchenbakterien (Rhizobien) angewiesen. Erst in Verbindung mit diesen Bakterien wird der Stickstoff der Luft für die Pflanzen verfügbar. Deshalb müssen die Samen vor der Aussaat mit diesen Bakterien geimpft werden, wenn der Boden diese Bakterien nicht natürlicherweise enthält. Es gibt jedoch auch Sorten, die ohne diese bestimmten Rhizobien mit den Bakterien auskommen, die sie in unseren Böden vorfinden. Eine solche Sorte ist die 'Fiskeby', die im Erwerbsanbau zwar keine Bedeutung hat, sich jedoch für Hausgärtner gut eignet, in biologischer Qualität zu haben ist und zu ausreichend befriedigenden Ernteergebnissen führt. Dem Klima in Nordeuropa gut angepasst ist die Sorte 'Ustie', für die ich bisher jedoch keine Bezugsquelle in Bioqualität gefunden habe.

Für den Erwerbslandwirt gibt es unzählige weitere Sorten für unterschiedliche Böden und abgestimmt auf die verschiedenen Verwendungsarten. Besonderer Wert wird bei den landwirtschaftlichen Sorten auf eine gute Unkrautunterdrückung gelegt und darauf, dass die Hülsen platzfest sind, das heißt sich vor der Ernte nicht von selbst öffnen und die Kerne streuen.

Wie eine kleine Bohne Politik macht

Als die Sojabohne Mitte des 18. Jahrhunderts erstmals in die USA gelangte, wurde sie nur zögerlich angenommen und fast ausschließlich als Futterpflanze verwendet. Erst mit Zunahme der Industrialisierung in der Landwirtschaft in den 20er-Jahren des 20. Jahrhunderts begann ihr Siegeszug in den westlichen Ländern. Soja findet sich aber auch in allen möglichen – und unmöglichen – Lebensmitteln, in denen man es kaum erwartet: in Schokolade und Schokoriegeln, Backmischungen, Fitnessgetränken und, und, und ... Ob als Öl, Pulver oder Extrakt – die Lebensmittelindustrie findet immer neue Wege, Soja einzusetzen. Vor allem Sojalecithin ist in zahlreichen Lebensmitteln enthalten, man glaubt es kaum, wenn man sich die Mühe macht, das sehr Kleingedruckte auf den Verpackungen zu lesen ...

Und nicht nur unsere Lebensmittel: Tierfutter, ob für Schweine, Rinder oder Hühner, ist kaum noch ohne Soja zu beziehen: ein Massenprodukt für Massentierhaltung ... Aber warum ist Soja so billig?!

In den Ländern der sogenannten Dritten Welt wird immer mehr Soja angebaut. Billigste Arbeitskräfte und wenig Umweltbewusstsein der Regierungen sind Einladungen für manchen großen Konzern. Immer mehr Regenwald wird abgeholzt, um neue Anbauflächen zu schaffen, und die einheimischen Kleinbauern werden von ihrem Land vertrieben, um die riesigen Ackerflächen zu schaffen, die den industriellen Sojaanbau rentabel machen. Die Bauern »dürfen« dann als Arbeiter bei den großen Agrarfirmen ihr Brot verdienen. Die ehemaligen landwirtschaftlichen Selbstversorger, die zwar oft nur ein sehr karges Auskommen für sich und ihre Familien erwirtschaften konnten, jedoch unabhängig waren von Industrie und Agrarchemie, werden so zu Abhängigen der Massenproduktion. Die Wasservorräte werden rücksichtslos geplündert, die Böden ausgelaugt ... Doch es kommt noch schlimmer!

Seit die Gentechnik in der Sojabohne ein lohnendes Objekt gefunden hat, werden mehr und mehr diese »neuen, verbesserten« Sorten angebaut. Sie sind mittlerweile so weit verbreitet, dass sich die USA für nicht in der Lage erklärte, Soja nach Europa zu liefern, das garantiert nicht mit GVO (gentechnisch veränderten Organismen) in Berührung gekommen ist. Im Dschungel von Handelsvereinbarungen, internationalen Verträgen, Agrarimporten und -exporten und den Interessen finanzstarker, multinationaler Konzerne bleiben der gesunde Menschenverstand und gesunde Ernährung oftmals auf der Strecke. Das alles sehr zur Freude der Agrarkonzerne, die diese Sorten produzieren und mit Patenten den Nachbau regeln. Wer hat Interesse an Gen-Soja? Natürlich diejenigen, die daran verdienen! Eins ist klar: Die Bauern sind es nicht ...

Hierzulande konnte der Verbraucherschutz immerhin durchsetzen, dass Lebensmittel mit gentechnisch veränderten Zutaten entsprechend gekennzeichnet werden. Theoretisch sollte auf einem Produkt also beispielsweise stehen »enthält gentechnisch verändertes Soja«, wenn dem so ist. Aber kein Grund zum Jubeln: Denn nur, wenn die gentechnisch bearbeitete Substanz noch im Endprodukt nachweisbar ist, muss sie auch als solche aufgeführt werden. Und in Öl zum Beispiel ist die veränderte Gen-Sequenz nicht mehr nachweisbar! Für tierische Produkte – Milch, Butter, Joghurt oder Käse – gilt die Kennzeichnungspflicht sowieso nicht. Die Tiere können also munter mit Gen-Soja gefüttert werden, ohne dass dies irgendwo kenntlich gemacht werden muss. Alles M ... – oder was?!

Nur bei Bio ist das anders! Dort gilt: Gentechnisch veränderte Organismen werden nicht eingesetzt. Nicht für Mensch und nicht für Tier. Na, wenn das keine echte Alternative ist!

Aber so oder so führt an der Sojabohne kaum noch ein Weg vorbei, denn ihre guten Eigenschaften sind unbestreitbar. Es bleibt zu hoffen, dass sich der Missbrauch, der mit diesem Lebensmittel getrieben wird, nicht noch weiter fortsetzt.

Soja in aller Munde

Kaum eine Pflanze ist heute so sehr »in aller Munde« wie die Sojabohne – und kaum eine sorgt wie diese für anhaltende Diskussionen. »Schuld« daran sind der hohe Nährwert und Eiweißgehalt der Böhnchen, die diese zum Beispiel so sehr geeignet machen, um damit alle möglichen Lebensmittel zu ergänzen, zu strecken und zu verlängern. Die Bohnen werden zu diesem Zweck gegart, gedämpft, extrahiert, extrudiert, desodoriert und umstrukturiert, bis kaum noch etwas übrig ist von der ursprünglichen Hülsenfrucht.

Das sogenannte »Sojafleisch«, »textured vegetable protein« (texturiertes pflanzliches Eiweiß), kurz TVP, ist ein solch hochverarbeitetes Produkt: Aus den Rückständen der Sojaölproduktion wird das Protein auf chemischem Wege abgetrennt, die Proteinlösung wird zum Gerinnen gebracht und durch Spinndüsen gepresst. Dabei entstehen Faserstrukturen, die ähnlich wie Fleisch wirken können und mit Bindemitteln, Aromen und Farbstoffen aufgepeppt werden. Genau genommen eigentlich eine Art »Plastik aus Soja«. Hat das etwas auf unseren Tellern verloren? Nun, das mag jeder halten, wie er will.

Jenseits von TVP gibt es jedoch auch **Alternativen bei den Sojaeiweißerzeugnissen,** deren Produktion sich durchaus mit einer vollwertigen Ernährung und Naturkost vereinbaren lässt: Unter unterschiedlichen Handelsnamen, zum Beispiel Soja-Schnetzel, Sojafleisch fein oder grob, oder auch als Sojagranulat ist das alternative Produkt im Naturkosthandel erhältlich. Weit weniger stark verarbeitet als TVP, hat es die Konsistenz größerer oder kleinerer Krümel, die eingeweicht werden und sich dann wie Hackfleisch verwenden lassen. Ein Versuch lohnt sich, zumal diese Produkte auch für die Vorratshaltung prima geeignet sind. Die Sojabohnen für diese Produkte stammen aus biologischer Landwirtschaft – also garantiert ohne Genmanipulation – und auch die Verarbeitung ist ökokonform und kommt ohne chemische Zusätze aus.

Eine gute Alternative zu Fleisch ist auch **Tempeh,** ein Produkt aus gegarten und geschälten, ganzen Sojabohnen, die mit einer Edelschimmelpilzkultur geimpft und fermentiert werden. Dadurch bildet sich eine zusammenhängende Masse, in der noch die einzelnen Bohnen erkennbar sind. In Scheiben geschnitten und nach Geschmack mariniert, kann Tempeh gebraten, gegrillt oder frittiert werden. Wegen des hohen Eiweißgehalts und dem ungewöhnlich hohen Gehalt an B-Vitaminen ist Tempeh als ein vollwertiges Nahrungsmittel anzusehen. Schade, dass es bisher bei uns so wenig Verbreitung gefunden hat.

Im Naturkostladen sind Tempehscheiben meist eingelegt im Glas zu haben und auch einige Fertiggerichte auf der Basis von Tempeh sind erhältlich: schnelle Küche auf Bio-Art.

Über **Tofu,** den »Quark« aus Sojabohnen, und seine vielfältigen Zubereitungsmöglichkeiten gibt es bereits reichlich (Kochbuch-)Literatur. Ich will ihm deshalb nur der Vollständigkeit halber einen kurzen Abschnitt widmen. Mutterland des Tofu ist China – von dort wanderte er nach Japan und andere asiatische Länder. Besonders in Japan hat man die Produktion zur Meisterschaft entwickelt und wahrscheinlich gibt es nirgendwo sonst so viele verschiedene Tofusorten. So zum Bespiel gefriergetrockneten Tofu, der traditionell nur im Winter hergestellt werden kann, weil er draußen an der Luft trocknen und gefrieren muss. Auch Seidentofu ist in Japan und anderen ostasiatischen Ländern wie China oder Korea beliebt: Man verwendet ihn gerne in Suppen und Saucen.

Ganz besonderen Wert legen die Hersteller hochwertigen Tofus auf die Wasserqualität: Es wird betont, dass die Verwendung unterschiedlicher, aber immer hochwertiger Quellwässer die verschiedenen Tofusorten auch geschmacklich sehr unterschiedlich werden lässt.

Die Basis für Tofu sind gelbe Sojabohnen. Die Bohnen werden eingeweicht und quellen mindestens 8 Stunden, danach werden sie zerkleinert und in Wasser gekocht. Wenn Sie sich selbst an der Tofuproduktion versuchen möchten, nehmen Sie dazu einen wirklich großen Topf, denn der hohe Eiweißgehalt lässt die Masse sehr schnell überschäumen. Nach dem Garen wird das Mus in einem Presstuch sehr gut ausgedrückt und die ablaufende Sojamilch aufgefangen.

Der Rückstand, Okara genannt, wird nochmals befeuchtet und erneut gepresst. Danach lässt er sich in einem gut verschlossenen Gefäß im Kühlschrank einige Tage aufbewahren und eignet sich gut zur Verwendung in Bratlingen (vegetarischen Frikadellen) oder vegetarischem »Hackbraten«.

Die aufgefangene Sojamilch wird erneut bis kurz vor den Siedepunkt erhitzt und dann mit einem Gerinnungssalz versetzt. In Japan verwendet man dafür traditionell Nigari (Magnesiumchlorid), während bei chinesischem Tofu Calciumsulfat (Gips) für das Stocken der Milch sorgt. Wie beim Quark setzt sich die festere Masse ab: Es entsteht der Tofu. Die Molke wird abgeschöpft und die Tofumasse nach Wunsch mehr oder weniger stark gepresst, wodurch der fertige Tofu entsprechend mehr oder weniger schnittfest wird. Ungepresste Tofumasse heißt »Seidentofu« und hat eine Konsistenz, die einem festen Joghurt ähnelt. Immer ist das Ergebnis recht geschmacksneutral und kann mit Gewürzen und verschiedenen Zubereitungsformen vielfältig abgewandelt werden.

Tofu enthält sehr viel Eiweiß, darunter sämtliche für den Menschen lebensnotwendige Aminosäuren. Hinzu kommen unter anderem sekundäre Pflanzenstoffe wie Sterole oder Isoflavone, die helfen können, den Cholesterinspiegel zu senken. Gleichzeitig ist Tofu kalorienarm. Er zählt außerdem zu den Basen bildenden Lebensmitteln und kann so einer möglichen Übersäuerung des Organismus entgegenwirken. Tofu stellt für Vegetarier eine wichtige Eiweißquelle dar.

Im Naturkostladen gibt es neben Naturtofu, eingelegten Tofublöcken und geräuchertem Tofu zahlreiche Produkte auf Tofubasis vom Aufstrich bis zum kompletten Fertiggericht. Für jeden Geschmack ist etwas dabei. In einem Gefäß mit kaltem Wasser, das täglich gewechselt wird, hält sich Naturtofu im Kühlschrank etwa 10 Tage lang frisch.

Edamame – grüne Sojabohnen, beliebter Snack in Japan

Eine echte Entdeckung waren für mich die grünen Sojabohnen, japanisch »Edamame« (gelegentlich auch Edamamé geschrieben – mit einem Akzent über dem zweiten »e«).

Diese milchreif geernteten, noch grünen Kerne der gelben Sojabohne sind, mitsamt der Hülse gegart, ein beliebter Snack in Japan. Die Bohnen werden zum Reiswein serviert, man pult sie aus und dippt sie in grobes Salz oder Sojasauce oder lutscht sie einfach aus der Hülse: eine schmackhafte Alternative zu Salzgebäck oder Chips und vor allem viel kalorienärmer als diese und reich an Vitaminen! Sehr gerne isst man die Böhnchen als Suppeneinlage oder – für unsere Begriffe ungewöhnlich – als Süßspeise. In Japan gelten sie als typisches Sommeressen, weil sie frisch nur in der Saison von Juni bis September zu haben sind. Die zarten Bohnenkerne können außerdem in vielen Rezepten verwendet werden, vergleichbar den Flageoletbohnen. Mit ihrem hohen Nährwert sind sie ein hochwertiges Nahrungsmittel und ich bin sicher, dass sie in Zukunft auch in der heimischen Vollwertküche mehr Verbreitung finden werden.

Bei uns findet man grüne Sojabohnen derzeit noch recht selten am Markt; vielleicht haben Sie Glück und erhalten sie in der Gemüsetheke eines gut sortieren Asialadens. Tiefgekühlt gibt es sie dort das ganze Jahr über. Auch die ausgepulten, gegarten Kerne kann man dort als Tiefkühlware kaufen.

Die zarten grünen Kerne der Sojabohne sind hierzulande noch weitgehend unbekannt in der Küche.

46

Soja zum Würzen

Aus Japan und China kommen auch zahlreiche Würzzubereitungen auf der Basis von Sojabohnen zu uns. Im Folgenden eine Auswahl:

- **Sojasauce** ist die wohl bekannteste aller Würzsaucen. In Japan unterscheidet man allgemein **Shoju,** die mild schmeckt und »helle Sojasauce« genannt wird, und **Tamari,** die kräftige, dunklere Sauce. Hierzulande bekommt man die besten Sojasaucen – meines Erachtens – im Bioladen: traditionell hergestellt in einem langen, aufwendigen Produktionsprozess ohne chemische Zusätze und künstliche Aromen. Chinesische Sojasaucen sind meistens dunkler, salziger und derber als die japanischen.

- **Miso** ist eine typische japanische Würzpaste, die es in vielen verschiedenen Sorten gibt – auch hier empfehle ich als Einkaufsquelle den Naturkostladen – und die als Basis für Suppen in der japanischen Küche unverzichtbar ist. Die Grundlage von Hatcho-Miso sind Sojabohnen, dieses Miso ist dunkel und sehr würzig. Die helleren Misosorten enthalten außer Soja auch Reis – je heller das Miso, desto höher ist der Reisanteil – oder Gerste. Miso wird der Suppe zum Ende des Kochvorgangs zugesetzt. Da die Pasten recht salzig sind, muss man mit der Zugabe von Kochsalz sparsamer sein.

- **Natto** ist eine Paste aus gekochten, fermentierten Sojabohnen, die in Japan bereits zum Frühstück auf den Tisch kommt. Mit seinem sehr intensiven Geschmack und vor allem Geruch ist Natto für europäische Esser meist etwas gewöhnungsbedürftig.

- **Bohnenpaste** ist ein chinesisches Würzmittel und wird sowohl aus hellen als auch aus schwarzen Sojabohnen hergestellt. Basis sind, ebenso wie beim japanischen Natto, fermentierte Sojabohnen (Dou Chi). Man verwendet die Bohnenpaste hauptsächlich als apartes Gewürz für Wok-Gerichte. Wenn Sie Bohnenpaste kaufen, achten Sie darauf, dass es sowohl scharfe als auch süße Pasten gibt. Sie können die Paste aber auch mit gekauftem Dou Chi selbst herstellen und haben dann in der Auswahl der Würzung freie Hand. Einen Rezeptvorschlag finden Sie auf Seite 102.

Im Naturkostladen gibt es die feinen Bohnen derzeit als Vollkonserve im Tetrapack, und zwar Edamame pur oder als Suppenzubereitungen für alle, die es mal ganz eilig haben. Das Sortiment wird sicher noch wachsen.

Wer einen eigenen Garten hat, ist natürlich mal wieder fein raus, denn er kann seine eigenen Edamame ernten. Säen Sie am besten biologisches Sojabohnensaatgut, dann können Sie ziemlich sicher sein, dass Sie keine gentechnisch veränderten Samen bekommen.

Schwarze Sojabohnen

Die Sojabohnensorten mit schwarzen Kernen – chinesisch »Hei Dou« – gelten in der traditionellen chinesischen Medizin als besonders heilwirksam.

Eine der schwarzsamigen Sorten wird bevorzugt auf der japanischen Insel Hokkaido angebaut, sie verträgt kühleres Klima gut und ist ein wichtiges Element in der makrobiotischen Küche. Als »Hokkaidobohne« findet man sie in Spezialitätenläden oder Naturkostgeschäften mit Makrobiotiksortiment. Mit ihr könnte man auch im hiesigen Klima einen Anbauversuch starten. Das will ich einmal ausprobieren, als Saatgut habe ich schwarze Sojabohnen zwar bis jetzt noch nicht gefunden, aber ich will Kerne aus dem Naturkostladen säen, denn die gesundheitliche Wirkung, die gerade der schwarzen Sojabohne in der traditionellen chinesischen Medizin zugeschrieben wird, ist vielfältig:

Sie soll sich günstig auf die Nierenfunktion auswirken, bei Schmerzen in Muskeln und Gelenken helfen, vor allem im Knie, und gegen Beklemmungsgefühle, Wassereinlagerungen und das damit verbundene Gefühl von Aufgedunsenheit wirken. Vor allem soll sie für Frauen in den Wechseljahren hilfreich sein, viel mehr noch als die gelbe Sojabohne, der in dieser Beziehung auch viele gute Eigenschaften nachgesagt werden.

In asiatischen Lebensmittelgeschäften erhältlich sind auch fermentierte, gesalzene schwarze Sojabohnen und schwarze Bohnenpaste aus diesen Sorten, die als Würzmittel verwendet werden und ebenfalls die genannten gesundheitlichen Wirkungen haben sollen.

Handelsnamen von Bohnen

Die Namen, unter denen man Körnerbohnen oder Trockenkochbohnen für die Verwendung in der Küche im Lebensmittelhandel erwerben kann, machen es nicht gerade einfach, sich zurechtzufinden. Denn es spielen dabei weder Artenbezeichnung noch Sortennamen eine Rolle.

Nur wer sich mit den Bohnenarten schon etwas auskennt, kann erkennen, ob Gartenbohnen in der Tüte sind oder ob es sich vielleicht doch um Helmbohnen, die kleinen Augenbohnen, um Feuerbohnen oder etwa Limabohnen handelt. »Butterbohnen«, »Kokosbohnen«, »Wachtelbohnen«, »Marmorbohnen«, »Pintobohnen«, »Riesenbohnen« ... all dies sind Handelsbezeichnungen und oft Überbegriffe für Sortengruppen, die meistens keine Rückschlüsse auf die Bohnenart erlauben. Wer experimentierfreudig ist, kann natürlich auch Bohnen aus dem Lebensmittelhandel ohne Kenntnis der Sorte oder Art im Garten ausprobieren und sich überraschen lassen. Es ist durchaus möglich, dass diese

Bohnen, eigentlich zum Essen gedacht, keimen, wachsen und einen Ernteertrag bringen. Einen Versuch ist es wert – seien Sie neugierig, aber nicht zu enttäuscht, wenn es doch mal nicht klappt. Gerade bei »interessant aussehenden« Bohnen aus dem asiatischen Lebensmittelgeschäft, auf deren Wachsen ich ganz gespannt war, habe ich selbst auch schon öfters Pech gehabt: Sie wollten einfach nicht keimen.

Im Folgenden führe ich zu verschiedenen Handelsnamen als Beispiele jeweils einige Sorten auf, die als Saatgut zu haben sind.

- Oft wird einfach nur auf die Farbe Bezug genommen und auf der Packung steht dann **»Schwarze Bohnen«** oder **»Weiße Bohnen«.** Beispiele für Gartenbohnensorten mit rein weißen Kernen, die sich hinter der Bezeichnung »Weiße Bohnen« verbergen können, sind die französische Sorte 'Tarbais' und die Schweizer Sorte 'Drabo'. Eine weißkernige Feuerbohne ist die 'White Lady'. Schwarze Kerne haben zum Beispiel die Gartenbohnensorten 'Belle de Venise' und die 'Schöne von Richigen'.

- Kidneybohnen werden oft als **»Rote Nierenbohnen«** bezeichnet. Auch bei Kidneybohnen gibt es verschiedene Sorten wie 'Canadian Wonder' oder 'Red Kidney', die auch in Bioqualität im entsprechenden Saatguthandel zu haben sind. Im Englischen werden übrigens alle nierenförmigen Bohnenkerne als »Kidney« bezeichnet.

- Wegen ihrer Ähnlichkeit mit den hübsch gesprenkelten Wachteleiern haben die **»Wachtelbohnen«** ihren Namen bekommen, sie heißen auch **»Pintobohnen«.** Die Wachtelbohnen oder Pintobohnen kochen weich, behalten dabei aber gut ihre Form und zerfallen nicht. Die schöne Sprenkelung geht jedoch beim Kochen fast ganz verloren. Wachtelbohnen werden vor allem in der mexikanischen Küche häufig verwendet, zum Beispiel für »Frijoles refritos« (siehe auch Seite 162), sie sind aber auch gerne bereit, ihre guten Eigenschaften in braven deutschen Eintöpfen zur Geltung zu bringen. Die Sprenkelung ist bei Bohnenkernen sehr häufig, jede Region hat ihre eigenen Sorten hervorgebracht. Trotzdem nur zwei Beispiele, die unter dem Namen »Wachtelbohne« oder »Pintobohne« verkauft werden: zum einen die Sorte 'Meuch', eine Zwiebohne aus der Schweiz, zum anderen die ungarische Körnerbohne 'Rocco'.

- Den Wachtelbohnen zuzurechnen sind auch die **»Borlottobohnen«,** auch **»Borlottibohnen«** genannt. Diese Sorten kommen ursprünglich aus Italien. Sie haben dicke, rundliche, bunt gesprenkelte Kerne. Es gibt sowohl buschförmige als auch klimmende Borlotto-Sorten. Gemeinsam ist ihnen, dass auch die heranreifenden Hülsen bunt geflammt sind und eine optische Attraktion im Gemüsebeet darstellen. Die bekannteste Sorte ist die 'Lingua di Fuoco' ('Feuerzungen').

- Die dicken, weißen Kerne von weiß blühenden Feuerbohnen werden oft als **»Riesenbohnen«** bezeichnet, Limabohnen werden ebenso genannt, aber auch dicke Puffbohnenkerne firmieren unter »Riesenbohnen«. Die 'Gigantes' genannten weißen Feuerbohnenkerne entsprechen dem Typ der griechischen »Riesenbohnen«. Ein Beispiel für eine weiß blühende Feuerbohne mit weißen Kernen, die unter dem Namen »Riesenbohne« in den Handel kommt, ist die 'White Lady'.
- Unter dem Namen **»Butterbohnen«** bekommt man manchmal weiße Feuerbohnenkerne, meistens jedoch Limabohnen zu kaufen, was besonders verwirrend ist, weil frische gelbe Bohnenhülsen häufig ebenfalls als »Butterbohnen« bezeichnet werden. Eine buschförmig wachsende Limabohne ist die 'Henderson', klimmend wächst die Limabohne 'Florida spreckled Butter' (hier taucht die »Butter« sogar im Namen auf!): Diese beiden Sorten können sich unter dem Namen »Butterbohnen« verbergen, aber ich bin sicher, dass es noch weitere Sorten gibt, die im Handel so bezeichnet werden.
- Puffbohnen kommen meistens als **»Dicke Bohnen«** in den Handel, aber auch bunte Kerne von Feuerbohnen habe ich schon als »Dicke Bohnen« bezeichnet gesehen. Dicksamige Puffbohnen, die so bezeichnet verkauft werden, sind die Sorten 'Aquadulce', 'Superaquadulce' oder 'Frühe Weißkeimige'.
- Als Stellvertreterinnen für buntsamige Feuerbohnen nenne ich die Sorten 'Scarlet Emperor' und 'Preisgewinner', die man wegen ihrer buntgefleckten Kerne leicht als Feuerbohnen identifizieren kann. Auf dem Markt steht anstelle einer Sortenbezeichnung oft einfach **»Bunte Bohnen«.**
- Ein Überbegriff für überwiegend weiße Bohnen mit rundlichen Kernen ist **»Kokosbohnen«.** Sie wurden von den Franzosen bis ins Rheinland gebracht. Als 'Köksje' dem regionalen Dialekt angepasst, wurde eine dieser Sorten auch an der Aar wiederentdeckt: Christian Havenith hat sie zusammen mit dem Bund für Umwelt und Naturschutz im Gemüsesortenprojekt »Rheinland (+) Pfalz« vor dem Verschwinden bewahrt (siehe auch Seite 211).
- Neben weißen Kokosbohnen gibt es auch solche mit rosa-beigen bis hellbraunen Kernen, die in Frankreich als **»Cocorose«** oder **»Rosecoco«** verkauft werden. Oft sind diese Bohnen auch gesprenkelt, dann heißen sie in Deutschland wieder »Wachtelbohnen«, früher auch »Spatzeneier«. Die Sorte 'Sophie' ist eine typische, weiße Kokosbohne (französisch: 'Coco Sophie'), während die 'Cocorose d'Eyragues' helle, beige-rosa gesprenkelte Kerne hat.
- Nicht so hart wie der Name suggeriert sind **»Marmorbohnen«,** denn auch bei ihnen nimmt der Handelsname Bezug aufs Aussehen: dekorativ zweifarbig marmoriert wie zum Beispiel die Sorte 'Yin & Yang' mit rot-weißer Musterung oder die 'Orcabohne', deren Samenschale eine geschwungene schwarz-weiße Zeichnung aufweist.

50

Bohnen im Garten

Gartenbohnen und Feuerbohnen anbauen und ernten

Kletterbohnen
Kletternde Bohnensorten, wie es die **Stangenbohnen** und auch die allermeisten **Feuerbohnensorten** sind, brauchen natürlich einen Halt, an dem sie sich nach oben hangeln können. Sie »klettern« nämlich nicht im eigentlichen Sinne, denn sie haben keine Haftwurzeln oder wie die Erbse Wickelranken, sondern sie winden sich mit den Stängeln gegen den Uhrzeigersinn an den Stangen nach oben.

Bohnenzelt

Die traditionelle Methode zur Kletterbohnenkultur ist das Aufstellen von Bohnenstangen: Ganz typisch ist das »Bohnenzelt«, bei dem fünf bis sieben Stangen im Kreis aufgestellt werden und oben wie ein Indianertipi verbunden werden. Wenn dann die Bohnen wachsen, umranken sie das ganze Tipi so dicht, dass im Inneren ein schattiges, heimeliges »Häuschen« entsteht. Als Kinder haben wir uns gerne in einem solchen Bohnentipi im Garten meiner Großmutter versteckt. Ganze Nachmittage habe ich Karl-May-lesend im Schneidersitz im Bohnenzelt verbracht. Wer also Kinder hat und ihnen eine Freude machen möchte, baut solche Bohnenzelte, die zudem auch sehr dekorativ aussehen. Auch andere Konstruktionen, wie Weidentunnel, können mit Kletterbohnen berankt werden. Bedenken sollten Sie nur, dass man sich als Erwachsener schwer tut, wenn man seine grünen Bohnen nur kriechend ernten kann.

Für einen »ernsthaften« Kletterbohnenanbau stellt man die Stangen besser in Reihen mit 50 bis 80 cm Abstand von Stange zu Stange, meistens in Doppel-

Stangenbohnen in Reihen

reihen, die oben gegeneinander geneigt und mit einer quer gelegten Stange verbunden werden. Diese Konstruktion ist stabiler als einzeln aufgestellte Stangen, die voll bewachsen dem Wind eine große Angriffsfläche bieten.

Achten Sie beim Kauf neuer Bohnenstangen darauf, dass sie nicht zu dick sind, ein Durchmesser von 5 oder 6 cm ist ideal, und auch zu glatt sollten sie nicht sein, damit die Pflanzen nicht abrutschen, sondern sicheren Halt finden auf ihrem Weg nach oben.

Rund um jede Stange legt man Anfang Mai bis Mitte Juni zehn bis zwölf Bohnensamen im Kreis – manche schwören darauf, dass es eine ungerade Zahl sein muss.

Stangenbohnen haben keine besonderen Ansprüche an den Boden. Sehr sandige Böden und feste Tonböden sind als Standorte jedoch ungeeignet. Auf guten Gartenböden sind die Ernteergebnisse immer zufriedenstellend.

Die Redensart »Bohnen wollen die Glocken läuten hören« ist Ihnen vielleicht bekannt und gilt für alle Gartenbohnen. Sie besagt, dass die Samen flach gesät werden, nur etwa 2 cm tief, damit die keimenden Bohnen rasch die bedeckende Erdschicht durchdringen können. Nach dem Auflaufen, wenn die jungen Gartenbohnenpflanzen etwa eine Hand hoch sind, ist Anhäufeln hilfreich. Die Bohnen gewinnen dadurch bessere Standfestigkeit.

Etwas tiefer als die Samen der kletternden Gartenbohnen legt man diejenigen der Feuerbohnen, die Pflanzen anzuhäufeln, wenn sie etwa eine Hand hoch gewachsen sind, ist aber ebenfalls angebracht. Feuerbohnen sind robuster als hoch wachsende Gartenbohnen. Ihr Anbau ist deshalb besonders auf den britischen Inseln und in Skandinavien verbreitet. Bei uns gedeihen Feuerbohnen auch noch in den höheren Lagen der Mittelgebirge gut. Da sie weniger kälteempfindlich sind als Gartenbohnen, kann die Kultur bereits früher beginnen und man kann schon ab April mit der Aussaat anfangen. Die Pflanzen halten im Herbst auch länger durch. Frost allerdings vertragen beide Arten nicht. Bei einer Aussaat ins Freiland Ende April bis Ende Mai liegt die Haupterntezeit im Spätsommer bis zum Frühherbst.

Allgemein gilt, dass sich häufiges Durchpflücken ertragssteigernd auswirken kann. Dies gilt jedoch nicht, wenn die Ernte der trockenen Bohnenkerne angestrebt wird: Dafür müssen die Hülsen ausreifen und man belässt sie an den Stangen, so lange es geht.

Düngen braucht man Kletterbohnen nicht unbedingt. Ein gut versorgter Gartenboden verfügt über genügend Nährstoffe. Wichtig ist aber die Wasserversorgung! Unmittelbar nach der Blüte, wenn die Hülsenbildung beginnt, haben sowohl Gartenbohnen als auch Feuerbohnen den höchsten Wasserbedarf. Ist die Witterung dann heiß und trocknet der Boden aus, werden die verbliebenen Blüten und die jungen Hülsenansätze abgeworfen. Durch regelmäßiges Hacken und Mulchen kann man dem vorzeitigen Austrocknen des Bodens gut begegnen. Fällt längere Zeit kein Regen, muss man gießen.

Leider gilt das Aufstellen der Bohnenstangen als arbeitsaufwendig und Stangenbohnen sind darum etwas aus der Mode gekommen. Den Vorteil der größeren Erntemenge, den die Kletterbohnen im Vergleich zu den Buschbohnen bieten, kann man aber auch nutzen, wenn man die Bohnen am Zaun wachsen lässt. Dabei schlägt man gleich zwei Fliegen mit einer Klappe, weil das dichte Laub den Sommer über einen perfekten Sichtschutz bietet.

Bei Feuerbohnen erfreut dazu noch die wunderbare Blüte: rot, weiß oder sogar zweifarbig rot-weiß, könnte sie einer Zierpflanze glatt den Rang ablaufen. In Frankreich ist dies tatsächlich so: Feuerbohnen gelten dort gemeinhin als Zierpflanzen. Sehr hübsch ist die Kombination mit Trichterwinden *(Ipomea)*: Liebt man starke Kontraste, sät man zu weiß blühenden Bohnen eine intensiv farbige Trichterwinde wie die 'Heavenly blue' mit ihrem leuchtenden Hellblau und zu rot blühenden Bohnen eine weiße Winde. Die beiden Arten vertragen sich offenbar gut im Beet und die Farbwirkung ist eindrucksvoll.

Egal, ob Stangen, Spanndrähte oder Zäune berankt werden sollen, manchmal muss man den Trieben zumindest am Anfang etwas helfen, damit sie nicht ziellos wachsen und vom eigenen Gewicht wieder nach unten sinken. Aber

53

daran denken: immer gegen den Uhrzeigersinn! Braucht eine Ranke also etwas »Nachhilfe«, muss man sie in dieser Richtung schlingen.

Eine Besonderheit der Feuerbohnen ist die Fähigkeit, an den Wurzeln verdickte Knollen zu bilden. Diese Knollen sind essbar, können aber auch zur Weitervermehrung der Sorte überwintert werden, ganz so, wie man es mit Dahlienknollen macht. Die Pflanzen, die so kultiviert werden, haben gegenüber den ausgesäten einen teils recht erheblichen Kulturvorsprung. Nach einem besonders milden Winter kann es vorkommen, dass Wurzelknollen der Feuerbohnen draußen überwintern und die Pflanze mit zunehmender Erwärmung des Bodens austreibt.

Feuerbohnen als Sichtschutz auf dem Balkon

Feuerbohnen sind uneingeschränkt auch als Balkon- oder Terrassensicht- und -sonnenschutz zu empfehlen: Sie sind so anspruchslos, dass sie sich mit einem Blumenkasten begnügen, und Wind macht ihnen wenig aus, wenn sie sich erst mal festgerankt haben. Dazu reichen auch Spanndrähte oder nicht zu dünne Schnüre, an denen sich die Pflanzen dann von Balkon zu Balkon emporhangeln. Nach der letzten Ernte im Herbst, wenn das Laub vergilbt und unansehnlich wird, kann die ganze Pracht dann einfach abgeräumt werden. Die Kultur an Schnüren ist auch im professionellen Anbau im Gewächshaus üblich.

Buschbohnen

Buschbohnen sind sehr einfach zu kultivieren. Auf dem vorbereiteten Beet legt man die Samen ab Anfang Mai, ebenso flach wie die der kletternden Gartenbohnen, entweder in Reihen von 40 bis 60 cm Abstand und 8 bis 10 cm Abstand zwischen den einzelnen Bohnen oder in Horsten zu je vier bis sechs Samen mit 20 bis 30 cm Abstand zwischen den Horsten. Eine Ausnahme bildet die sogenannte 'Einlochbohne', eine Erhaltersorte, die so starkwüchsig ist, dass pro Pflanzstelle eine einzige Bohne genügt.

Für die Buschbohnen gilt wie auch für die Stangenbohnen, dass ein gut versorgter Gartenboden ihren Ansprüchen genügt. Wer seinen Bohnen etwas Gutes tun will, düngt gelegentlich mit verdünnter Brennnesseljauche und – das ist besonders wichtig – gießt immer nur mit abgestandenem Wasser. Auf kalte Güsse mit dem Gartenschlauch reagieren Buschbohnen regelrecht »verschreckt« und werfen ihre Blüten ab.

Die Ernte beginnt ab Anfang Juli und zieht sich bei späten Sorten bis zum ersten Frost. Frühe Sorten können wegen ihrer kürzeren Kulturzeit bis Mitte Juli nachgelegt werden. Durch häufiges Beernten und schonendes Pflücken wird die Ernteperiode verlängert: Die Bohnen nicht einfach vom Stock reißen, sondern die Pflanze immer in der Nähe des Hülsenansatzes festhalten und die Hülse mit der anderen Hand pflücken. Durch gestaffelte Aussaat sorgt man für eine stetige Bohnenernte den ganzen Sommer über.

Bei Buschbohnen gibt es zwei Wachstumstypen: Beim einen sind die Hülsen unter dem Laub verborgen, beim anderen – neuere Züchtungen vor allem –, dem sogenannten »Gluckentyp«, hängen die Hülsen über dem Laub. Das vereinfacht die Ernte, weil man nicht im Blattwerk nach den Bohnen suchen muss. Andererseits haben gerade die alten Sorten, bei denen die Hülsen meistens unterm Laub versteckt sind, gegenüber den modernen Erwerbsgarten-Sorten den Vorteil, dass die Bohnen nicht alle auf einmal, sondern in Wellen reifen. Es gibt also keine Tage mit Bohnenschwemme, an denen man Mühe hat, der Ernte Herr zu werden, und dann wieder Erntepause. Spätestens alle 3 Tage sollte man die Bohnen aber durchpflücken, damit man auch wirklich immer im optimalen Zustand ernten kann. Für die Erwerbsanbauer sind die gleichzeitig reifenden Züchtungen natürlich vorteilhaft: Alle Bohnen werden abgeerntet, die Pflanzen untergepflügt und die Beete für die nächste Kultur hergerichtet. Reihenmischkultur wie im Hausgarten ist da natürlich nicht möglich.

Sowohl bei den Buschbohnen als auch bei den Stangenbohnen findet man neben den Sorten, die in der Küche vor allem als grüne Bohnen zubereitet werden, auch Flageoletbohnen und Körnerbohnen. In der Kulturmethode macht die unterschiedliche Nutzung keinen Unterschied.

Bohnen häufeln und hacken

»Häufeln und hacken ist den Bohnen gebacken«, sagte meine Großmutter. Was sie damit meinte, ist, dass die jungen Bohnenpflanzen nach dem Auflaufen leicht angehäufelt werden und der Boden auch öfters gehackt werden sollte. Das Hacken verhindert zum einen bedrängenden Unkrautaufwuchs, bis die Bohnen selbst genügend Blattmasse gebildet haben, um Beiwuchs zurückzuhalten, und zum anderen mindert das Hacken ein rasches Austrocknen der Erde. Noch ein Zitat der Oma: »Einmal gut gehackt ist besser als dreimal schlecht gegossen«.
Überhaupt ist Hacken im Garten fast so etwas wie ein Wundermittel: Es tut fast allen Kulturen gut und, wie ich finde, den Bohnen (auch den Stangenbohnen) ganz besonders.

Reiserbohnen

In der Wuchshöhe zwischen den Buschbohnen und den Stangenbohnen liegen die sogenannten Reiserbohnen als halbhoch wachsende Sorten. Der Begriff »Reiserbohne« deutet es an: Diese Bohnen brauchen keine Stange, Reisig als Stütze genügt. Bei manchen dieser halbhohen Sorten ist sogar dies überflüssig: Sie sind »selbststützend«. Im Handel sind nur noch sehr wenige Sorten vom Reiserbohnen-Typ zu finden. Der Verein zur Erhaltung der Nutzpflanzenvielfalt sucht deshalb speziell für etliche dieser Sorten Paten, die eine solche Bohne unter ihre Fittiche nehmen und vermehren (siehe auch Seite 210).

Reiserbohnen sind auch besonders gut geeignet, um die »indianische Mischkultur« auszuprobieren: Mais und Bohnen gemeinsam, wobei der Mais Stütze für die halbhoch windenden Bohnen ist. Der Mais braucht etwas Kulturvorsprung, entweder durch eine frühere Aussaat oder Vorziehen der Maispflänzchen in Töpfen. Ist die Maispflanze eineinhalb bis zwei Hände hoch, werden um ihren Fuß zwei bis drei Bohnen gelegt. Diese Form der Mischkultur können Sie natürlich auch ohne Indianer zu sein im eigenen Garten ausprobieren: Der Abstand zwischen den einzelnen Maispflanzen sollte mindestens 25 cm, besser 30 cm betragen. Zur besseren Befruchtung – Mais wird vom Wind bestäubt – pflanzt man den Mais im Karree und nicht in Reihen. Nicht zu früh legen!

Warmer Boden erwünscht

Allen Gartenbohnen ist gemeinsam, dass sie einen gut erwärmten Boden brauchen, um schnell keimen zu können. Mindestens 10 °C sollte die Bodentemperatur betragen, besser sind 12 bis 13 °C. Ich lege meine Bohnen lieber ein paar Tage später, als dass ich mich nachher über verfaulte Samen ärgere. »Mai kühl und nass, füllt dem Bauern Scheun' und Fass« gilt leider nicht für Bohnen.

Mischkultur für Gartenbohnen

Bohnen vertragen sich im Beet – wie passend – besonders gut mit Bohnenkraut. Vor allem zwischen den Bohnenstangen kann man dieses Würzkraut kultivieren, denn beim üblichen Stangenabstand reicht der Platz dafür gerade aus. Der Geruch des Bohnenkrauts soll Blattläuse fernhalten.

Auch Tomaten sind bei Bohnen gern gesehen. In einem meiner früheren Gärten, der klimatisch sehr günstig gelegen war, kultivierte ich Stangenbohnen entlang der Scheunenwand, gerade außerhalb der Traufe, und dazwischen Tomaten. Das verblüffende Ergebnis: Die Bohnen rankten am Ende der Stangen immer höher und weit aufs Dach hinauf, während ich für die Tomaten, die ebenfalls immer höher wuchsen, die Bohnenstangen als Stützen zu Hilfe nahm.

Auch für Buschbohnen sind Tomaten gute Nachbarinnen. Eine bei mir bewährte Beetanlage sieht so aus: vorne eine Reihe Buschbohnen, direkt dahinter die Tomatenstöcke mit etwas weiterem Abstand als üblich und zwischen den Tomaten abwechselnd Bohnenkraut und Basilikum. Auf der anderen Beetseite wachsen Pflücksalate und Schnittsalate, Rote Bete oder Mangold. Im Folgejahr wird das Beet spiegelverkehrt bepflanzt: Auf die Seite, auf der die Bohnen waren, kommen nun Starkzehrer wie Weißkohl, Rotkohl, Wirsing oder Chinakohl, die Tomaten wachsen am alten Platz und die Bohnen nehmen den Platz der Salate ein. Erst im dritten Jahr müssen die Bohnen dieses Beet ganz räumen. Ein Teil der Buschbohnen kommt nun vielleicht zu den Erdbeeren, ein anderer Teil findet neben der Frühkartoffelreihe Platz. Wichtig ist es auf jeden Fall, eine dreijährige Anbaupause einzuhalten, bevor Bohnen wieder an den gleichen Platz gesät werden. Dies beugt der sogenannten »Bodenmüdigkeit« vor.

Hier eine kleine Liste **guter Nachbarn** für Bohnen – egal, ob kletternde Gartenbohne, Feuerbohne oder Buschbohne: Bohnenkraut, Erdbeeren, Gurken, Kartoffeln, Kohl (vor allem Chinakohl und Pak Choi), Kohlrabi, Mais, Mangold, Rote Bete, Schnittsalat und Pflücksalat, Sellerie, Tomaten.

Schlechte Nachbarn sind vor allem andere Hülsenfrüchte, also Erbsen oder Linsen, sowie alle Zwiebelgewächse wie Zwiebeln, Knoblauch, Lauch oder Schnittlauch.

Für kletternde Gartenbohnen und Feuerbohnen gelten die Mischkulturregeln ebenso. Es ist nur zu bedenken, dass die an ihren Stangen hoch gewachsenen Pflanzen ihren direkten Nachbarn recht viel Licht nehmen können.

Auf gute Nachbarschaft: Bohnen und Tomaten vertragen sich gut im gleichen Beet.

57

Puffbohnen anbauen und ernten

»Je früher, desto besser« ist die Devise bei der Aussaat von Puffbohnen. Was heißen soll, dass die Bohnen gelegt werden können, sobald der Boden offen ist und die Witterung es nur einigermaßen zulässt. Das kann, je nach Region, schon Mitte bis Ende Februar sein. Der Erfolg der frühen Mühen zeigt sich im sicheren Ertrag und – ganz wichtig – in der Abwesenheit der schwarzen Bohnenläuse, die sich sonst sehr gerne über die Pflanzen hermachen. Den Läusen ist es im Vorfrühling wohl noch zu kalt, so funktioniert dieser Pflanzenschutz auch einigermaßen zuverlässig.

Sollten die Pflanzen doch von einer Läuseplage heimgesucht werden, schafft meistens das Ausknipsen der oberen Triebspitzen Abhilfe, weil sich die Schädlinge dort als Erstes versammeln, siehe auch ab Seite 65.

Schneefälle und nicht allzu strenge späte Fröste können den Pflanzen nichts anhaben, nur wenn es tagelang eisig friert, ohne zu schneien, also Kahlfrost herrscht, und die Pflanzen schon mehr als eine Handbreit hoch gewachsen sind, sollte man ihnen etwas Schutz angedeihen lassen. Vlies, Tannenreisig oder ein altes Laken sind ausreichend. Bei uns im Weinbaugebiet habe ich das aber noch nie gebraucht.

Ausgesät wird in Reihen mit etwa 50 cm Abstand und 10 cm Abstand zwischen den Pflanzen. Besondere Ansprüche an den Standort haben Puffbohnen nicht.

In wintermilden Regionen können Puffbohnen sogar bereits im späten Herbst gesät werden. Sie überwintern dann als junge Pflänzchen. Nur staunasse Böden sind dafür nicht geeignet: Die Bohnen verfaulen im Beet. In sehr wintermilden Gegenden kann es sich lohnen, diese Überwinterungsaussaat zu versuchen. In England, wo die Winter mild und oft frostfrei sind, ist dies gang und gäbe.

Die Bohnen werden in diesem Fall im Oktober bis November gelegt, etwas dichter als bei der Aussaat im Frühjahr: Der Reihenabstand beträgt 35 bis 40 cm und der Abstand in der Reihe 6 bis 8 cm.

Einen verbindlichen Aussaattermin kann ich nicht angeben, denn das Klima ist regional zu unterschiedlich. Das muss jeder Gärtner aus eigener Erfahrung entscheiden: Zu früh gelegte Bohnen wachsen, wenn die Temperatur noch zu hoch ist, zu schnell in die Höhe und leiden dann unter winterlichen Kahlfrösten, andererseits dauert die Keimung zu lange, wenn der Boden schon sehr kalt ist und tagsüber nicht von der Sonne erwärmt werden kann – die Bohnen bleiben dann im Keimstadium stecken und faulen bei Nässe. Ideal ist es, die Pflanzen über den Winter zu bringen, wenn sie etwa eine Handbreit hoch gewachsen sind. Schnee macht ihnen dann wenig aus, bei Kahlfrösten ist es hilfreich, sie abzudecken.

Hoch wachsende Sorten, die bei starkem Wind leicht umgeweht werden, kann man davor schützen, wenn rings um das Beet einige Pfähle eingeschlagen werden und daran diagonal gespannte Schnüre die Bohnen aufrecht halten.

Geerntet werden vorzugsweise die Hülsen mit den noch unausgereiften, aber schon dicken Kernen: schon ab Ende Juni eine sommerliche Köstlichkeit, auf die ich nicht verzichten will. Ist die Ernte üppig, können die Kerne eingefroren oder eingeweckt werden. Natürlich kann man die Hülsen auch ausreifen lassen und die nachgetrockneten Kerne als Trockenbohnen für den Winter aufbewahren. Die Standzeit auf dem Beet ist dann entsprechend länger, Ende Juli oder Anfang August dürften die Hülsen aber so trocken sein, dass sie geerntet, nachgetrocknet und dann gedroschen werden können.

Ein sehr guter Tipp ist es, die Pflanzen nach der Ernte der jungen Hülsen mit den milchreifen Kernen unmittelbar über den untersten Blattachseln abzuschneiden. Es folgt dann ein neuer Austrieb und im August oder September kann man eine zweite, kleinere Ernte frischer Bohnen einfahren. So hat dieses Lieblingsgemüse für mich zweimal Saison.

Räumt man das Puffbohnenbeet andererseits nach der Ernte ab, gewinnt man Platz für andere und spätere Kulturen, und besonders Starkzehrer wie Kohl wissen den von den Bohnenpflanzen gelockerten und mit Stickstoff versorgten Boden zu schätzen.

Und noch ein Tipp für Puffbohnenfans: Wenn es lange frostet und der Boden noch hart ist oder es ausdauernd regnet und abzusehen ist, dass die Puffbohnen deshalb erst spät ins Freiland gesät werden können, sollte man eine Anzahl Samen im Haus keimen und als Jungpflanzen auf der hellen Fensterbank in einem relativ kühlen Raum hegen, bis man sie an Ort und Stelle unterbringen kann. Da die Pflanzen an den Boden keine besonderen Ansprüche stellen, kommen sie relativ lange mit den kleinen Anzuchttöpfchen zurecht. Zu empfehlen ist es, je nach Größe der Töpfchen eine bis drei Bohnen in Aussaaterde zu säen.

Die Gewinnung von eigenem Saatgut ist einfach, siehe auch ab Seite 75. Da die Puffbohne aber sowohl selbstbefruchtend als auch fremdbefruchtend ist, alle Faba-Sorten sich also untereinander kreuzen können, muss sich der Hausgärtner, der seine Puffbohnen sortenrein erhalten will, entweder mit nur einer Sorte pro Kulturjahr bescheiden oder den Anbau in der Zeit so staffeln, dass nicht zwei Sorten gleichzeitig zur Blüte kommen. Aber wer weiß, vielleicht gewinnen Sie auf diese Weise sogar Ihre eigene »Haussorte«. Experimentieren können Sie nicht nur mit den Sorten, die als Saatgut im Handel sind oder die Sie von einem Sortenerhalter bekommen haben, sondern auch mit als Speiseware verkauften Saubohnen: Gelegentlich gibt es auch namenlose Sorten mit sehr dicken Kernen, die sich lohnen könnten. Schauen Sie mal im türkischen Lebensmittelladen. Es kommt auf einen Versuch an.

Mischkultur für Puffbohnen

Als Mischkulturpartner vertragen sich die Puffbohnen gut mit Kartoffeln, besonders mit Frühkartoffeln, aber auch mit Tomaten. Die Knöllchenbakterien an den Wurzeln der Bohnenpflanzen binden Stickstoff und versorgen so ihre hungrigen Nachbarn.

Außerdem ergänzen sich die Puffbohnen auf dem Teller ebenso gut mit Kartoffeln wie mit Tomaten. Ein Grund mehr für diese Mischkultur. Nur sollten Sie nicht den Fehler begehen, sowohl Tomaten als auch Kartoffeln mit den Bohnen ins selbe Beet zu pflanzen. Die beiden Nachtschattengewächse sind miteinander unverträglich. Außerdem fördern Frühkartoffeln den Befall der Tomatenpflanzen mit der gefürchteten Kraut- und Knollenfäule.

Andere gute Nachbarn sind Auberginen, Schwarzwurzeln und Spinat. Buschförmig wachsende Kapuzinerkresse zwischen den Puffbohnenreihen soll Blattläuse anziehen, die ansonsten die Bohnen befallen würden. Ist die Kapuzinerkresse verlaust, wird sie abgeräumt und entsorgt und mit ihr die lästigen Läuse.

Sojabohnen anbauen und ernten

Sojabohnen brauchen feuchtwarmes Klima und haben eine lange Kulturzeit bis zur Samenreife. Viele Sojabohnensorten benötigen zudem eine bestimmte Bakterienart im Boden, um überhaupt wachsen zu können. Der Boden muss vor der Aussaat mit diesen Rhizobien geimpft werden, siehe auch ab Seite 41. Es gibt jedoch auch Sorten, die ohne diese Impfung auskommen, wie die Sorte 'Fiskeby', die für den Anbau im Hausgarten als besonders geeignet gilt, oder die 'Ungarische Sojabohne', die sich Martin Ringhoffer aus dem Sortenarchiv in Budapest geholt hat und seither auf seinem Hof bei Szentes anbaut.

Es gibt zwar Sojabohnen, die windend wachsen, für unsere Breiten sind auf jeden Fall aber die niedrigeren besser geeignet. Diese werden mittlerweile auch in Mitteleuropa landwirtschaftlich angebaut, wenn auch in viel geringerem Umfang als zum Beispiel in den USA. Im eigenen Garten kann man in warmen Sommern mit einem recht guten Ertrag rechnen, lässt das Wetter zu wünschen übrig, bleibt als Hilfsmittel das Abdecken mit Vlies. Statt auf ausgereifte Sojabohnen zu hoffen, finde ich es besonders interessant, die Bohnen jung zu ernten und als Edamame zu verzehren.

Die Aussaat erfolgt ab Ende April bis Mitte Mai in Reihen von 20 bis 35 cm Abstand etwa 5 cm tief in Furchen. In der Reihe ist ein Pflanzenabstand von 5 bis 8 cm günstig. Zu dicht stehende Pflanzen bedrängen sich zu sehr. Bis die

60

Sojabohnenpflanze

Reihen so dicht gewachsen sind, dass Unkrautaufwuchs kein Problem mehr darstellt, muss zwischen den Reihen gehackt werden, dabei wird auch gleich noch etwas angehäufelt. Im Prinzip also genau wie bei Buschbohnen. Bei Trockenheit, besonders in der Zeit des Blütenansatzes und später, wenn sich die ersten Hülsen bilden, muss man regelmäßig gießen.

Ab August erntet man die grünen Hülsen mit den zarten Kernen, ab Mitte bis Ende September die reifen Samen. Man sollte mit Letzterem warten, bis die Blätter abgefallen sind, dann werden die Stängel abgeschnitten und nachgetrocknet, am besten in Bündeln kopfüber hängend an einem trockenen, aber zugigen Platz, oder locker ausgebreitet auf Zeitungsbögen oder alten Bettlaken, auf jeden Fall aber unter Dach.

Exotische Bohnen anbauen und ernten

Dem Anbau der exotischen Bohnenarten ist im Hausgarten leider oft durch ihre Temperaturansprüche eine Grenze gesetzt. In vielen botanischen Gärten werden jedoch neben anderen Nutzpflanzen auch Bohnen kultiviert. So auch im

Gewächshaus für tropische Nutzpflanzen in Witzenhausen, das zur Universität Kassel gehört. Dort gedeihen neben einer Vielzahl anderer Exoten auch immer wieder verschiedene Arten dieser wärmebedürftigen Bohnen, wissenschaftlich betreut und unter idealen Bedingungen, versteht sich.

Helmbohnen bieten sich mit ihren dekorativen Blütenständen vor allem als rankende Zierpflanzen an, von denen sich auch die attraktiv gefärbten Hülsen und mit Glück bei der Witterung auch die Kerne in der Küche verwenden lassen. Wenn Sie Saatgut bekommen können, lohnt sich ein Versuch. Fündig geworden bin ich mit einer violett blühenden Sorte mit Namen 'Ruby Moon', die sich 2 bis 3 m hoch windet und auch intensiv rotviolette Hülsen trägt. Am Zaun, an Stangen oder an senkrecht gespannten Schnüren an der Hauswand sind die Helmbohnen ein echter Hingucker!

Im Wachstum und auch in der Blattform ähnelt die Helmbohne der Feuerbohne, bei den violett blühenden Sorten sind aber auch die Blätter dunkler grün, teilweise sogar violettrot. Belohnt wird das Experimentieren mit wunderschön blühenden, hoch windenden Pflanzen, die ab Oktober reifende Hülsen tragen.

Die Jungpflanzen sollten auf jeden Fall im Haus vorgezogen werden und erst nach Mitte Mai, wenn keine Fröste mehr drohen und sich der Boden gut erwärmt hat, an einen geschützten, sonnigen Platz ausgepflanzt werden. Ab Ende März, Anfang April zwei bis drei Samen pro Topf in gute Aussaaterde, dann braucht es etwas Geduld: Helmbohnen keimen langsamer als Gartenbohnen und haben gerne eine Temperatur von gleichbleibend 20 °C.

Beim Auspflanzen sollten Sie auf tief und gründlich gelockerten Boden achten denn die Pflanze bildet eine lange Pfahlwurzel. Das macht Helmbohnen für eine Kultur im Blumenkasten leider ungeeignet.

Der Anbau von sowohl **Limabohnen** als auch **Mondbohnen** ist, ich erwähnte es bereits bei der Beschreibung der Bohnenarten ab Seite 33, aufgrund ihrer Temperaturansprüche im Freiland in unseren Breiten nicht zu empfehlen. Wer aber über ein beheiztes Gewächshaus verfügt oder einen ganzjährig nutzbaren Wintergarten sein eigen nennt, kann probehalber mit diesen Exoten experimentieren.

junge Mondbohne

Auch wenn nicht unbedingt eine nennenswerte Ernte zu erwarten ist, so macht es doch viel Freude, die Samen keimen zu sehen und vielleicht sogar blühende Pflanzen zu erleben.

Wenn man, was selten genug vorkommt, Saatgut von Limabohnen erwerben kann, erfährt man häufig nicht, ob es sich um eine buschförmig wachsende oder eine rankende beziehungsweise windende Sorte handelt. Da muss man abwarten und sich überraschen lassen. Die windenden Sorten können bis zu 4 m hoch wachsen und brauchen Stangen oder Schnüre zum Aufleiten.

Wer gerne Experimente macht, kann auch mit Limabohnen aus dem Lebensmittelhandel einen Kulturversuch starten und sich überraschen lassen, ob sie willens sind, zu keimen.

In Mitteleuropa werden Limabohnen einjährig kultiviert, während sie im tropischen Klima ausdauernd sind. Man muss sie auf jeden Fall vorziehen, am besten bei Bodentemperaturen über 25 °C. Bei niedrigeren Anzuchttemperaturen dauert die Keimung sehr lange, bis zu 3 Wochen, und es besteht die Gefahr, dass die Bohnen faulen.

Sind die Bohnen erst gekeimt und ausgepflanzt, gelten die gleichen Bedingungen wie bei Stangenbohnen: anhäufeln, gießen bei Trockenheit – auf zu viel Wasser reagieren die Pflanzen jedoch empfindlich – und regelmäßig ernten. Die jungen Hülsen können ab Ende Juli, Anfang August in der Küche Verwendung finden. Im September reifen dann die Samen, die nachgetrocknet werden müssen, bevor man sie drischt.

Limabohnen und Mondbohnen sollten nur alle vier Jahre am gleichen Platz wachsen.

Mungbohnen wachsen aufrecht und je nach Sorte zwischen 0,5 bis fast 1,5 m hoch. Auch sie sind für den Anbau in Mitteleuropa nur schlecht geeignet und gelten als unrentabel.

Wer es trotzdem versuchen möchte: Vorziehen in Töpfchen und Auspflanzen Mitte Mai. Auch die weitere Kultur entspricht derjenigen der Gartenbohnen. Damit aber überhaupt mit einem Ertrag gerechnet werden kann, empfehlen die Profis den Anbau im Gewächshaus, unter Folie oder zumindest unter Vlies. Nach einer Kulturzeit von 14 bis 16 Wochen sollten die Bohnen dann erntereif sein. Vor dem Dreschen müssen die Hülsen wie Sojabohnen nachtrocknen.

Spargelbohnen sind wie auch die übrigen Vigna-Bohnen in unseren Breitengraden ebenfalls eher unsichere Kandidaten, wenn auch nicht ganz so heikel wie die vorgenannten Limabohnen, Mondbohnen oder Mungbohnen. Sie werden in der Fachliteratur ausschließlich für den Anbau im Gewächshaus empfohlen, aber in wärmeren Regionen kann man durchaus einen Anbauversuch starten. Sie lieben Wärme und kommen mit Trockenheit besser zurecht als Gartenbohnen. Wenn Sie also mit einem heißen Sommer rechnen – nur zu! Bei Temperaturen von tagsüber über 25 °C und nachts nicht unter 18 °C fühlen sich Spargelbohnen richtig wohl. Die Aussaat erfolgt ab Ende März im Haus, bei einer Temperatur um 22 °C keimen die Kerne schnell. Zu früh sollte man deshalb nicht aussäen, sonst werden die Pflänzchen zu hoch. Nach den Eisheiligen dürfen die Jungpflanzen dann an ihren Platz im ungeheizten Gewächshaus, im Folientunnel oder in einem sonnigen Beet.

Es gibt sowohl buschförmig wachsende als auch klimmende Spargelbohnen. Bei den klimmenden Sorten muss man mit einer Wuchshöhe von 2 bis 3 m rechnen, sie brauchen entsprechende Stangen oder Schnüre. Im Anspruch an den Boden unterscheiden sie sich nicht von den Gartenbohnen.

Im Weinbauklima kann auch eine Direktsaat ins Freiland ab Mitte März Erfolg versprechend sein. Man kann die jungen Pflanzen bei drohenden Spätfrösten mit Vlies abdecken und sie so vor Schaden schützen. Pflanzabstand ist 30 bis 40 cm, Anhäufeln ist wie bei den Gartenbohnen sehr zu empfehlen. Obwohl die Spargelbohnen Trockenheit gut vertragen, tut ihnen gleichmäßiges Bewässern gut. Haben die Bohnen erst einmal Blüten angesetzt, kommt der Erntezeitpunkt sehr schnell: Eine knappe Woche dauert es, dann sind die Hülsen reif für die Küche. Man kann ihnen beim Wachsen fast zusehen! Geerntet werden muss dann wenigstens alle 2 Tage. Es gilt hier, wie auch bei den Gartenbohnen: Häufiges Durchpflücken steigert den Ertrag.

Adzukibohnen sind, was die Wärme betrifft, nicht ganz so anspruchsvoll und gedeihen bei Temperaturen, die nur wenig über den entsprechenden Bedürfnissen der Gartenbohnen liegen. Auch die weitere Kultur entspricht dem Anbau von Buschbohnen mit Anhäufeln, Gießen bei Trockenheit, vor allem in der Zeit, wenn die Pflanzen anfangen, Hülsen anzusetzen. Auch in ihrem Fall sagen Gartenprofis, dass der Anbau hierzulande im Freiland nicht lohnt, aber wenn er gelingt und die Pflanzen Hülsen angesetzt haben, erntet man etwas, das es bei uns in keinem Laden zu kaufen gibt: Die jungen Hülsen der Adzukibohne sind zart und gelten als Delikatesse.

Flügelbohnen sind von den genannten Exoten vielleicht am einfachsten unter unseren heimischen Klimabedingungen zu kultivieren, auch wenn ihnen feuchte, tropische Witterung am besten bekommt. Als Saatgut sind sie leider nur schwer erhältlich. Im Weinbauklima oder im Gewächshaus kann sich ein Anbauversuch lohnen. Sie wachsen bei uns einjährig, obwohl es mehrjährige Pflanzen sind. Je nach Sorte ist die Größe der Hülsen sehr unterschiedlich, von nur 5 cm langen und 1 cm dicken Hülsen bis zu 25 bis 30 cm langen Hülsen, die etwa 4 cm dick werden können. Die Kultur erfolgt wie bei Stangenbohnen, es besteht aber ein höherer Wasserbedarf. Der Boden sollte niemals austrocknen. Um ihren bis 2 m langen Trieben Halt zu geben, brauchen sie Schnüre zum Klettern.

64

Kletterbohnen schützen auch auf Balkon und Terrasse vor neugierigen Blicken, Wind und Sonne.

Krankheiten und Schädlinge: erkennen, vorbeugen und abhelfen

Blattlaus und Schwarze Bohnenlaus

Kaum ein Jahr vergeht, in dem nicht bei irgendeinem Gartenfreund die Frage auftaucht: »Was unternehme ich gegen die Schwarze Bohnenlaus?« Und meine Antwort lautet immer: »Vor allem zuerst mal die Nerven behalten!«

Das klingt vielleicht banal, aber es stimmt. Vögel, Spinnen, Marienkäferlarven, Florfliegen und ihre Larven, Ohrwürmer, die Larven von Schwebfliegen und verschiedene Raubwanzen sind bei der Bekämpfung von Blattläusen die besten Freunde des Gärtners. Es ist ganz einfach so: Ohne Schädlinge gibt es auch keine Nützlinge, denn diese ernähren sich unter anderem auch von Läusen. Darum warte ich bei Blattlausbefall immer erst mal ab, beobachte die Pflanzen und ihre Umgebung und freue mich, wenn meine Helfer dann erscheinen und reinen Tisch machen. Oft sind die Schädlinge so schnell wieder verschwunden, wie sie aufgetaucht sind. Man muss die Pflanzen jedoch im Auge behalten, um gegebenenfalls doch eingreifen zu können.

Meine erste Maßnahme ist es, Blattlauskolonien einfach von den Bohnen-
ranken abzustreifen. Alte Handschuhe tun da gute Dienste. Bei Puffbohnen
werden meistens die obersten Triebspitzen als Erstes befallen. Diese kann man
einfach abknipsen und mitsamt den Läusen im Restmüll entsorgen (nicht auf
dem Kompost!). Die Pflanzen bilden Seitentriebe und wachsen weiter.

Hilft dies nicht, wähle ich als nächsten Schritt das Bepudern mit Urgesteinsmehl, feiner Asche oder Algenpuder. Auch dabei gehe ich sehr gezielt vor und
stäube nur auf die bestehenden Blattlausansiedlungen, nicht auf die ganze
Pflanze. Zum Bepudern genügt ein alter (trockener) Rasierpinsel, den man in
das Urgesteinsmehl eintupft und dann über der zu behandelnden Stelle sachte
ausklopft. Es gibt für diesen Zweck aber auch spezielle Puderspritzen im Fachhandel zu kaufen.

Pflanzenjauchen, die ich den ganzen Sommer über immer wieder ansetze,
können bei der Blattlausbekämpfung ebenfalls hilfreich sein.

- **Brennnesselbrühe** ist einfach herzustellen: 500 g frische Brennnesseln in
  5 l Wasser 24 Stunden ziehen lassen, abseihen und mit dem unverdünnten
  Auszug spritzen.
- **Wermuttee** gilt als ebenso gute Läuseabwehr wie Brennnesselbrühe: Man
  übergießt etwa 300 g frisches Wermutkraut mit 3 l kochendem Wasser, lässt
  es unter Rühren abkühlen und verdünnt diesen Tee auf 10 l. Damit spritzt
  man im Frühjahr und Frühsommer unverdünnt, später im Jahr verdünnt
  man die Brühe weiter mit drei Teilen Wasser auf einen Teil Brühe.
- Ein Sud von **Rhabarberblättern** vergällt den Blattläusen ebenfalls den
  Appetit: Etwa 500 g frische Blätter mit 3 l kochendem Wasser überbrühen
  und abkühlen lassen. Man spritzt den Tee unverdünnt.

Mein Vater benutzte gegen Blattläuse **verdünnte Magermilch** – ein Drittel
Milch, zwei Drittel Wasser. Mehrere Tage hintereinander jeweils am Abend
über die befallenen Pflanzen gesprüht, war dies sein Standardmittel auch gegen
Blattläuse an seinen geliebten Rosen.

Bei stärkerem Befall hilft **Neem,** auch »Niem« geschrieben. Der Neembaum
stammt aus tropischen und subtropischen Regionen und seine Produkte werden
in den Ländern, in denen er beheimatet ist, bereits seit Jahrhunderten eingesetzt
als Pflanzenschutzmittel, Dünger, Futtermittel für Tiere und Heilmittel in der
traditionellen Medizin. Im biologischen Gartenbau ist Neem unter anderem ein
wirksames Mittel gegen saugende Insekten, nicht nur gegen Läuse. Für Bienen
und Nützlinge ist es, richtig angewendet, harmlos.

Es gibt verschiedene Neemprodukte, gemahlene Samen, Blätter und Öl,
aber auch fertige Präparate am Markt: Aus den gemahlenen Samen und den
Blättern lassen sich Tees herstellen, die als Spritzmittel dienen. Für einen Tee

aus gemahlenen Neemsamen gibt man etwa 50 g Pulver auf 1 l Wasser, lässt dies 3 Stunden ziehen und seiht dann ab. Für einen Absud aus Neemblättern werden etwa 10 g getrocknete Blätter mit 1 l kochenden Wasser übergossen und die abgekühlte Flüssigkeit als Spritzmittel verwendet. Neemöl braucht, damit es sich im Wasser fein verteilt, einen Emulgator, den man bei den einzelnen Neem-Händlern erwerben kann. Genaue Anleitungen für die Herstellung der Neem-Spritzmittel erhält man im Fachhandel, der Neem in den verschiedenen Formen anbietet.

Ein weiteres Mittel gegen Läuse ist **Schmierseifenlösung:** 100 g Schmierseife auf 2 l Wasser mit 100 ml Spiritus gemischt. Aber Vorsicht: Diese Lösung kann das Blattwerk schädigen.

Ähnlich wie Schmierseife wirkt ein **Waschnuss-Auszug.** Es können dafür auch bereits mehrfach verwendete Waschnüsse eingesetzt werden, die man mit kochendem Wasser übergießt und diesen »Waschnuss-Tee« als Spritzmittelbasis verwendet.

Bei **Pyrethrum-Präparaten,** die man nur im äußersten Notfall anwenden sollte, muss man darauf achten, dass das gewählte Mittel echtes Pyrethrum und nicht etwa synthetische Pyrethroide enthält, die um ein Vielfaches giftiger als natürliches Pyrethrum sind. Natürliches Pyrethrum wird aus verschiedenen Tanacetum-Arten (Chrysanthemen) hergestellt. Es wird gereinigt und zu Pyrethrin aufbereitet. Dies ist, auch wenn es sich um ein natürliches Mittel handelt, das auch im Ökolandbau zugelassen ist, ein stark wirkendes Insektizid, das auch Nützlinge tötet oder schädigt.

Vorbeugend gegen Blattlausbefall wirkt eine Unterpflanzung der Bohnen mit **Kapuzinerkresse.** Sie ist für Blattläuse noch attraktiver als jede Bohne und zieht die Tiere magisch an. Die befallenen Kapuzinerkressepflanzen müssen dann allerdings schleunigst abgeräumt werden. Ich säe zwischen die Reihen der Buschbohnen niedrige Kapuzinerkresse – die rankenden Sorten überwuchern die Bohnenpflanzen leicht, falls kein Blattlausbefall ihr Abräumen nötig macht. Zwischen Stangenbohnen kann aber auch die rankende Kapuzinerkresse Platz finden. Wenn sie sich nicht als Blattlausfänger nützlich machen müssen, schadet es nicht, wenn die schön blühenden Pflanzen zwischen den Bohnen an den Stangen nach oben klimmen. Werden sie doch zu üppig und drohen den Bohnen das Licht zu nehmen, werden sie abgeknipst und wandern auf den Kompost. Sowohl Blätter als auch Blüten der Kapuzinerkresse sind essbar, sie schmecken leicht kresseartig scharf und ergänzen einen Salat optisch sehr schön. Die Blütenknospen lassen sich auch wie Kapern einlegen.

Vor allem aber sollten Sie sich bei starkem Blattlausbefall fragen, was Sie selbst falsch gemacht haben. Gesunde und wüchsige Pflanzen werden nämlich kaum so stark befallen, dass man zu massiven Bekämpfungsmitteln greifen muss.

Es gilt nicht nur für Bohnen, sondern generell: Der Boden, der Standort, die Pflanzennachbarn und die Sorten selbst sind Faktoren, die ich bedenken muss, will ich Fehler nicht im nächsten Jahr wiederholen.

Wurzelläuse

Was für Blattläuse gilt, hat erst recht für Wurzelläuse Gültigkeit: Kräftige, gesunde Pflanzen haben kaum Probleme. Es sind vor allem die bereits geschwächten, kränkelnden Pflanzen, die unter einer Wurzelausplage leiden. Die Läuse sitzen dicht unter der Erdoberfläche an den Wurzeln und saugen den Pflanzensaft, was die Pflanzen noch mehr schädigt als der oberirdische Befall durch Blattläuse.

Ursachen sowohl für die Schwäche der Pflanzen als auch für den darauffolgenden Befall mit Läusen können Staunässe und verdichteter Boden sein. Andererseits fördert aber gerade auch Trockenheit die Wurzelläuse.

Die Bohnen **anzuhäufeln,** zu **hacken** und gleichmäßiges **Gießen** reichen oft schon als Gegenmaßnahmen aus. Lassen sich die Wurzelläuse damit nicht zum Abzug bewegen, helfen Güsse mit **Rainfarntee** und **Lavendeltee.** Besonders Lavendel vertreibt auch die Ameisen, deren besondere Schützlinge die Läuse sind.

Auch **Brennnesselbrühe** ist nützlich, denn sie wirkt nicht nur gegen Läusebefall, sondern stärkt obendrein die schwächelnden Pflanzen (siehe Seite 66).

Unkraut (oder »unerwünschtes Beikraut« wie man im Bioanbau sagt) kann als Wirtspflanze für Wurzelläuse dienen, die sich dann gerne auch auf dem Gemüse ansiedeln. **Jäten** ist also ebenfalls ein probates Mittel gegen einen Befall.

Vorbeugend gilt es vor allem die Nützlinge zu fördern, denn Spinnen, Laufkäfer und Raubwanzen sind natürliche Feinde der lästigen Wurzelläuse.

Regelmäßiges Gießen, Hacken und Häufeln sind beste Voraussetzungen für gesunde Bohnenpflanzen.

68

Bohnenfliegen

Hauptursache für einen Befall durch Bohnenfliegen ist eine zu langsame Keimung. Das kann vor allem dann passieren, wenn der Boden noch zu kalt ist. Auch Düngung mit frischem Mist lockt die Bohnenfliege an. Resistente Sorten gibt es nicht, Feuerbohnen, die generell robuster sind, sind jedoch nur sehr selten betroffen.

Bohnenfliegen sind kleiner als Stubenfliegen, sie legen ihre Eier an die frisch gelegten Samen, dort schlüpfen die kleinen, weißen Maden. Diese fressen sich in die keimenden Samen und Pflänzchen, die dann kümmern oder völlig eingehen. Wenn sich die Maden verpuppt haben, findet man rund um den Wurzelbereich die kleinen braunen, röllchenförmigen Puppen, aus denen neue Bohnenfliegen schlüpfen.

Zur Vorbeugung gilt die Faustregel: Ist der Mai nasskalt, die Bohnen lieber ein paar Tage später legen als zu früh. Um 13 °C sollte der Boden schon haben, damit die Samen schnell keimen. Wenn der Wetterbericht aber so gar keine günstigere Witterung für die nächsten Tage verspricht, ist es besser, die Bohnen in Töpfchen vorzuziehen. Damit lässt sich die heikle Zeit ganz gut überbrücken.

Ich fahre im Zweifelsfall sogar zweigleisig – säe eine Partie im Garten, eine zweite, kleinere auf der Fensterbank und habe dann höchstens das Problem, mit den Jungpflanzen nicht mehr zu wissen, wohin. Ist die Aussaat im Freiland jedoch misslungen, wähle ich für eine zweite Aussaat direkt im Beet eine frühe Sorte mit kurzer Kulturzeit und lege sie zu dem Zeitpunkt, wenn meine vorgezogenen Bohnenpflänzchen ebenfalls nach draußen können. Mit einer ganz frühen Ernte wird es in einem solchen Jahr allerdings nichts.

Bohnenrost

Stangenbohnen werden wesentlich häufiger von Bohnenrost befallen als Buschbohnen, Feuerbohnen dagegen nie. Gefördert wird diese Pilzerkrankung durch hohe Luftfeuchtigkeit in Verbindung mit hoher Temperatur. Die Krankheit tritt also überwiegend im Hochsommer auf.

An den Blättern, vor allem an den Blattunterseiten, erkennt man anfangs kleine, helle Vertiefungen, die später zu dunklen, pustelartigen Flecken werden, aus denen dann ein feines, dunkles Pulver stäubt. Das sind die Pilzsporen, die sich mit dem Wind verbreiten und sich auch an Bohnenstangen festsetzen können.

Eine Verbreitung lässt sich deshalb am besten verhindern, indem Sie befallene Blätter früh abpflücken und vernichten. Wenn Sie bereits Hülsen mit Pilzbefall entdecken, ernten Sie diese umgehend und **entsorgen** Sie sie über den Restmüll. Für die Verwendung in der Küche sind sie ohnehin wertlos, im Kompost könnten sie für eine Verbreitung der Pilzsporen sorgen.

Mit Lebermoos-Extrakt (5 ml Extrakt auf 1 l Wasser) zu spritzen, kann den Pilz im frühen Stadium zurückhalten, sind die Pflanzen schon stark befallen, hilft es nichts: Sie müssen ausgerissen und vernichtet werden.

Die Stangen, an denen solchermaßen befallene Pflanzen gewachsen sind, muss man zumindest gut reinigen, wenn nicht sogar vernichten. Ich habe gute Erfahrung damit gemacht, sie mit sehr heißer Sodalösung abzubürsten, wobei das natürlich eine lästige Arbeit ist.

Vorbeugend wirkt ein weiter, luftiger Stand, damit Feuchtigkeit immer rasch abtrocknen kann. Über Saatgut kann Bohnenrost nicht übertragen werden.

Bohnenmosaikvirus

Weil das Bohnenmosaikvirus vor allem von Blattläusen übertragen wird, gelten als vorbeugende Maßnahmen gegen das Virus die gleichen Ratschläge wie gegen die Blattläuse selbst (siehe auch ab Seite 65). Meistens liegt der Grund für einen Befall aber in infiziertem Saatgut, denn das Virus ist samenbürtig, es bleibt also in den reifen Kernen erhalten und man sät es sozusagen mit aus.

Erkennbar ist ein Befall dadurch, dass die Blätter anfangs heller werden, dann mosaikartige Flecken in Hellgrün und Dunkelgrün zeigen, später gelb werden und dann absterben. Die Hülsen befallener Pflanzen werden nicht so lang und wachsen oft krumm. Solange der Befall nicht zu weit fortgeschritten ist, kann man die Bohnen durchaus noch essen.

Auf keinen Fall sollte man aber Saatgut von befallenen Pflanzen gewinnen! Befallene Pflanzen können jedoch kompostiert werden.

Viele der modernen Sorten sind gegen das Bohnenmosaikvirus resistent. Ein Problem kann entstehen, wenn man unwissentlich befallenes Saatgut verwendet und das Virus so auf nichtresistente Sorten weiterschleppt. Manch langjährige Familiensorte ist so schon verloren gegangen.

Weite Fruchtfolge beugt Bohnenkrankheiten vor

Generell gilt es zur Vorbeugung von Bohnenkrankheiten, vor allem eine weite Fruchtfolge einzuhalten. Frühestens nach drei Jahren sollten Bohnen wieder aufs gleiche Beet.

Ein guter Rat ist es auch, nie bei Regen oder unmittelbar danach Bohnen zu ernten: Beim Pflücken entstehen an den Pflanzen Druckstellen und Verletzungen, über die Schaderreger eindringen können, und Feuchtigkeit ist zusätzlich besonders für so übertragene Pilzerkrankungen sehr förderlich.

Fettfleckenkrankheit

Feuchtwarmes Sommerwetter begünstigt den Befall durch die Fettflecken-krankheit.

Verursacher sind Bakterien, die meistens über infizierte Samen eingeschleppt werden und sich rasch über den ganzen Bestand ausbreiten können. Zu Beginn sieht man an den Außenseiten der Blätter kleine, gelbliche Flecke, die transparent und wie fettig aussehen, dann größer werden und das Blatt absterben lassen. An den Hülsen werden dunkle, feuchte Flecke sichtbar. Bei stärkerem Befall vertrocknen die Blätter schon bevor die Pflanze Blüten oder gar Hülsen ansetzen konnte. Binnen kurzer Zeit stirbt die ganze Pflanze ab. Reste befallener Pflanzen, die im Boden verbleiben, können lange für neuen Befall sorgen. Alle Pflanzen mit Fettfleckenkrankeit müssen deshalb so schnell wie möglich **entsorgt** werden und dürfen auf gar keinen Fall auf den Kompost gelangen.

Es gibt zahlreiche resistente Bohnensorten, aber es gilt, wie auch beim Mosaikvirus, dass infizierte Samen die Krankheit auf gesundes Saatgut übertragen können.

Brennfleckenkrankeit

Zum einen als Mykose, also Pilzerkrankung, zum anderen auch von Bakterien verursacht, sind die Erreger der Brennfleckenkrankheit samenbürtig. Bedroht sind überwiegend Buschbohnen, bei diesen wiederum vor allem gelbhülsige Sorten. Bei Stangenbohnen wird die Krankheit nur selten beobachtet. Feuchtes Wetter und Kühle fördern eine rasche Ausbreitung.

Die Blätter zeigen anfangs helle, orangebraune Flecke, die dann dunkelbraun werden und mit ihren schwarzen Rändern aussehen wie verbrannt. Es werden nach den Blättern auch die Hülsen befallen. Pilzsporen befinden sich bei befallenen Pflanzen auch an den reifenden Bohnenkernen und sogar im Inneren der Samen unter der Samenschale.

Vorbeugend und bei leichtem Befall können Spritzungen mit **Schachtelhalmtee** hilfreich sein. Von befallenen Pflanzen darf kein Saatgut gewonnen werden, selbst wenn es gelungen ist, den Befall einzudämmen.

Schnecken

Ein ganz anderes Problem, von dem viele Gärtner ein Lied singen können, sind Schnecken.

Die großen Wegschnecken, die besonders bei Regen aus ihren Verstecken kommen, sind noch relativ leicht aufzufinden. Aber es sind besonders die kleinen, dunklen Nacktschnecken, die bereits an den keimenden Samen nagen,

71

welche dann verfaulen. Man muss schon genau hinsehen, wenn man diese Räuber entdecken will.

Auch Jungpflanzen sind gefährdet, bei Bohnen besonders Buschbohnen, und wenn der Populationsdruck besonders groß ist, begnügen sich die Tiere nicht nur mit diesen, sondern fressen auch an größeren Pflanzen die Knospen, Blüten und jungen Hülsen.

Schnecken fressen vor allem nachts, wenn sie die Erdfurchen verlassen, in denen sie sich tagsüber verbergen. Um sie zu fangen, legt man Bretter zwischen die Bohnenreihen und **sammelt** die Schnecken, die sich darunter einfinden, ab. Feuchtet man den Boden unter den Brettern vorher an, ist der Erfolg größer. Anstelle von Brettern kann man auch angefeuchtete Säcke oder mehrere Lagen Zeitungspapier verwenden. Natürlich erwischt man so nie alle der gefräßigen Mollusken. In Jahren mit vielen Schnecken gehe ich deshalb nach Einbruch der Dunkelheit mit der Taschenlampe durch die Beete und sammle die Tiere ab. Ich benutze dafür übrigens eine alte Gebäckzange vom Flohmarkt! Die so gesammelten Schnecken werfe ich meinen Hühnern zum Fraß vor, weil aber nicht jeder Hühner halten kann, bleibt den meisten wohl nichts anderes übrig, als die Schnecken in einem Eimer mit kochendem Wasser zu übergießen und zu hoffen, dass sie daran möglichst schnell sterben, oder aber, und das ist die weitaus humanere Methode, sie so weit wie möglich vom eigenen Garten wegzutragen und dort frei zu lassen.

Die oft empfohlenen **Bierfallen** finde ich eher kontraproduktiv. Ich habe es ausprobiert: Schnecken haben offenbar sehr feine Geruchsorgane und kamen auch aus entfernteren Gärten gewandert, um sich dann bei mir in die aufgestellten Bierfallen zu stürzen. Es ist nicht sehr angenehm, diese Bierleichen entsorgen zu müssen, außerdem fallen auch nie alle Schnecken in die aufgestellten Fallen und die übrig gebliebenen machen sich volltrunken über meine Pflanzen her. Ich trinke das Bier also lieber selbst und versuche weiterhin den Schnecken mit anderen Mitteln zu Leibe zu rücken.

Ein Tipp meiner Großmutter war **Kaffeesatz,** den sie aus dem Filter direkt ins Beet und vor allem um gefährdete Pflanzen herum verteilte. Dazu habe ich nachgelesen: Schnecken sterben an 2-prozentiger Koffeinlösung – das ist schon ein sehr starker Kaffee, normaler, gebrühter Kaffee enthält etwa 0,07 Prozent Koffein. An einer Koffeinvergiftung kann es also nicht gelegen haben, dass im Garten meiner Oma nur selten eine Schneckenplage auftrat, aber vielleicht machte der viele Kaffee die Schnecken nervös und sie sind lieber ausgewandert? Als Bodenverbesserer schadet der Kaffeesatz jedenfalls nicht, gegen Schnecken gibt es aber wirksamere Mittel.

Lebermoos-Extrakt ist ein Mittel, mit dem man Schnecken einigermaßen den Appetit verderben kann. Mit 0,5-prozentiger Lösung werden die Pflanzen etwa alle 2 Wochen besprüht. Der Extrakt ist kein Gift, sondern wirkt fraßhemmend. Die Substanz wird im Boden schnell abgebaut, hinterlässt keine Rückstände, wirkt nebenbei auch gegen Pilzerkrankungen wie Mehltau und Schimmel und ist zudem pflanzenstärkend.

Wer härtere Geschütze auffahren muss, greift zu **Schneckenkorn.** Es gibt aber auch da eine Alternative, welche die übrigen Bewohner des Gartens kaum beeinträchtigt: Produkte auf der Basis von Eisen(III)-phosphat zerfallen nach einiger Zeit zu Eisen und Phosphat, beides Stoffe, die natürlicherweise im Boden vorkommen. Das Mittel gilt als ungiftig für Haustiere und Gartenbewohner wie Igel und Blindschleichen und es schont auch die Insekten. Zudem ist es ziemlich regenfest, man kann also erwarten, dass es die Schneckenplage zumindest für einige Zeit eindämmt, wenn man es wie in der Gebrauchsanweisung angegeben mit etwa 5 g pro Quadratmeter flächig ausgestreut hat.

Mittelfristig wirken bestimmte **Nematoden,** mit denen man die Gartenbeete behandeln kann. Über einen längeren Zeitraum hinweg müssen sie auf der Fläche angewendet werden: Die gekauften Nematoden werden in Wasser eingerührt und die betroffenen Flächen mit diesem gegossen. Es gibt verschiedene Anbieter entsprechender Abonnements – zum Beispiel vier Lieferungen im Abstand von je drei 3 Wochen – die den Garten fürs Erste weitgehend schneckenfrei machen können. Trotzdem empfehlen auch diese Anbieter flankierende Maßnahmen wie einen Schneckenzaun oder Schneckenkragen, denn Schnecken sind wanderlustig und Gerüchte über leckere Gemüse verbreiten sich in Schneckenkreisen schnell. So kommt es, dass alle Mittel gegen Schnecken immer nur eine Zeit lang helfen, wenn es nicht gelingt, weiteren Zuzug in die Beete zu verhindern.

Zu Bedenken ist bei der Kriegsführung gegen Schnecken die betrübliche Tatsache, dass auch die harmloseren Gehäuseschnecken dran glauben müssen, wenn man zu radikalen Mitteln wie herkömmlichem Schneckenkorn greift.

Weinbergschnecken stehen bei uns unter Naturschutz, sie gelten sogar als nützlich, weil sie die Gelege anderer Schneckenarten vertilgen – allerdings tun sie das nicht mehr als andere Schnecken auch. Andererseits können auch Weinbergschnecken dafür sorgen, dass von einer Reihe junger Salate in kürzester Zeit nur noch die Stängel übrig sind … Weinbergschnecken, die sich in meinen Garten verirren, trage ich deshalb auf jeden Fall dorthin, wo sie meiner Meinung nach hingehören: in die umliegenden Weinberge.

Den schon erwähnten **Schneckenzaun** erhält man in vielerlei Ausführungen, von nicht ganz so teuer bis ziemlich kostspielig. Mit einem überkragenden Rand, den Schnecken nicht überwinden können, soll er verhindern, dass die Tiere ins Beet einwandern. Ebenso wirken Schneckenkragen, die um einzelne Pflanzen gelegt werden.

73

Auf der Tatsache, dass Schnecken Kupferbarrieren nicht überwinden können, basiert die Idee, auf der Außenseite einer selbst gebauten Schneckenbarriere aus Brettern ein dünnes Kupferband anzubringen. Der Scheckenschleim, den die Tiere für ihre Fortbewegung brauchen, oxidiert das Kupfer und die Tiere werden am Weiterkriechen gehindert, weil Kupferoxid giftig für sie ist. Ebenso wirkt ein »Mini-Zaun« aus Kupferdrähten, die rund um die Beete angebracht werden.

Vorbeugend gegen ein Übermaß an Schnecken wirkt es, den Boden immer sehr feinkrümelig zu hacken und glatt zu rechen. Die Nacktschnecken finden dann weniger Plätze für ihre Eiablage. Auch am Morgen anstelle abends zu gießen, macht ihnen das Leben schwerer.

Vor allem aber ist es wichtig, die Nützlinge im Garten zu fördern: Igel, Maulwürfe (ja, auch die!), Spitzmäuse, Eidechsen, Blindschleichen und Gartenschläfer haben Schnecken zum Fressen gern. Ich versuche, ihnen meinen Garten so angenehm wie möglich zu machen.

Bohnenkäfer

Sehr unliebsame Gesellen sind die Bohnenkäfer, allen voran der Speisebohnenkäfer *(Acanthoscelides obtectus)*. Er ist bei uns nicht heimisch, sondern stammt aus Mittelamerika und Südamerika. Die ersten nach Europa eingeschleppten Käfer kamen wohl mit Importen zu uns und haben sich leider eingebürgert.

Bei gekauften Trockenkochbohnen und auch bei Saatgut ist der Käfer zum Glück nur (noch) selten zu finden, wenn man aber eigenes Saatgut gewinnen möchte, kann er zum Problem werden.

Die kleinen, dunkelbraunen Käfer sind 3 bis 4 mm lang. Sie legen ihre Eier an Bohnen ab, und zwar nicht wie oft behauptet wird nur an trockenen Bohnenkernen im Lager, sondern meistens schon viel früher, an reifenden Bohnen im Garten oder an zum Nachtrocknen aufgehängten oder ausgelegten Pflanzen, die aufs Dreschen warten. Dort legen die Weibchen ihre Eier ab, die mikroskopisch kleinen Larven wandern in die Kerne, entwickeln sich dort von anfangs nur 0,6 bis 0,7 mm Länge zu dicken Maden von 4 bis 5 mm Länge, verpuppen sich dann und schon nach 2 Wochen schlüpft der fertige Käfer. Dieser bohrt von innen ein kreisrundes Loch in die Bohne, fliegt oder krabbelt hinaus und der Kreislauf kann von Neuem beginnen. Ideal für die Entwicklung sind Temperaturen zwischen 18 und 20 °C, also eine ganz normale Wohntemperatur.

Bei befallenen Bohnen kann man, noch bevor die Käfer schlüpfen, die runden Öffnungen sehen, welche die Tiere wie Fenster von innen in die Bohnen schneiden. Zum Schluss fällt die äußerste Samenschale wie ein dünner Deckel nach außen. Bei starkem Befall bleibt vom Inneren der Bohne nur noch staubfeines Mehl übrig.

Nur offensichtlich befallene Bohnen auszusortieren, ist nicht sinnvoll, weil sich beim Lagern bald neuer Befall bemerkbar macht, denn bevor die Käfer im Innern der Bohne entwickelt sind und ihre Öffnungen in die Samenschale schneiden, kann man den Befall nicht erkennen.

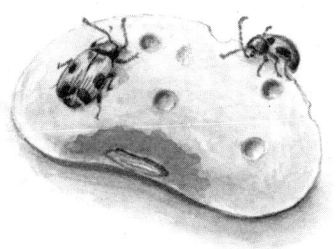

Bohnenkäfer

Einzige Hilfe ist es, die Bohnen mehrfach einzufrieren. Die verbliebenen Larven in den Bohnen gehen zugrunde, ebenso die vielleicht noch vorhandenen Eier. Dreimal hintereinander die Bohnenkerne in einem gut verschlossenen Plastikbeutel einzufrieren und wieder auftauen zu lassen, sollte ausreichen. Die Bohnen sind dann befallsfrei, können in der Küche verwendet werden und sogar noch als Saatgut dienen. Wichtig ist, dass die Bohnen beim Einfrieren wirklich splittertrocken sind, denn nur bei ganz trockenen Bohnen wird der Keimimpuls durch das Einfrieren nicht zerstört: Ein Kern, auf den man mit einem Hammer schlägt, muss zersplittern und darf sich nicht mehr quetschen lassen.

Besonders gerne fallen Bohnenkäfer über Puffbohnen her. Möchten Sie von dieser Art eigenes Saatgut gewinnt, müssen Sie die Samen besonders häufig und sorgfältig kontrollieren. Es gibt (leider) noch weitere samenschädigende Käfer außer dem *Acanthoscelides,* ich will sie aber gar nicht alle aufführen. Die Einfriermethode macht ihnen allen den Garaus, sodass Sie unbesorgt an die Gewinnung von eigenem Bohnensaatgut gehen können.

Eigenes Saatgut gewinnen

Eigenes Saatgut von Bohnen zu gewinnen, ist nicht kompliziert, es gilt nur einige Regeln zu beachten.

Da **Gartenbohnen,** sowohl Buschbohnen als auch Stangenbohnen, weitgehend selbstbefruchtend sind, kann man sogar mehrere Sorten gleichzeitig kultivieren, ohne dass eine große Kreuzungsgefahr besteht. Etwa 5 m Abstand zwischen den einzelnen Sorten sollte genügen. Die Befruchtung hat, wenn sich die Blüte öffnet, meistens schon stattgefunden. Nur größere Insekten, vor allem Hummeln, lassen sich von den Bohnenblüten verlocken, vor allem, wenn wenig andere Blüten zur Verfügung stehen. Sie schütteln die Blüte durch ihr Gewicht und tragen so zur Bestäubung der Blüte mit dem eigenen Pollen bei. Haben die

75

Hummeln jedoch großen Hunger, beißen sie die Bohnenblüte, noch bevor sie sich richtig öffnet, von unten her auf, um an den Nektar zu gelangen. Einer dadurch möglicherweise stattfindenden Fremdbefruchtung können Sie vorbeugen, indem Sie viele andere blühende Pflanzen in den Garten säen, die den Appetit der Hummeln befriedigen.

Feuerbohnensorten kreuzen sich untereinander, sodass, will man sortenreines Saatgut ernten, nur eine Sorte angebaut werden darf oder ein Abstand von wenigstens 200 m zwischen den einzelnen Sorten eingehalten werden muss. Eine Isolation der unterschiedlichen Sorten voneinander mit Vlieshauben oder Kulturkäfigen ist bei den hoch wachsenden Sorten ziemlich aufwendig.

Puffbohnen sind zwar im Prinzip selbstbefruchtend, die Blüten werden aber gerne von Insekten besucht, eine Fremdbestäubung ist deshalb häufig. Entweder also nur eine Sorte anbauen oder isolierten Anbau praktizieren.

Die **exotischen Bohnen*arten*** kreuzen sich untereinander nicht. Die einzelnen *Sorten* einer Art hingegen schon: Fremdbefruchter sind Helmbohnen, Mondbohnen und Limabohnen. Selbstbefruchter sind hingegen alle Vigna-Bohnen, wie Augenbohne oder Mungbohne, die Flügelbohnen und die Sojabohne.

Bestäubung und Befruchtung

Bei der Bestäubung einer Blüte gelangt der Pollen auf die Narbe. Durch das Verschmelzen von Spermienzelle mit der Eizelle erfolgt dann die Befruchtung. Bei verschiedenen Pflanzenarten, so bei der Gartenbohne, geschieht dies ohne Einwirkung von außen, diese Pflanzen sind Selbstbefruchter (auch Selbstbestäuber genannt). Verschiedene Selbstbefruchter benötigen Wind oder Insekten, die die Blüte schütteln, damit der blüteneigene Pollen auf die Nabe gelangt. Auch dies kann bei Gartenbohnen der Fall sein, vor allem Hummeln übernehmen diese Aufgabe. Andere Arten, Fremdbestäuber (auch Fremdbefruchter genannt), benötigen zur Befruchtung die Pollen einer anderen Blüte der gleichen Art, die von Insekten von einer Blüte zur anderen getragen werden. Zu diesen Pflanzen gehören die Feuerbohne, aber auch etliche der exotischen Bohnenarten. Da sich diese Sorten untereinander leicht kreuzen, muss man sie isoliert anbauen, wenn man sie sortenrein erhalten möchte.

Auswahl

Um bei selbst gewonnenem Saatgut gute Eigenschaften zu erhalten und möglichst noch zu verbessern, nimmt man nicht alle Samen von einer einzigen Pflanze, sondern wählt mehrere besonders kräftige, gut fruchtende Pflanzen aus dem Bestand. Als Faustregel gilt, dass es bei Bohnen mindestens zehn Samenträger (also Bohnenpflanzen) sein sollten. Das gilt vor allem dann, wenn man eine alte Sorte erhalten und vielleicht auch tauschen möchte.

Als Samenträger ausgewählt werden nur kräftige Pflanzen mit gesundem Laub und vitaler Jugendentwicklung. Am besten markiert man die ausgesuchten Pflanzen mit einem bunten Bändchen. Später achtet man neben der Gesundheit der Pflanzen auch auf sortentypische und erwünschte Eigenschaften wie Länge, Dicke und Farbe der Hülsen, Fruchtbarkeit und Widerstandskraft. Nur von gut ausgebildeten Hülsen erntet man Saatgut.

Sind dann die Hülsen gut ausgereift und hat man die Samen geerntet, folgt ein weiterer Durchgang in der Selektion: Form, Dicke und Färbung der Kerne. Alle minderwertigen Samen werden aussortiert. Besonders bei den Körnerbohnen kann man so auch auf besondere Zeichnungen der Kerne selektieren.

Erntezeitpunkt

Wie beim Anbau beschrieben, müssen die Bohnenkerne, die für die spätere Aussaat bestimmt sind, voll ausreifen. Günstig ist es darum, die **ersten** Hülsen einer Pflanze zur Samenreife kommen zu lassen und später reifende frisch in der Küche zu verwenden.

Auf keinen Fall sollte man, wie es bei Stangenbohnen oft gemacht wird, nur die obersten Hülsen ausreifen lassen und diese Bohnen dann wieder aussäen. Mit der Zeit bringt man seine Bohne dann nämlich dazu, nur noch im oberen Bereich Hülsen anzusetzen. Ein typisches Beispiel habe ich erlebt, als ich aus Griechenland Saatgut einer schönen, dickkernigen, weiß blühenden Feuerbohne vom Typ 'Gigantes' erhielt: Sie wuchs prächtig und rankte sich an den Stangen sehr hoch, aber alle Blüten und damit auch die Hülsen erschienen erst in einer Höhe über 2,5 m! Es hat mehrere Jahre gedauert, bis ich sie wieder »ein Stück weit runter hatte«, einfach, indem ich stets nur Saatgut von den untersten Hülsen nahm. Bei »Hülsen auf 1,5 m« habe ich sie dann aus Platzmangel an einen befreundeten Gärtner abgegeben, der sie seither weiterkultiviert und auch auf noch größere Samen selektiert.

Ist die Witterung kurz vor der Samenreife ungünstig oder drohen frühe Nachtfröste, ist es besser, die Pflanze auszureißen und mitsamt der Wurzel kopfüber an einem trockenen Ort aufzuhängen. Die Bohnenkerne reifen dann meistens noch nach, sodass sie auch für die Aussaat verwendbar sind.

Besser ist es natürlich, wenn die Hülsen an der Pflanze reifen können, bis sie rascheltrocken sind. Wenn sie dann noch 2 bis 3 Wochen frostfrei nachtrocknen, bis die Kerne splittertrocken sind, sollte die Keimkraft der Samen nichts zu wünschen übrig lassen. Man kann die Hülsen dann ausdreschen oder auch von Hand auspulen, eine schöne Beschäftigung für den Spätherbst oder Winter.

Lagerung von Saatgut

Kühl, trocken und dunkel sollten grundsätzlich alle Samen lagern.

Meine zur Aussaat bestimmten Bohnen bewahre ich in Schraubdeckelgläsern auf, wodurch ich schneller prüfen kann, ob es nicht doch einen Befall mit Bohnenkäfern gab. Ist das der Fall – siehe weiter ab Seite 74. Damit sie es trotzdem dunkel haben, stehen meine Bohnensamengläser in einem Pappkarton.

Damit Samen, und das gilt nicht nur für Bohnen, auch während der Lagerzeit trocken bleiben, kann man ein Beutelchen Silikagel oder Orangegel dazulegen. Bei elektronischen Geräten oder in Verpackungen feuchtigkeitsempfindlicher Waren findet sich oft solch ein kleines Päckchen mit dem Hinweis »Trocknungsmittel, nicht zum Verzehr«. Weil dieses Trocknungsmittel auch zum Schutz wertvoller Objektive verwendet wird, kann man es im Foto-Fachhandel bekommen, auch übers Internet.

Auch ein Löffel Reis – ungekocht natürlich – hält die Samen trockener (so wie man es vom Salz im Salzstreuer her kennt): Den Reis in ein Stückchen locker gewebten Stoff einknoten und das Beutelchen den Samen beilegen.

Bohnen in der Küche

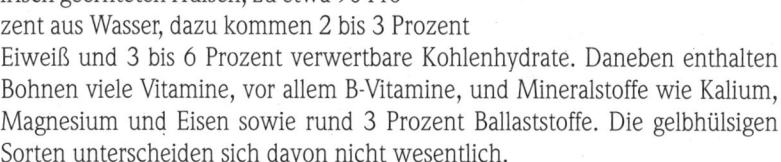

Die Wissenschaft hat festgestellt ...
dass die Bohne Gift enthält. Stimmt.
Aber keine Angst: Dieses Gift wird ab einer Temperatur von 75 °C abgebaut. Beim Kochen verschwindet es also, weshalb man Bohnen auch niemals roh verzehren sollte. Mehr dazu können Sie ab Seite 83 lesen.

Und was ist sonst noch drin? Bei unseren Gartenbohnen bestehen die grünen Bohnen, also die frisch geernteten Hülsen, zu etwa 90 Prozent aus Wasser, dazu kommen 2 bis 3 Prozent Eiweiß und 3 bis 6 Prozent verwertbare Kohlenhydrate. Daneben enthalten Bohnen viele Vitamine, vor allem B-Vitamine, und Mineralstoffe wie Kalium, Magnesium und Eisen sowie rund 3 Prozent Ballaststoffe. Die gelbhülsigen Sorten unterscheiden sich davon nicht wesentlich.

Ganz anders die getrockneten Kerne der Gartenbohnen: Sie sind wahre Eiweißbomben: Bis etwa 24 Prozent Eiweiß enthält so ein Böhnchen. Dazu etwa 48 Prozent verdauliche Kohlenhydrate, bis 2 Prozent Fett, etwa 4 Prozent Mineralstoffe rund 18 Prozent Ballaststoffe sowie Wasser. Recht nahrhaft also.

Die anderen Bohnensorten und Bohnenarten sind den Gartenbohnen in den Inhaltsstoffen recht ähnlich. Eine Ausnahme ist die Sojabohne.

Sojabohnen enthalten wesentlich mehr Eiweiß und mehr Fett als andere Bohnen: In getrocknetem Zustand bestehen sie zu knapp 40 Prozent aus Eiweiß und zu fast 20 Prozent aus Fett, in verzehrsfertiger Form liegt der Eiweißanteil bei etwa 11 Prozent. Das Fett der Sojabohne ist zudem sehr wertvoll, weil es einen hohen Anteil an gesunden Omega-3-Fettsäuren und anderen mehrfach ungesättigten Fettsäuren hat. Wie die anderen Bohnen sind auch Sojabohnen reich an Vitaminen, vor allem B-Vitaminen, und Mineralstoffen wie Magnesium und Eisen. Darüber hinaus punkten sie durch ihren hohen Gehalt an Isoflavonen. Das sind bestimmte Pflanzeninhaltsstoffe, die zu den Phytoöstrogenen zählen. Es wird vermutet, dass diese Substanzen hemmend wirken bei der Entstehung von Herz-Kreislauf-Erkrankungen und hormonabhängigen Krebsarten, wie bestimmten Arten von Brustkrebs. Isoflavone sollen auch gegen Wechseljahrsbeschwerden wie Hitzewallungen helfen.

79

Favismus
Puffbohnen (Saubohnen, Dicke Bohnen) können für eine bestimmte Gruppe von Menschen gefährlich werden: Diesen Personen fehlt ein bestimmtes Enzym, wodurch es beim Genuss von Saubohnen oder bereits beim Einatmen der Pollen dieser Pflanzen zur Auflösung von roten Blutkörperchen kommt. Der Favismus, wie diese Krankheit genannt wird, ist ein relativ häufig auftretender Gendefekt: Etwa 7,5 Prozent der Weltbevölkerung tragen das veränderte Gen in sich, vorwiegend im Mittelmeerraum, im Mittleren Osten, in Afrika und Südostasien. Es sind jedoch nur bei einem Viertel der Betroffenen die Symptome so stark ausgeprägt, dass es für den Betreffenden lebensgefährlich werden kann.

Jedes Böhnchen gibt ein Tönchen ...

Dass der Verzehr von Bohnen verstärkt zu Blähungen führen kann, ist bekannt. Schuld daran sind bestimmte Ballaststoffe, sogenannte Mehrfachzucker oder Oligosaccharide, insbesondere Stachyose, die von den körpereigenen Enzymen auf dem Wege der Verdauung nicht abgebaut, sondern erst von den Darmbakterien des Dickdarms in einem fermentationsartigen Prozess aufgeschlossen werden. Dabei entstehen Gase – Kohlendioxid, Methan und Wasserstoff –, die sich dann ihren natürlichen Weg nach draußen suchen.

Grüne Bohnen blähen weniger stark als Trockenkochbohnen oder Körnerbohnen. Milchsauer vergoren, sind grüne Bohnen noch besser verdaulich.

Ausreichend langes Einweichen und der nachfolgende Garprozess bauen einen Teil der Mehrfachzucker auch bei Körnerbohnen ab. Bei den meisten Bohnenkernen ist Einweichen am Vortag sinnvoll, das Einweichwasser wird weggegossen oder als Gießwasser im Garten verwendet. Teilweise gehen die Mehrfachzucker in das Einweichwasser über und werden mit diesem weggeschwemmt.

Besonders empfindliche Esser können mit zwei Kochgängen für noch bessere Verträglichkeit sorgen: Die gequollenen Bohnen in reichlich ungesalzenem Wasser zum Kochen bringen, zweimal aufwallen lassen und den dabei eventuell entstehenden Schaum abschöpfen. Hitze ausschalten und die Bohnen 1 bis 2 Stunden im Kochwasser ziehen lassen. Danach auch dieses Wasser abgießen. Im zweiten Kochgang werden die Bohnen dann endgültig gegart. Je nach Sorte 60 bis 90 Minuten. Wenn es zum Rezept passt, können dabei blähungsmindernde Gewürze mitgekocht werden.

Werden fertige Bohnengerichte tiefgekühlt, sind sie nach dem Auftauen und Erhitzen leichter verdaulich als die frisch zubereiteten.

Gewürze für die Bohnenküche

Mit bestimmten Gewürzen kann man Blähungen zumindest in gewissem Rahmen vorbeugen: Kümmel, Kreuzkümmel, Fenchel und Anis gehören dazu, die auch als Tee gegen Blähungen eine gute Wirkung haben, aber auch Ingwer und, wie praktisch, das unverzichtbare Bohnenkraut.

Etwas gewöhnungsbedürftig ist **Asafoetida** oder Asant *(Ferula asafoetida)*, auch Stinkasant oder Teufelsdreck genannt. Asant ist das getrocknete Harz der Pflanzenwurzel und von bitterem und beißendem Geschmack. Man bekommt es als »klebrige Masse« oder auch als Pulver in asiatischen Lebensmittelgeschäften, in Bioqualität im Versand oder Naturkostladen. Der ziemlich »fordernde« Geruch ändert sich während des Kochvorgangs und ähnelt dann eher einer Mischung von Knoblauch und Zwiebeln.

Asant wird nur in sehr kleinen Mengen verwendet, ein erbsengroßes Stück ist für vier bis sechs Bohnenportionen ausreichend. Aber auch in solch kleinen Mengen wirkt es magenberuhigend und verhindert Blähungen. In der indischen und dort vor allem in der brahmanischen Küche wird es gerne verwendet. Zu allen indischen Bohnenrezepten können Sie es ergänzend verwenden, auch wenn ich es in meinen entsprechenden Rezepten nicht extra aufgeführt habe. Ich koche bei Bohnenkernen oft eine kleine Prise des Pulvers mit.

Das traditionelle persische Gewürz **Golpar** *(Heracleum persicum)* hilft ebenfalls, die unangenehmen Begleiterscheinungen des Bohnenschmauses zu mildern, und verleiht dem Bohnengericht dazu noch einen feinen, orientalischen Touch.

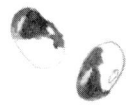

Es gibt auch Bohnensorten, die von Natur aus weniger blähend wirken: In Chile kennt man zum Beispiel die Sortengruppe der gelben »Manteca-Bohnen«, und die Sorte 'Jacob's Cattle gasless', eine sehr hübsch gesprenkelte Körnerbohne, kann ebenfalls ohne »olfaktorische Katastrophen« verzehrt werden.

Zum Schluss noch der Hinweis, dass Bohnenessen sogar Gewöhnungssache ist! Hat man lange Zeit keine Bohnengerichte genossen, ist die blähende Wirkung stärker, verzehrt man hingegen regelmäßig Bohnen, schwächt sich die unangenehme Nebenerscheinung nach und nach ab. Auch an die reichlich vorhandenen Ballaststoffe der Bohnen kann sich der Körper gewöhnen (wie auch Vollkornbrot zu essen »geübt sein will«). Ein Grund, regelmäßig Bohnenrezepte auf den Speiseplan zu setzen!

Bohnen als Heilpflanzen

Gemüse wurde in der Volksheilkunde ganz selbstverständlich auch als Heilmittel verwendet. Dies gilt auch für die Bohne. Allerdings leider nicht nach dem einfachen Rezept »dreimal täglich eine«.

Viele der überlieferten Ratschläge sind heute nicht mehr empfehlenswert. So wurden gemahlene Bohnenkerne als Wundpuder verwendet, um nässende Wunden, Schürfungen und sogar Ekzeme zu trocknen. Ist dieses Bohnenmehl jedoch nicht absolut rein, besteht große Infektionsgefahr. Vom Selbstgemachten ist also unbedingt abzuraten. Zur Schönheitspflege ist Bohnenmehl aber auch heute noch verwendbar: Eine Gesichtsmaske – je nach Hauttyp wird Mehl aus weißen Bohnen mit Quark, Zitronensaft, ungeschlagener Sahne oder Eiweiß gemischt und aufgetragen – nach der Einwirkungszeit mit lauwarmem Wasser abgewaschen, soll die Haut verjüngen, straffen und Pigmentflecke aufhellen.

Als Auflage auf Prellungen und blaue Flecke soll Bohnenmehl, gemischt mit gemahlenen Bockshornkleesamen und Honig, lindernd wirken.

Auch Hildegard von Bingen hat sich zu Bohnen geäußert. Sie bezeichnete Bohnen als erwärmend und hielt sie für »eine gute Speise für gesunde und kräftige Menschen«. Besonders viel hielt sie vom Bohnenmehl, das »… gut und nützlich für Kranke und gesunde Menschen, weil es leicht und gut verdaulich ist«. Auf jeden Fall sprach die gelehrte Dame von Faba-Bohnen, also Puffbohnen oder Saubohnen, denn zu ihrer Zeit waren die Gartenbohnen und Feuerbohnen noch nicht in Europa angelangt.

Bohnengerichte verhindern Verstopfung und wirken vorbeugend gegen Hämorrhoiden. Bohnenmus aus getrockneten, weich gekochten Kernen, gleich welcher Art, ist nicht nur sehr nahrhaft, sondern soll regenerierend auf die Funktionen von Galle, Leber und Bauchspeicheldrüse, fördernd auf die Gehirnfunktion und erneuernd auf das gesamte Zellsystem wirken. Außerdem wird dieser Speise eine leicht beruhigende Wirkung nachgesagt. Sind Bohnengerichte also gut für nervöse Menschen?

Das Mus wirkt zudem leicht regulierend auf einen zu hohen Blutzuckerspiegel, besser geeignet ist hierfür aber der Bohnenschalentee. Dieser gilt in der Naturheilkunde als wirkungsvolles Diuretikum, also Entwässerungsmittel, das schon Sebastian Kneipp seinen Patienten verordnete. Der Tee gilt als unterstützend gegen Rheuma und Gicht, Arteriosklerose, Wassereinlagerungen, Nierenprobleme und erhöhten Blutdruck. Aus den halbreifen Schalen von Stangenbohnen hergestellt, kann man ihn in der Apotheke kaufen, ihn aber auch selbst herstellen. Dazu werden die Bohnenkerne ausgepult, die Schalen gewässert und dann bei 60 bis 70 °C getrocknet. Entweder verwendet man dazu ein Dörrgerät oder man legt die Hülsen auf die Roste im Backofen, dessen Tür man einen kleinen Spalt offen stehen lässt. Rascheltrocken müssen die Schalen sein, dann können sie in gut schließenden Gefäßen aufbewahrt werden.

Für den Bohnenschalentee übergießt man maximal 15 g der trockenen Hülsen mit einer Tasse Wasser und lässt sie über Nacht stehen. Am Morgen dann aufkochen, 2 Minuten köcheln lassen, absieben und heiß trinken. Das Ganze schmeckt wie eine ziemlich fade Gemüsebrühe – aber was tut man nicht alles für seine Gesundheit! Eine Bohnenschalentee-Kur sollte man über einige Wochen durchführen, danach pausieren. Im Zweifel gilt, wie immer, bevor Sie eine Behandlung beginnen: Fragen Sie Ihren Arzt oder Apotheker.

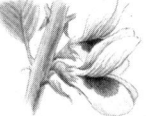

Bohnen niemals roh

Die Warnung, Bohnen nie roh zu essen, gilt für alle Bohnenarten: für Gartenbohnen, Feuerbohnen, Sojabohnen, Puffbohnen und erst recht für Mondbohnen und Limabohnen.

Vigna-Bohnen wie die Augenbohne oder die Mungbohne finden hierzulande hauptsächlich als getrocknete Kerne Verwendung, bei denen wohl kaum jemand auf die Idee kommt, sie roh zu knabbern (aber weiß man es?). Sie dürfen ebenfalls nicht ungekocht verzehrt werden. Auch Spargelbohnen gehören zu dieser Gruppe und sollten vor dem Verzehr gegart werden.

Sowohl Hülsen als auch Kerne der genannten Bohnen enthalten Lektine. Diese Eiweißverbindungen sind giftige Substanzen, die bewirken, dass die roten Blutkörperchen zusammenkleben, sodass Sauerstoff nicht mehr richtig im Blut transportiert werden kann. Sie zersetzen sich erst beim Garprozess. Der Verzehr von Lektinen führt zu Brechdurchfall und kann im schlimmsten Fall tödliche Entzündungen des Darms verursachen. Aber keine Panik! Eine einzige rohe Bohne führt nicht gleich zu Vergiftungserscheinungen.

Auch Bohnenkeime – mit Ausnahme von Mungbohnenkeimen – sollte man nicht roh verzehren, sondern mindestens blanchieren. Mungbohnenkeime sind roh ganz wunderbar knackig und erfrischend und eine leckere Ergänzung in Salaten, siehe hierzu auch ab Seite 92.

Mondbohnen und Limabohnen enthalten außerdem die Substanz Phaseolunatin (Linamarin), die Blausäure abspaltet, und dass diese hochgiftig ist, weiß vermutlich fast jeder. Besonders viel Phaseolunatin ist in den Samenschalen enthalten. Die Sorten mit farbigen Kernen enthalten mehr Phaseolunatin als diejenigen mit weißen Kernen. Auf jeden Fall sollten das Einweichwasser und das Kochwasser weggeschüttet werden. Noch besser ist es, das Wasser während des Einweichens und eventuell auch während des Kochens mehrfach zu wechseln.

Urdbohnen enthalten ebenfalls Substanzen, die Blausäure abspalten, sodass auch deren Einweichwasser und Kochwasser weggegossen werden sollten.

Bohnen lagern und konservieren

Ganz egal, ob Sie eine reiche Ernte aus dem eigenen Garten eingebracht haben und sie für den Winter bevorraten oder ob Sie die Saison nutzen, um sich auf dem Markt mit Bohnen einzudecken: Trotz der reichlichen Auswahl in den Läden macht es Spaß, eigene Vorräte zu produzieren.

Frische Bohnen lagern und einkaufen

Frische grüne Bohnen, auch die gelbhülsigen oder blauhülsigen, kann man nach der Ernte nicht lange aufbewahren. Erntet man im eigenen Garten, so ist das kein Problem,

Von ganz jung bis zu Hülsen mit reifen Kernen – Bohnen lassen sich vielseitig konservieren.

denn bei den kurzen Wegen vom Beet bis in die Küche ist Frische nie eine Frage.

Kauft man frische Bohnen im Laden oder auf dem Markt, kann man sie längstens 2 Tage im Gemüsefach des Kühlschranks aufbewahren. Zur Not auch, in mehrere Bögen leicht angefeuchtetes Zeitungspapier eingeschlagen, von einem auf den anderen Tag außerhalb des Kühlschranks an einem kühlen Ort.

Ob die Bohnen beim Gemüsehändler frisch sind, erkennen Sie daran, dass eine Hülse mit einem Knacks bricht und die Bruchstelle saftig ist. Länger gelagerte Bohnen lassen sich biegen wie Gummi. Der Stängel sollte nicht vertrocknet sein, denn auch dies ist ein Zeichen, dass es schon etwas länger her ist, dass die Bohne ihr Beet verlassen hat.

Bei Flageoletbohnen, die in der Hülse verkauft werden, ist die Hülse natürlich schon etwas schlapp und ganz leicht ledrig, wenn die Kerne im richtigen Zustand sind: Ritzen Sie einen Kern mit dem Fingernagel, es muss ein milchiger Saft austreten.

Trockenkochbohnen aufbewahren

Ein leidiges Problem beim Aufbewahren von Bohnenkernen aus der eigenen Ernte, egal, ob sie in der Küche Verwendung finden sollen oder ob die Samen für die nächste Aussaat aufbewahrt werden, sind Vorratsschädlinge. Gekaufte Körnerbohnen werden erfahrungsgemäß von Schädlingen weniger heimgesucht.

Den schlimmsten Übeltäter habe ich im Kapitel über Bohnenkrankheiten beschrieben: Bei den Küchenvorräten ist es vor allem der Bohnenkäfer, der sich in den Kernen entwickeln kann und so den Vorrat verdirbt (siehe Seite 74). Auch Lebensmittelmotten können Bohnenkerne befallen, vor allem dann, wenn der Befall von anderen Nahrungsmitteln ausgeht und die Maden der Motten dann zu den Bohnen wandern. Ich habe alle möglichen Ratschläge ausprobiert und fand die folgenden am hilfreichsten:

Trockene Bohnenkerne **einfrieren:** Wenn Sie genügend Platz in der Kühlung haben, ist das eine schnelle und effektive Lösung. Bei mir scheitert es meistens daran, dass die Truhe schon voll ist.

Die Bohnen **ins »Vakuum« legen:** Dazu werden die Kerne in ein entsprechend großes Einmachglas mit Gummiring und Spannklammer geschüttet, sie sollten möglichst dicht gepackt liegen, deshalb stößt man das Glas vorsichtig mehrmals auf. Die Größe des Glases muss sich an der Menge der Bohnen orientieren: Unter dem Deckel sollte etwa 3 cm Platz sein.

Auf die Bohnen legt man ein einigermaßen passend zugeschnittenes Stück Baumwollgaze. Aus reiner Baumwollwatte formt man dann ein voluminöses Kissen, das dem Glasdurchmesser möglichst genau entspricht, und tränkt es mit Alkohol. Es sollte nicht tropfnass sein, damit die Flüssigkeit nicht in die Bohnen läuft! Das Kissen wird über der Gaze auf die Bohnen gelegt und angezündet. Ist es gut entflammt, schließt man schnell das Glas.

Sobald mit dem brennenden Alkohol auch der im Glas verbliebene Sauerstoff verbrannt ist, erlischt die Flamme. Der Effekt: Das Glas ist dicht geschlossen, drinnen herrscht fast ein Vakuum und in dieser Atmosphäre können sich die Bohnenkäfer nicht entwickeln. Das dichte Schließen durch das Vakuum verhindert auch, dass Lebensmittelmotten in das Glas eindringen. Ganz nebenbei sehen die so gefüllten Gläser auch noch sehr dekorativ aus. Eine wichtige Anmerkung jedoch: Diese Methode eignet sich nicht zum Lagern von Bohnen für die Aussaat, weil die Keimfähigkeit dadurch beeinträchtigt wird!

Qualität erkennen bei gekauften Trockenkochbohnen

Beim Kauf von Körnerbohnen für die Küche sollten Sie darauf achten, dass die Packung möglichst wenig oder besser keinen Bruch enthält. Die Bohnenkerne sollten etwa einheitliche Größe haben, sie dürfen nicht »staubig« aussehen und es darf sich schon gar nicht feiner, mehlartiger Staub unten in der Packung angesammelt haben – das deutet nämlich auf Bohnenkäferbefall hin oder bestenfalls auf schlechte Reinigung.

Sind in den Bohnen kreisrunde Löcher oder schattenartige kreisrunde Stellen zu sehen, sind auch dies Zeichen für Bohnenkäfer.

Auch »Fremdbesatz« wie Reiskörner oder zu viele Kerne anderer Sorten ist, außer bei Mischungen, unerwünscht. An das auf den Packungen angegebene Mindesthaltbarkeitsdatum müssen Sie sich nicht sklavisch halten, denn Bohnenkerne sind bei richtiger Lagerung durchaus länger haltbar als dort angegeben, aber überlagern sollten Sie die Kerne trotzdem nicht.

Allzu lange sollten Körnerbohnen nicht aufbewahrt werden, denn je länger sie lagern, desto länger wird die Kochzeit. Etwa ein Jahr ist unproblematisch, danach verlängert sich die Garzeit deutlich. Das gilt übrigens auch für Bohnenkerne, die man im Laden gekauft hat!

Zwar entwickeln sich in gekauften Bohnenkernen nur in den seltensten Fällen Bohnenkäfer, weil diese Bohnen nach der Ernte entsprechend behandelt wurden – zum Beispiel kurz ultra-tiefgekühlt bei Temperaturen, die ein Haushaltsgefrierschrank nicht erreichen kann oder bestrahlt –, aber vom langen Lagern werden auch sie nicht gerade besser. (Das Bestrahlen von Lebensmitteln, vorwiegend mit Gammastrahlen, soll Schädlinge und Mikroorganismen abtöten. In der EU ist diese Art der Behandlung zur Zeit nur bei bestimmten Gewürzen erlaubt. Einzelne Mitgliedsländer haben aber noch abweichende Regelungen. Auf jeden Fall muss eine Bestrahlung auf der Verpackung angegeben sein. Ganz sicher wäre ich mir da aber nicht, insbesondere nicht bei Bohnen aus Nicht-EU-Ländern.)

Sollten Sie in einer Packung mit Bohnenkernen trotzdem mal einen Bohnenkäfer finden, können Sie die Körner »retten«, indem Sie sie mehrfach einfrieren und wieder auftauen, wie ich im Kapitel über »Krankheiten und Schädlinge« beschrieben habe.

Die Bohnen, die schon die typischen, kleinen, runden Löcher haben, und auch die, bei denen man erkennen kann, dass demnächst ein Bohnenkäfer sein »Fenster« nach draußen öffnen wird, sollten aber besser aussortiert werden.

Grüne Bohnen dörren

Eine sehr alte Methode, Gemüse haltbar zu machen, ist das Dörren. Grüne Bohnen zu dörren, ist einfach und am einfachsten mit einem Trockenapparat. Die Bohnen werden etwa 5 Minuten in sprudelndem Wasser gekocht, dann möglichst schnell abgekühlt – am besten in Eiswasser – und sehr gut abgetrocknet. Danach werden sie auf den Rosten des Trockenapparates locker verteilt und nach Anleitung (liegt jedem Gerät bei) gedörrt. Junge und dünne Hülsen kann man dafür im Ganzen belassen, ansonsten schneidet man sie vor dem Blanchieren in 2 bis 4 cm lange Stücke.

Die Bohnen sind fertig getrocknet, wenn sie sich ledrig anfühlen. Zur Aufbewahrung kommen sie in ein gut schließendes Vorratsgefäß, das man gelegentlich kontrollieren muss. Bildet sich nämlich noch Feuchtigkeit, muss man nachtrocknen. Sorgfältig getrocknete Dörrbohnen sind ein gutes Jahr haltbar.

Zum Dörren im Backofen verteilt man die vorbereiteten Bohnen locker auf mehrere Gitter oder Roste und dörrt bei 50 bis 60 °C, bis sie die richtige Konsistenz haben. Die Backofentür muss einen Spalt weit offen bleiben, damit Feuchtigkeit entweichen kann, die Gitter sollte man jede Stunde umschichten. Nachteil dieser Methode: Sie ist recht energieaufwendig. Ganz wichtig ist es, die Temperatur möglichst gleichmäßig zu halten. Es darf auf keinen Fall zu heiß werden!

Die älteste Methode, Bohnen zu trocknen, besteht darin, die Bohnen auf Fäden aufzureihen und in der Sonne dörren zu lassen. Die so getrockneten Bohnen sind natürlich noch roh und müssen vor dem Garen eingeweicht und auch länger gegart werden als frische grüne Bohnen. Außerdem ist man sehr vom Wetter abhängig: Droht Regen, müssen die Bohnen unbedingt ins Haus, denn nass werden dürfen sie nicht.

Diese archaische Trockenmethode ist darum nicht besonders empfehlenswert.

Als besonders gut zum Dörren geeignete Bohne gilt die Sorte 'Ostfriesische Speck' mit ihren dickfleischigen Hülsen, die vor dem Verarbeiten aber abgefädelt werden müssen. Der intensive Geschmack belohnt die Arbeit. Aus 1 kg frischen Bohnen werden 100 bis 120 g Dörrbohnen.

Vor dem Garen muss man sie mindestens 12 Stunden, am besten über Nacht, wässern. Am nächsten Morgen werden sie abgegossen, dann mit schwach gesalzenem Wasser gebrüht, etwa 30 Minuten stehen gelassen, erneut abgegossen und erst dann endgültig gegart. Die gedörrten Bohnen finden Verwendung in winterlichen Suppen und Eintöpfen. Sie haben eine Garzeit von 90 Minuten bis knapp 2 Stunden, im Schnellkochtopf etwa 45 Minuten.

Dörrbohnen haben ein ganz eigenes Aroma und sind keineswegs einfach nur Ersatz für frische grüne Bohnen. Sie bleiben auch nach dem Garen etwas schrumplig und sind im Aussehen wohl auch gewöhnungsbedürftig. Liebhaber rustikaler Hausmannskost schwören aber auf ihre Rezepte mit Dörrbohnen. Leider sind sie bei uns völlig aus der Mode gekommen. In der Schweiz jedoch sind Dörrbohnen eine traditionelle Spezialität: Eine echte »Berner Platte« ohne Dörrbohnengemüse wäre undenkbar. Um die Produktion von Dörrbohnen in der Schweiz wieder zu fördern, hat der Verein Slow Food im Jahre 2008 einen Förderkreis für Dörrbohnen gegründet, seither gibt es in der Schweiz auch wieder Schweizer Dörrbohnen zu kaufen (siehe auch Seite 212), denn die meisten Dörrbohnen, die es abgepackt zu kaufen gibt, kommen heutzutage aus China.

Bohnen milchsauer einlegen

Für große Familien (oder kleine mit vielen Gästen) lohnt sich das Einlegen im Gärtopf.

Diese Keramiktöpfe haben am oberen Rand eine Rinne, in die der Deckel greift und in die Wasser gefüllt wird, das den Topf auch nach Entnahme immer wieder dicht schließt. Zu einigen Gärtöpfen erhält man ein passendes, zweigeteiltes Keramikgewicht, das genau in den Topf hineinpasst. Damit werden die Bohnen beschwert. Eine andere Möglichkeit ist es, ein Brett passend zuzuschneiden und einen Stein daraufzulegen. Damit verhindert man, dass die Bohnen beim Gären nach oben steigen.

Rezept für milchsauer eingelegte Bohnen
5 kg grüne Bohnen hobeln oder schnippeln. 10 Minuten in Wasser ohne Salz sprudelnd kochen. Die Bohnen abgießen, mit 100 g Salz und 30 g Zucker mischen, in den Gärtopf füllen und 3 EL Molke dazugießen.
Die Bohnen fest in den Topf drücken, aber nicht zu sehr stampfen. Die Flüssigkeit, die sich bildet, muss immer über den Bohnen stehen, andernfalls ergänzt man mit Salzwasser (15 g Salz auf 1 l Wasser), das man kalt über die Bohnen gießt.
Den Deckel auf den Gärtopf legen und Wasser in die Rinne gießen – das Wasser nicht zu hoch einfüllen! Den Topf eine Woche bei Zimmertemperatur stehen lassen, danach 2 weitere Wochen an einem kühleren Ort. Nach 5 bis 6 Wochen sind die Bohnen fertig zum Verzehr.

Bohnen einsalzen

Eine Variante des milchsauren Einlegens ist das Einsalzen. Dafür verwendet man wesentlich mehr Salz als beim Einlegen: Auf eine Salzschicht, die den Boden des Topfs bedeckt, kommen 4 bis 5 cm Schnippelbohnen, darauf wieder Salz, bis die Bohnen bedeckt sind. Jede Lage wird gut angedrückt. Das wiederholt man, bis der Topf bis knapp eine Handbreit unter den Rand gefüllt ist. Die Oberfläche deckt man mit einer Lage Kohlblätter oder Weinblätter ab und beschwert wie beim Einlegen beschrieben. Auch in diesem Fall sollte die Flüssigkeit über den Bohnen stehen.

Nach 2 Wochen werden die Abdeckblätter entfernt, die Bohnen mit einem ausgekochten Stück Leintuch bedeckt und erneut beschwert. Sowohl das Tuch als auch das Brett müssen hin und wieder gereinigt werden.

Nach 5 bis 6 Wochen sind die eingesalzenen Bohnen küchenfertig. Natürlich sind die Bohnen bei dieser Art des Einlegens sehr salzig und man muss sie gut wässern, ehe man sie kocht.

Zum milchsauren Einlegen und auch zum Einsalzen eignen sich besonders gut die breithülsigen Stangenbohnen oder Schwertbohnen. Auch junge Feuerbohnen, bevor sich die Kerne ausbilden, bringen gute Ergebnisse. Die Hülsen sollten fadenfrei, aber nicht zu zart sein, damit sie während des Gärens nicht zu Mus zerfallen.

Bohnen einkochen oder einwecken

Sowohl frische Bohnenhülsen als auch die Kerne von Flageoletbohnen und Puffbohnen können eingekocht werden. Vor allem junge, gelbe Bohnen eignen sich gut zum süßsauren Einkochen. Sie brauchen später nur mit etwas Öl angemacht zu werden, vielleicht noch eine fein gehackte Zwiebel dazu, und fertig ist der Wachsbohnensalat. Ein Rezept für süßsauer eingekochte Wachsbohnen finden Sie auf der folgenden Seite.

Schnippelbohnen und **junge ganze Hülsen** werden nach dem Putzen und Waschen zum Einkochen etwa 3 Minuten in sprudelnd kochendem Wasser ohne Salzzugabe blanchiert und dann in Einmachgläser gefüllt. Dabei achtet man darauf, dass sie möglichst dicht gepackt, aber nicht zerdrückt werden. Es macht keinen Unterschied, welche Gläser man zum Einkochen nimmt, ob Schraubdeckelgläser oder traditionelle Weckgläser mit Gummiringen. Mit Salzwasserlösung (15 g Salz auf 1 l Wasser) werden die Gläser bis dicht unter den Rand aufgefüllt und dann verschlossen. Die Einkochzeit beträgt 2 Stunden bei 100 °C.

Bohnenkerne, ganz gleich welcher Sorte, müssen vor dem Einkochen völlig gegart sein. Die Einkochzeit beträgt dann 1 Stunde bei 100 °C.

Rezept für süßsauer eingekochte Wachsbohnen
Die Wachsböhnchen werden sehr knapp gegart, in die Gläser eingeschichtet und mit einer Essig-Zucker-Lösung übergossen: 700 g Zucker werden dafür in 1 l Apfelessig aufgelöst. Der Sud muss die Bohnen bedecken. Wer mag, gibt in jedes Glas ein Stück Stangenzimt und zwei oder drei Gewürznelken. Auch ein Stängel Bohnenkraut oder ein Zweig Estragon kann für Salatwürze sorgen. Die Einkochzeit beträgt 1 Stunde bei 100 °C.

Beim Einkochen von Gemüse ist Sauberkeit sehr wichtig! Die Gläser werden gespült und mit sehr heißem, klarem Wasser nachgespült und nicht abgetrocknet. Nur austropfen lassen. Ich koche Gläser, die bereits einmal benutzt wurden, kurz in einem großen Topf in sprudelndem Wasser aus und lasse sie bis zum Befüllen im heißen Wasser liegen. Gummiringe werden in Wasser mit einem Schuss Essig 3 Minuten ausgekocht.

Die sicherste Methode einzukochen, besteht in der Verwendung eines Einkochtopfes mit Thermometer. Es ist aber auch möglich, Gemüse in einem normalen Topf auf dem Herd oder in einer hitzefesten Form im Backofen einzukochen, wichtig ist es, die richtige Temperatur zu erreichen und auch entsprechend lange zu halten.

Bei Weckgläsern entfernt man die Spannklammern, nachdem die Gläser auf Zimmertemperatur abgekühlt sind. Schraubdeckelgläser werden zum Abkühlen verkehrt herum aufgestellt. Der Deckel zieht sich beim Abkühlen etwas nach innen, er muss deshalb beim Öffnen knacken, andernfalls war das Glas nicht richtig verschlossen.

Bohnen gelten beim Einmachen als heikel. Zu Recht, wie ich finde und wie mir auch immer wieder bestätigt wird: Allzu oft gehen Gläser wieder auf. Ich verwende deshalb beim Einkochen von Bohnen grundsätzlich nur neue Einmachringe, die trotzdem ausgekocht werden. Eine Woche lang prüfe ich die Gläser nach dem Einkochen täglich, ob sie auch wirklich verschlossen sind. Danach sporadisch, etwa alle 4 Wochen. Ist mir trotz aller Vorsichtsmaßnahmen ein Glas aufgegangen und habe ich es rechtzeitig, bevor die Bohnen verdorben sind, erkannt, friere ich diese Bohnen ein.

Wer frische Kräuter zusammen mit Bohnen einfriert, hat stets das passende Würzkraut zur Hand.

Bohnen einfrieren

Grüne Bohnen und Flageoletbohnen eignen sich sehr gut zum Einfrieren. Das finde ich vor allem dann praktisch, wenn die Erntemengen nicht so groß sind, dass sich das Einkochen lohnt.

Grüne Bohnen werden zum Einfrieren geputzt und gewaschen, je nach Sorte entweder in Stücke geschnitten oder als Filetbohnen im Ganzen belassen. Anschließend werden sie 3 bis 4 Minuten in sprudelnd kochendem Wasser blanchiert und dann sofort abgeschreckt, am besten in Eiswasser, damit sie nicht nachgaren und ihre Farbe behalten.

Flageoletbohnen werden ausgepult und die Kerne ebenfalls blanchiert. Genauso verfährt man mit frischen Puffbohnen.

Danach verpackt man die blanchierten Bohnen portionsweise in Gefrierbeutel, gut beschriftet natürlich, und packt sie in die Gefriertruhe oder das Gefrierfach. Bis zu einem Jahr sind die Bohnen dann bereit, ihren Küchendienst anzutreten. Viel länger sollte man sie nicht im Eis lassen.

Praktisch finde ich es, passende Kräuter der Saison gleich mit den Bohnen einzufrieren: Bohnenkraut natürlich, Majoran, Thymian oder Salbei.

Wenn ich für ein Gericht Trockenkochbohnen einweiche und gare, bereite ich oft mehr zu als benötigt und friere eine Handvoll der gegarten Bohnenkerne ein (die natürlich nicht mehr blanchiert werden müssen). So habe ich immer einen Vorrat zur Ergänzung meiner »spontanen Gemüsesuppen«, die ich mir aus den gerade vorhandenen Gemüsen zusammenstelle.

Bohnen keimen

Über Sprossen und Keime gibt es etliche Spezialbücher, deshalb möchte ich das Thema hier nicht zu sehr vertiefen. Trotzdem ein paar Tipps zur Keimeproduktion und zur Verwendung von Bohnenkeimen.

Mungbohnenkeime

Als Konserve im Glas oder als Bestandteil von Asia-Salatmischungen werden Mungbohnenkeime oft auch als »Sojabohnensprossen« bezeichnet. Sie sind lecker, knackig und in chinesischen Rezepten sehr beliebt, ob als Salat oder pfannengerührt im Wok.

Leider ist man meistens enttäuscht, wenn man sie zum ersten Mal zu Hause keimt: Anstelle dicker, heller Keime bekommt man lange, gakelig dünne Dinger, die oft auch recht schnell grüne Blättchen bekommen und lange nicht so lecker, dick und knackig sind, wie die gekauften. Wie aber gelingen dicke, lecker-knackige Keime?

Bohnenkeime sind ganzjährig eine leckere Zutat in der Küche.

Der Trick zum Keimen von Mungbohnen heißt »Druck machen«! Ich verwende dafür eine relativ schmale, hohe Keramikschüssel, in die ein kleiner Porzellanunterteller exakt hineinpasst.

Über Nacht weiche ich die Mungbohnen ein, gieße das Einweichwasser am Morgen ab und spüle die sprießenden Keime dann jeden Tag mindestens zweimal gut durch. Zum Keimen liegen die Böhnchen in der Schüssel und werden mit dem Teller abgedeckt.

Die Feuchtigkeit vom Durchspülen reicht aus, um die Samen zum Keimen zu bringen. Es sollte kein Wasser am Boden der Schüssel stehen, damit die unterste Lage Bohnen nicht zu nass liegt und zu faulen beginnt. Den Teller beschwere ich mit einem Gewicht. Das Gewicht wird bei zunehmendem Wachstum erhöht.

Auch hier verrate ich meinen Trick: Als Gewicht verwende ich eine gerade Vase mit schwerem Boden, die sicher auf dem Unterteller steht, und fülle täglich etwas mehr Wasser in die Vase. Die Keime drücken beim Wachsen gegen den Teller und werden dabei dicker als sonst, wenn sie sich nicht so »anstrengen« müssen. Je nach Temperatur dauert es 3 bis 4 Tage, bis die Keime die richtige Größe erreicht haben.

Vor allem ist es wichtig, die Mungbohnen im Dunkeln zu keimen, weil die Keimblättchen dann nicht ergrünen. Auch diese Bedingung erfüllt die Keramikschüssel. Durchstöbern Sie mal Ihren Geschirrfundus, ganz sicher haben auch Sie alle notwendigen Utensilien im Haus, um eine fast perfekte Mungbohnenkeime-Produktion zu starten. Erwarten Sie aber nicht, dass Ihre Keime so gleichmäßig werden wie die gekauften!

Zweimal am Tag müssen die keimenden Bohnen aus ihrem Keimgefäß genommen und gründlich durchgespült werden. Samen, die nicht keimen, muss man auslesen, weil sie matschig werden, faulen und die ganze Partie verderben können.

Gekeimte Mungbohnenkeime können in jedem Grad der Keimung roh verzehrt werden. Sie sind einige Tage haltbar, wenn man sie im Gemüsefach des Kühlschranks aufbewahrt. Spülen Sie sie vor dem Verzehr nochmals gut durch und lassen Sie sie abtropfen. Zu jeder Jahreszeit sind sie eine leckere Salatzutat.

Sojabohnenkeime und andere Bohnenkeime

Sojabohnenkeime, also gekeimte Sojabohnen, sollten im Gegensatz zu Mungbohnenkeimen nicht roh gegessen werden.

Während des Keimens von Sojabohnen muss man immer wieder prüfen, ob nicht etwa ungekeimte Bohnen zurückgeblieben sind: Sie werden matschig und verderben dann schnell die ganze Partie. Verdorbene Sojabohnen können zu argen Magenbeschwerden, wenn nicht gar Schlimmerem, führen.

Beim Keimen von Sojabohnen braucht man nicht zu oben beschriebenen Tricks wie bei den Mungbohnen greifen. Man keimt sie »ganz normal« im Keimglas oder Keimgerät, wie Sie auch andere Samen keimen. Also: einweichen und quellen lassen, abtropfen, nicht im Wasser stehen lassen, mindestens zweimal am Tag durchspülen. Wenn die Keime die gewünschte Größe erreicht haben, zubereiten. Ganz wichtig ist es, die Bohnen häufig und gründlich zu spülen!

Auch andere Bohnen lassen sich keimen. Am besten geeignet finde ich kleinsamige Sorten, am allerbesten solche, die man frisch als Flageoletbohnen verzehrt. Man lässt sie nicht zu lange keimen: Es soll nur eben das kleine »Schwänzchen« erscheinen. Aber, ganz wichtig: Roh essen sollte man auch diese nicht! Sie werden so zubereitet, wie man die frischen Bohnenkerne verwenden würde. Das Keimen ersetzt die Einweichzeit und verkürzt auch die Kochzeit. Verwenden Sie nur Bohnenkerne, die noch nicht zu lange gelagert wurden, denn ältere Körner keimen langsamer und vor allem sehr unterschiedlich. Es bleibt dann nicht aus, dass die Bohnen im fertigen Gericht unterschiedlich fest sind.

Zum Keimen verwende ich grundsätzlich nur Bohnen aus eigenem Anbau oder aus dem Bioladen – ich denke, da kann ich sicher sein, dass sie nicht mit irgendwelchen keimhemmenden Stoffen behandelt wurden. Gekauftes Saatgut sollte nicht zur Anzucht von Keimen für die Küche Verwendung finden.

Limabohnen und Mondbohnen sollten überhaupt nicht als gekeimte Bohnen verwendet werden.

Wer wird Bohnenkönig?

Am Dreikönigstag war früher vielerorts ein Brauch verbreitet, bei dem der Bohnenkönig oder die Bohnenkönigin gekürt wurde: In ein Gebäck oder einen Kuchen wurde eine Bohne eingebacken. Derjenige, der die Bohne in seinem Stück entdeckte, war Herrscher für den Rest des Tages: Mit einer Papierkrone oder Flitterkrone gekrönt, bestimmte er dann über seine Untergebenen. Auf den großen Bauernhöfen in Süddeutschland bedeutete dies, dass der Gewinner, ob Knecht oder Magd, auch die Arbeit der nächsten Tage oder Wochen zuteilen durfte. In anderen Regionen fiel dieser Brauch in die Fastnachtszeit. Vor der Zeit des Fastens durfte man noch mal über die Stränge schlagen, man feierte ausgelassen, und Bohnen, wie auch andere Hülsenfrüchte ein Symbol für üppige Fruchtbarkeit, durften auf dem Tisch nicht fehlen. Da ging es in mancher Hinsicht deftig zu. Sehr schön hat der niederländische Maler Jan Steen (1626 – 1679), bekannt für seine oft satirischen Darstellungen von Szenen aus dem Volk, so ein Fest in einer großen Familie dargestellt: Sein Bild »Das Bohnenfest« zeigt eine fröhlich ausufernde Feier. Der jüngste Sohn ist Bohnenkönig geworden, regiert auf der Ofenbank stehend über seine Untertanen und darf einen Schluck aus dem Weinkelch nehmen. Das Bild hängt im Museum Boijmans van Beunigen in Rotterdam. Heute ist der Brauch der Wahl eines Bohnenkönigs fast völlig in Vergessenheit geraten. Warum ihn nicht im Freundeskreis wieder aufleben lassen?!
Wolf-Dieter Storl, Ethnobotaniker und Kulturanthropologe, hat in seinem Buch »Bekannte und vergessene Gemüse« noch weitere Bräuche rund um die Bohne aufgeführt und zitiert auch Redensarten und Überlieferungen. Bohnen sind wirklich ein schier unerschöpfliches Thema, auch für Forscher und Wissenschaftler.

Rezepte

Hinweise zu den Rezepten

- Wenn nicht anders angegeben, gelten die Rezepte für **vier Personen**.
- Die angegebenen Backzeiten und **Backtemperaturen** gelten für einen **Elektrobackofen ohne Umluft** und – wenn nicht anders angegebenen – **ohne Vorheizen**. Aus Gründen des Energiesparens heize ich so gut wie nicht vor. In den Fällen, wo es nötig ist, habe ich es im jeweiligen Rezept vermerkt.
- Wenn ich **Soufflé** und ähnliche Gerichte zubereite, die im Backofen in kleinen **Förmchen** gebacken werden, verwende ich kleine Porzellanförmchen mit einem Fassungsvermögen von jeweils 125 ml. Wenn Sie keine speziellen Soufflé-Förmchen besitzen, können Sie die Soufflés einfach in ofenfesten Porzellantassen oder Keramiktassen backen.
- Ich verwende zum **Süßen** sowohl weißen Bio-(Rüben-)Zucker als auch Vollrohrzucker, Palmzucker oder Stevia. Weißer Zucker ist neutral süß, Vollrohrzucker hat ein leicht malziges Aroma. Auch Rübensirup, Ahornsirup oder Reissirup kommen bei mir als Süßungsmittel zum Einsatz – Reissirup passt besonders gut zu asiatischen Gerichten. Wenn als Zutat in den Rezepten Zucker genannt wird, dürfen Sie selbst entscheiden, welches Süßungsmittel Sie im Einzelfall verwenden möchten.
- Ich mache meine **Semmelbrösel** meistens selbst und nehme dafür Brötchen, die übrig geblieben sind – egal, ob aus Vollkornmehl oder hellem Mehl. Der einzige Unterschied bei der Verwendung ist, dass Vollkornbrösel etwas mehr Flüssigkeit aufsaugen.
- **Trockenkochbohnen einweichen:** Je nach Sorte können getrocknete Bohnenkerne beim Einweichen sehr viel Wasser aufnehmen. Verwenden Sie also immer reichlich Wasser zum Einweichen und gießen Sie welches nach, wenn die Kerne das Wasser aufgesaugt haben (siehe auch Seite 100).
- **Trockenkochbohnen garen:** Die in den Rezepten angegebenen Garzeiten sind lediglich als Anhaltswerte zu verstehen (siehe auch Seite 100). Auch die Angaben zu Kochzeiten im Schnellkochtopf sind nur Näherungswerte. So garten zum Beispiel getrocknete Feuerbohnenkerne, die ich auf dem Markt gekauft hatte, nach einer Nacht Einweichen innerhalb von 20 Minuten. Ein anderes Mal, diesmal Feuerbohnenkerne aus der eigenen Ernte, betrug die Garzeit 1 Stunde. Im Zweifel einfach **testen:** Eine Bohne aus dem Kochwasser fischen, kalt abspülen und mit einer Gabel zerdrücken. Lässt sich das problemlos bewerkstelligen, sind die Bohnen gar. Auch einen der Bohnenkerne zu kosten, kann nicht schaden …

Warum kein Salz ins Kochwasser für getrocknete Bohnen?

Das Kochwasser für getrocknete Körnerbohnen sollte **nicht gesalzen** werden. Das haben meine Mutter und meine Großmutter so gemacht – und von diesen habe ich es übernommen.

Erst als ich anfing, mich intensiv mit Bohnen zu beschäftigen, fragte ich mich, was der Grund für diese Empfehlung ist. Die Antwort ist eine kleine Lektion in Küchenchemie:

Das durch das Trocknen entzogene Wasser soll beim Zubereiten ersetzt werden, das ist bei allen getrockneten Gemüsen so und gilt für Bohnen, Linsen und Erbsen ebenso wie für Dörrgemüse. Das geschieht zuerst beim Einweichen, später dann auch beim Kochen. Ist das Kochwasser jedoch zu salzig, kann die Osmose, der Austausch der Salze im Innern der Zellen mit den Salzen in der Flüssigkeit der Umgebung, (ebenso wie bei zu viel Kalk im Wasser) nicht mehr stattfinden, weil das Wasser, das bereits mit Salz gesättigt ist, keine weiteren Salze mehr aufnehmen kann. Die Bohnen bleiben dann fester oder brauchen länger, bis sie die richtige Konsistenz haben.

Zum Ende der Garzeit kann man aber durchaus bereits etwas Salz dazugeben. Ich salze also beim Vorgaren normalerweise entweder gar nicht und würze erst bei der weiteren Verwendung nach Rezept oder gebe gegen Ende der Garzeit etwas Salz zu.

Erklärung der Rezeptsymbole

Folgende Symbole erklären, in welchem Zustand die Bohnen im jeweiligen Rezept verwendet werden:

 frische Bohnenhülsen

frische Bohnenkerne

 getrocknete Bohnenkerne (Trockenkochbohnen, Körnerbohnen)

getrocknete Bohnenhülsen

97

Grundrezepte

Grüne Bohnen garen

Dass man grüne Bohnen nicht roh essen soll, lernt schon jedes Kind. Also müssen sie für alle Gerichte, auch für Salate, gegart werden. Was ich im Folgenden für die frischen grünen Bohnen sage, gilt natürlich auch für gelbhülsige oder blauhülsige frische Bohnen.

- Werden Gemüse einfach ins kochende Wasser geworfen und nach relativ kurzer Zeit wieder herausgefischt, so nennt man das **Blanchieren:** Wasser entsprechend der Bohnenmenge in einem ausreichend großen Topf zum Kochen bringen, die zugerüsteten Bohnen – geputzt, gewaschen, gegebenenfalls abgefädelt und je nach Rezept im Ganzen oder in Stücke oder Streifen geschnitten – ins kochende Wasser geben.
  Salz fügt man frühestens dann zu, wenn das Wasser nach dem Einlegen der Bohnen wieder sprudelt, und dann auch nur sehr wenig, denn die Würze bestimmt man bei der weiteren Zubereitung. Wenn es das Rezept zulässt, ist es der Verdaulichkeit zuträglich, die Bohnen überhaupt erst bei der endgültigen Zubereitung zu salzen.
  Je nach Sorte und Reifegrad ist die Garzeit unterschiedlich lang. Klar, dass die derben Hülsen der Feuerbohnen eine längere Garzeit haben als die zarten, dünnen Filetböhnchen. Wenn gegarte Bohnen in einem Gericht verwendet werden, das noch weitere Garzeiten verlangt, sollte man sie nur ganz knapp blanchieren, damit sie später nicht matschig werden.
  Grüne Bohnen, die man einfrieren will, sollten ebenfalls zumindest kurz blanchiert werden. Abschrecken in Eiswasser sorgt dafür, dass sie die schöne grüne Farbe behalten.
  Auch für Salate werden die Bohnen blanchiert und abgeschreckt, bevor man sie bis zur gewünschten Bissfestigkeit zu Ende gart. Gibt man sie noch lauwarm in die Marinade, können sich die Aromen besonders gut verbinden.
- **Dünsten:** Bohnen dünsten kann man in Gemüsefond, Wein, Tomatensauce … Dünsten heißt immer, dass nur wenig Flüssigkeit zum Garen verwendet wird. Es heißt also aufpassen, dass nichts anbrennt.
- **Im Dampf garen:** Speisen im heißen Dampf zu garen, findet mehr und mehr Anhänger. Diese Garmethode schont die Vitamine, und das Eigenaroma von Gemüse bleibt besonders gut erhalten. Für das Dampfgaren gibt es spezielle Geräte, die mit genauen Anleitungen geliefert werden: Hightech in der Küche – ich habe lange damit geliebäugelt. Einfacher und wesentlich preiswerter ist es, auf chinesische Art im Bambuskorb im Dampf zu garen:

Die Bambuskörbe gibt es in verschiedenen Größen in jedem asiatischen Lebensmittelladen für wenig Geld. Sie können zu mehreren gestapelt werden, auf den obersten Korb kommt der passende, ebenfalls aus Bambus geflochtene Deckel. Besonders gut funktioniert das Dampfgaren im Wok, weil aufgrund der geschwungenen Wand dieser Pfanne jede Dämpfkörbchengröße eingesetzt werden kann.

Während des Dämpfens muss immer genügend Wasser im Wok oder Topf sein – halten Sie also zum Nachgießen möglichst heißes Wasser bereit –, aber nie so viel, dass es beim Brodeln die unterste Lage im Dämpfkorb berührt. Ins Dämpfwasser gebe ich gerne frische oder getrocknete Kräuter, die ihre Aromen mit dem aufsteigenden Dampf an das Dämpfgut abgeben.

Beim Dämpfen von Bohnen lege ich die geputzten und gewaschenen Hülsen im Ganzen in den Dämpfkorb. Dünne Sorten, Filetbohnen oder Spargelbohnen am besten gleich portionsweise gebündelt – nicht zu dicke Bündel machen, damit der Dampf auch die innersten Bohnen erreichen und garen kann. Die Dämpfzeiten sind von Sorte zu Sorte sehr unterschiedlich. Als Faustregel gilt natürlich: Je dünner die Bohne, desto schneller ist sie gar.

- **In Butter garen:** Sehr lecker ist es, ganz junge Böhnchen einfach nur in Butter zu garen. Dafür verwendet man nur die zartesten Bohnenhülsen, sogenannte Prinzessböhnchen, bei denen man nur die Stängelansätze abzuknipsen braucht. Freilich gibt es solche Böhnchen nur selten zu kaufen. Selbst anbauen, heißt hier die Devise! Dafür hat man eine Delikatesse, die wegen der reichlichen Butter zwar leider nicht gerade kalorienarm, dafür aber so köstlich ist, dass man manche raffinierte Zubereitung dafür stehen lässt. Für 300 g Bohnen braucht man etwa 3 EL Butter. Man lässt die Butter in einer Kasserolle zerlaufen und gibt die gewaschenen, gut abgetropften Böhnchen hinzu, lässt sie unter stetigem Rühren knapp garen und würzt mit Salz, Pfeffer und einem Hauch Muskat.

Flageoletbohnen und frische Bohnenkerne garen

Was für die frischen Bohnenhülsen gilt, hat auch für die Kerne der Flageoletbohnen Gültigkeit: Niemals sollten sie roh gegessen werden! Einzuweichen wie die getrockneten Bohnenkerne braucht man sie nicht, denn sie sind im Inneren noch weich. Sie werden in Salzwasser gegart (Salz erst zugeben, wenn das Wasser kocht) oder gedünstet. Die Dauer der Garzeit hängt vom Reifegrad der Böhnchen ab. Zum Einfrieren werden sie nur kurz blanchiert und gut abgetropft. In Frankreich habe ich im Supermarkt küchenfertige Flageoletbohnen gesehen, eingeschweißt und im Kühlschrank mehrere Tage haltbar. Bei uns gibt es dieses Angebot bisher (noch) nicht.

Körnerbohnen oder Trockenkochbohnen garen

Getrocknete Bohnenkerne sollten vor dem Kochen auf jeden Fall eingeweicht werden, am besten in lauwarmem Wasser. Sie quellen dann auf und garen schneller, als es der Fall wäre, wenn man sie einfach so in den Topf werfen würde. Eine Ausnahme bilden die kleinen Augenböhnchen (Vigna-Bohnen), die man in der toskanischen Küche so gerne hat: Sie brauchen normalerweise nicht eingeweicht zu werden.

Die zum **Einweichen** notwendige Zeit ist zum einen sortenabhängig, zum andern aber, und dies wesentlich stärker, davon, wie lange die Bohnen gelagert wurden. Bei gekauften Körnerbohnen richten Sie sich am besten nach dem Aufdruck auf der Verpackung – obwohl die Angaben auch oft recht vage sind: »einweichen mehrere Stunden oder über Nacht« ... Bei den Bohnen, die Sie im eigenen Garten ernten, müssen Sie selbst ausprobieren, welche Einweichzeit nötig ist – 5 bis 6 Stunden sollten die Bohnen quellen dürfen, mit »Einweichen über Nacht« sind Sie auf jeden Fall auf der sicheren Seite.

Das Einweichwasser von Körnerbohnen kann man im Prinzip zwar auch zum Kochen verwenden, ich gieße es aber normalerweise weg (besonders dann, wenn ich für Gäste koche), weil die Bohnen dann leichter verdaulich sind. Mit dem Wasser können Sie zum Beispiel Ihre Blumen gießen. Wer nach dem Genuss von Bohnengerichten keine Probleme mit der Verdauung hat, kann das Einweichwasser als Kochwasser nutzen und auch das Kochwasser weiterverwenden, weil es wertvolle sekundäre Pflanzenstoffe enthält, die aus den Bohnen in das Wasser übergegangen sind. Nur bei Limabohnen und Mondbohnen darf es auf keinen Fall weiterverwendet werden (siehe auch Seite 83).

Weil man gegarte Körnerbohnen sehr gut einfrieren kann, koche ich immer mindestens eine doppelte Portion. Tiefgekühlt lassen sie sich 5 bis 6 Monate lagern.

Auch die **Garzeit** richtet sich nach der Sorte, der Lagerdauer und dem geplanten Rezept:

- Rechnen Sie mit einer durchschnittlichen Garzeit von 1,5 bis 2 Stunden nach 5 bis 6 Stunden Quellen und einer Garzeit von etwa 1 Stunde nach dem Einweichen über Nacht.
- Sehr dicke Kerne brauchen länger, bis sie gar sind, als kleine.
- Schwarze Bohnensorten haben meistens eine etwas längere Kochzeit als helle – warum dies so ist, konnte ich nicht herausfinden.
- Lange gelagerte Bohnen haben eine längere Garzeit als solche, die nur wenige Wochen im Vorratsschrank verbracht haben. Hoffnungslos überlagerte Bohnen werden praktisch gar nicht mehr richtig weich, darum sollte man die Bohnenvorräte möglichst innerhalb eines Jahres aufbrauchen.

- Eine Prise Natron im Kochwasser verkürzt die Kochzeit um etwa ein Drittel. Die Verwendung ist aber umstritten. Positiver Effekt: Gemüse braucht in kalkhaltigem Wasser länger, um weich zu werden, und Natron enthärtet das Wasser. Außerdem behält grünes Gemüse – zum Beispiel Dörrbohnen, aber auch Frischgemüse wie Brokkoli – mit einer Prise Natron im Kochwasser seine schöne Farbe. Negativer Effekt: Vitamine können zerstört werden. Zu viel Natron kann außerdem den Geschmack verändern und ein seifiges Aroma erzeugen.
- Weil kalkhaltiges Wasser die Kochzeit von Bohnen verlängert, kann man in Regionen, in denen sehr kalkreiches Wasser aus dem Hahn fließt, die Bohnen auch einfach mit abgekochtem Wasser aufsetzen oder Wasser aus dem Wasserfilter verwenden.

Bohnenmus oder Bohnenpüree zubereiten

Mus aus Bohnenkernen ist eine gute Basis für sehr viele Gerichte – es kann zum Beispiel für Füllungen, Bratlinge oder Suppen verwendet werden. Alle Varianten haben die gleiche Grundlage in der Zubereitung:
- Die getrockneten Bohnenkerne in Wasser einweichen, am besten über Nacht, je nach Sorte eventuell auch kürzer, danach ohne Salzzugabe gar kochen (siehe vorige Seite) und zermusen.
- Sämiges, glattes Mus erhält man, wenn man die Bohnen durch einen Gemüsewolf dreht. Noch feiner ist das Ergebnis mit der »Flotten Lotte«, bei der die weichen Bohnen durch ein Sieb passiert werden. Dabei bleiben eventuelle Reste von festeren Samenschalen im Sieb zurück. Mit dem Pürierstab bleibt die Masse oft etwas körniger, was bei manchen Gerichten interessant ist. Die Grundmasse für Bratlinge zum Beispiel zerkleinere ich mit dem Pürierstab. Ganz soft und glatt wird Bohnenmus im Elektromixer. Man braucht dafür aber ziemlich viel Flüssigkeit und das Püree ähnelt dann eher einer dicken Suppe. Kleinere Mengen kann man auch im Mörser zermusen.
- Ich gare Trockenkochbohnen für Mus gerne im Schnellkochtopf. Da brauche ich auch nicht so aufzupassen, ob das Wasser zu stark verdunstet, wenn die Garzeit lang ist. Wichtig ist es im Schnellkochtopf auf jeden Fall, die Bohnen mit sehr reichlich Wasser aufzusetzen. Für Bratlingsmasse reichen normalerweise 15 Minuten Kochzeit (bitte richten Sie sich auch nach der Gebrauchsanweisung Ihres Fabrikats). Für sehr feine Pürees veranschlage ich von vornherein 20 Minuten. Sollten die Bohnen dann doch noch zu fest sein, prüfe ich, ob noch Wasser vorhanden ist, fülle gegebenenfalls mit heißem Wasser etwas auf und gebe dann noch 5 oder 10 Minuten Kochzeit zu.

Mit Bohnen würzen

Schwarze Bohnenpaste

In der chinesischen Küche eine unverzichtbare Würze.

100 g fermentierte chinesische Bohnen (Dou Chi)
125 ml kaltes Wasser zum Einweichen
5 – 6 Zehen Knoblauch
25 – 30 g frischer Ingwer
100 – 150 ml Sojaöl, Erdnussöl oder Sesamöl
2 – 3 getrocknete rote Chilischoten
    oder frische Chilischoten, nach Geschmack
100 ml Reiswein
1 EL gemörserter Palmzucker
2 – 3 EL Sojasauce
schwarzer Pfeffer aus der Mühle
3 – 4 Stängel frischer Koriander (Cilantro)

- Die fermentierten schwarzen Bohnen im Wasser einweichen und etwa 30 Minuten ziehen lassen. Danach abspülen und abtropfen lassen.
- Knoblauch und Ingwer schälen und fein hacken. Die schwarzen Bohnen mit einer Gabel zerdrücken und in einem Topf mit etwas Öl anbraten. Knoblauch, Ingwer und Chili dazugeben und unter Rühren mitbraten. Frische Chili für diese Verwendung fein schneiden, bei sehr scharfen Sorten eventuell die Kerne entfernen (Achtung – am besten Handschuhe tragen!).
- Den Reiswein angießen und leicht köcheln lassen, den Palmzucker dazugeben und rühren, bis er sich aufgelöst hat. Köcheln lassen, bis die Masse dick wird. Dann im Mixer oder mit dem Pürierstab zu einer gleichmäßigen Konsistenz zermusen, dabei langsam das restliche Öl dazugeben.
- Den Koriander fein hacken und unter die Masse rühren.
- Abschmecken mit Sojasauce und Pfeffer. Weil die Bohnen bereits ziemlich salzig sind, wird man in den seltensten Fällen zusätzliches Salz brauchen.
- Die fertige Paste hält sich in einem verschlossenen Glas im Kühlschrank mehrere Wochen. Sicherheitshalber kann man auf die Oberfläche einen flachen Ölspiegel gießen, um die Paste von der Luft abzuschließen. Beim Entnehmen der Paste immer einen sauberen Löffel verwenden!

Variationen: Anstelle von Reiswein kann Wein oder Sherry verwendet werden (gut, um einen Weinrest aufzubrauchen) und die Gewürze kann jeder nach Belieben variieren. Besonders mit der Sorte der Chilis bestimmt man, ob die schwarze Bohnenpaste oder auch Bohnensauce (siehe unten) schärfer oder milder wird. Auch die Zuckermenge ist nicht festgelegt und Fans von süßscharfen Gerichten erhöhen sowohl die Chilimenge als auch die Zuckermenge und kreieren so ihr eigenes Rezept.

Auf Basis der schwarzen Bohnenpaste lässt sich auch **schwarze Bohnensauce** zubereiten, für die lediglich mehr Flüssigkeit (Reiswein oder – in der nichtalkoholischen Variante – Wasser) dazugegeben wird.

Will man eine größere Menge **auf Vorrat** herstellen, ist es sinnvoll, die fertige Sauce zu sterilisieren. Auch die Bohnenpaste kann sterilisiert werden: Dazu die Sauce oder die Bohnenpaste in Schraubdeckelgläser füllen und in einem flachen, ofenfesten Topf nebeneinanderstellen, ohne dass sich die Gläser berühren. Wasser auffüllen, sodass die Gläser zu zwei Dritteln im Wasser stehen. Im Backofen aufheizen, bis das Wasser zu köcheln beginnt, dann 45 Minuten bei 100 °C sterilisieren. Zum Abkühlen die Gläser auf den Kopf stellen.

Fermentierte, meist schwarze Bohnen, in China **Dou Chi** genannt, bekommt man in asiatischen Lebensmittelgeschäften. Hergestellt werden sie aus Sojabohnen, die einem Fermentationsprozess unterzogen werden (vergleichbar der Miso- oder Sojasaucen-Produktion). Dou Chi hat ein intensives Aroma und ist meistens recht salzig – Vorsicht also beim weiteren Würzen! Es ist für einige chinesische Gerichte unverzichtbar. Selbst herstellen kann man Dou Chi nicht.

Wer keine Alkoholika verwenden möchte, kann bei diesem Rezept auf den **Reiswein verzichten** und stattdessen 100 ml Wasser verwenden. Weil Reiswein leicht süß schmeckt, die Zuckermenge nach Geschmack eventuell etwas erhöhen oder dem Wasser etwas Reissirup zufügen.

Palmzucker ist mittlerweile auch in Bioqualität erhältlich. Man bekommt ihn zum Beispiel im Fachhandel für fair gehandelte Produkte, wie den »Weltläden« oder »Fair-Trade-Läden«, oder in asiatischen Lebensmittelgeschäften. Bezug übers Internet siehe Seite 212. Anstelle dieses Zuckers kann man weißen Zucker oder Vollrohrzucker verwenden. Weißer Zucker ist neutral süß, Vollrohrzucker hat ein leicht malziges Aroma.

Als **Süßungsmittel,** gerade auch für fernöstliche Gerichte, kann auch Reissirup verwendet werden. Ahornsirup oder Rübensirup eignet sich ebenfalls zum Süßen von Pasten und Saucen. Rübensirup bringt neben der Süße noch ein leicht herbes Aroma, das zu pikanten Speisen oft gut passt.

Schwarze Bohnensauce aus Helmbohnen

50 g getrocknete schwarze Helmbohnen
reichlich Wasser zum Einweichen und zum Vorgaren
etwa 300 ml Gemüsebrühe
1 EL Rotweinessig
1 EL Reiswein oder trockener Sherry
1 EL Sojasauce
1 EL Maismehl
1 Stück frischer Ingwer, etwa 2 cm lang
1 frische rote Chilischote

- Die Bohnen über Nacht in reichlich Wasser einweichen, abtropfen lassen und mit frischem Wasser aufsetzen. Zum Vorgaren sollte das Wasser mindestens zwei Finger breit über den Bohnen stehen. Zum Kochen bringen, etwa 10 Minuten stark kochen lassen, dann das Wasser abgießen.
- Nun die Bohnen mit der Gemüsebrühe auffüllen und wieder zum Kochen bringen.
- Essig, Reiswein und Sojasauce mit dem Maismehl gut verrühren und etwas quellen lassen. Ingwer schälen und sehr fein schneiden oder reiben. Chili entkernen und fein schneiden. Dann Ingwer und Chili zum angerührten Maismehl geben, dieses zu den kochenden Bohnen gießen und mindestens 40 Minuten weiterkochen.
- Die Bohnen sollen sehr weich werden und die Sauce durch das Maismehl eine etwas dickliche Konsistenz erhalten. Brauchen die Bohnen eine längere Kochzeit, kann es nötig sein, noch etwas heiße Gemüsebrühe zu ergänzen. Sind die Bohnen gar, kann man die Sauce mit dem Pürierstab zum Teil pürieren. Es sollten aber nicht alle Bohnen zermust werden.

❀ Diese Sauce kann über gekochten Reis gegossen und ohne weitere Zutaten genossen werden. Sie ist aber auch eine gute Basis für verschiedene Gemüsegerichte, zum Beispiel mit Auberginen.

> Für eine **Variante ohne Reiswein** kann man diesen einfach weglassen. Für den Hauch einer süßen Note, die der Reiswein mit sich bringt, kann bei dessen Weglassen 1 TL Ahornsirup oder Rübensirup zugefügt werden.

Vorspeisen und kleine Gerichte

Weiße Bohnen mit Pesto

Ganz einfach, lässt sich gut vorbereiten!

150 g getrocknete weiße Bohnen
reichlich Wasser zum Einweichen
500 – 600 ml Wasser zum Garen
2 EL Pesto
etwas grobes Salz oder frisch geriebener Parmesan

- Die Bohnen über Nacht in reichlich Wasser einweichen, das Einweichwasser abgießen und die Bohnen mit dem frischen Wasser ohne Salz gar kochen.
- Abgießen und heiß in einer Schüssel mit dem Pesto mischen.
- Mit etwas grobem Salz bestreuen und servieren. Oder in Portionsschälchen verteilen und den Parmesan einfach auf den Tisch stellen, damit sich jeder bedienen kann, wie er mag.

> Wenn man die Bohnen schon **am Vortag gart,** kann man sie nach dem Abtropfen im Kühlschrank in einer gut schließenden Schüssel – die gekochten Bohnen nehmen schnell »Kühlschrankgeschmack« an – aufbewahren. Vor dem Essen in heißem, leicht gesalzenem Wasser aufwärmen – dabei nicht mehr kochen lassen!

Adzuki-Mochi

Mochi sind kleine japanische Reiskuchen aus speziellem Süßreis.
Sie werden gerne als Dessert gegessen. Adzuki-Mochi sind eine pikante Variante, die nicht als Nachtisch, sondern als Vorspeise gereicht werden.

125 g getrocknete Adzukibohnen
reichlich Wasser zum Einweichen
etwa 600 ml Wasser zum Garen der Bohnen
Salz
125 g Reis (siehe Tipp)
300 – 500 ml Wasser zum Garen des Reis
   (Vollkornreis braucht etwas mehr Flüssigkeit als weißer Reis)
Sesamöl oder anderes Pflanzenöl zum Frittieren

- Die Adzukibohnen einige Stunden oder über Nacht in reichlich Wasser einweichen, das Einweichwasser abgießen und die Bohnen im frischen Wasser gar kochen. Salz erst dann zugeben, wenn das Wasser kocht. Die Bohnen sollten am Ende recht weich sein. (Machen Sie den »Gabeltest«: Die Bohnen müssen sich ganz leicht zerdrücken lassen.)
- Den Reis waschen, bis das ablaufende Wasser klar bleibt, dann im Wasser gar kochen. Vollkornreis hat eine längere Garzeit als weißer Reis, richten Sie sich nach den Angaben auf der Packung. Der gare Reis sollte recht klebrig sein: Er sorgt für eine gute Bindigkeit der Mischung.
- Reis und Bohnen gut mischen, die Bohnen dabei nicht völlig zerdrücken, eventuell etwas nachsalzen. Mit angefeuchteten Händen Kugeln formen und diese nach und nach im heißen Öl frittieren, bis sie rundum knusprig sind.

❀ Adzuki-Mochi eignen sich gut als Vorspeise (Achtung – sie machen schnell satt!) oder als kleines Gericht zusammen mit einem Keimesalat.

Variationen: Zur Reis-Bohnen-Masse kann man vor dem Frittieren noch etwas weißen und schwarzen Sesam mischen oder die fertigen Mochi mit Sesam bestreuen.

> Verwenden Sie Risottoreis, süßen Reis oder anderen **Rundkornreis** – nach Belieben als weißer Reis oder als Vollkornreis; am besten gelingt das Rezept mit japanischem Sushi-Reis; Langkornreis eignet sich für dieses Rezept nicht.

106

Edamame-Snack

Eine der einfachsten Vorspeisen ist dieser Snack aus Edamame-Bohnen, den jungen, noch grünen Kernen der Sojabohne. Die Bohnen werden geerntet, wenn die Kerne noch weich sind, ähnlich wie bei Flageoletbohnen.

Ich finde, dieser Snack ist eine gute Methode, Gäste zu beschäftigen, wenn ich selbst noch in der Küche zu tun habe. Servieren Sie als Vorspeise aber nicht zu viel Edamame, damit noch Platz bleibt für das Hauptgericht!

400 g Edamame-Bohnen mit Hülsen
Sojasauce oder grobes Salz

- Die Bohnenhülsen in reichlich Wasser gar kochen, abgießen, abtropfen lassen und mit einem Schälchen Sojasauce oder grobem Salz zum Dippen servieren.
- Könner lutschen die Bohnenkerne direkt aus der Hülse, weniger geübte Edamame-Esser pulen die Hülse auf, picken die Kerne mit einem Zahnstocher auf und dippen sie in die Sauce oder das Salz.

107

Bohnen-Pakoras

Pakoras kommen aus der indischen Küche und werden dort als Vorspeise, als kleine Zwischenmahlzeit oder als Bestandteil eines umfangreichen Menüs gereicht.

300 g frische grüne Bohnen
Salz
180 g geröstetes Kichererbsenmehl (Besan)
¼ TL Backpulver
etwa 200 ml Wasser
Chilipulver oder 1 frische kleine rote Chilischote nach Geschmack
2 – 3 Zehen Knoblauch
1 kleine Zwiebel
Pflanzenöl zum Frittieren (siehe auch Anmerkung Seite 139)
frischer Koriander (Cilantro) oder glatte Petersilie zum Garnieren
eventuell frisch gepresster Zitronensaft zum Beträufeln

- Die Bohnen putzen. Sehr feine, junge Böhnchen im Ganzen oder halbiert in Salzwasser sehr knapp garen oder breitere Bohnen als Schnippelbohnen in Streifen schneiden und ebenfalls garen. Abtropfen lassen.
- Das Kichererbsenmehl mit dem Backpulver mischen und mit Wasser und Salz zu einem nicht zu dünnflüssigen Teig rühren. Entweder mit Chilipulver abschmecken oder die frische Chilischote sehr fein hacken und unter den Teig ziehen. Achtung: Chilis können sehr unterschiedlich scharf sein! Bei den sehr scharfen Sorten trägt man zum Schneiden besser dünne Haushaltshandschuhe (wer es weniger scharf mag, ersetzt Chili ganz oder teilweise durch eine Mischung aus Kreuzkümmelsamen und Fenchelsamen, die in einer Pfanne leicht angeröstet und dann fein gemörsert werden).
- Knoblauch und Zwiebel schälen und fein hacken – nicht ganz so fein wie die Chili – und unterheben, dann den Teig etwa 15 Minuten quellen lassen.
- Danach Teig und Bohnen mischen und mit einem kleinen Schöpflöffel portionsweise ins heiße Frittieröl gleiten lassen. Nach etwa 2 Minuten sind die Pakoras goldbraun gebacken und dürfen auf einem Küchenpapier abtropfen. Zum Servieren mit Koriandergrün bestreuen und nach Belieben mit einigen Tropfen Zitronensaft beträufeln.

❀ Gut passt zu den Pakoras auch eine Sauce aus Joghurt, der aufgeschlagen, leicht gesalzen und mit frisch gehackter Minze gewürzt wird, oder eine Tamarindensauce.

108

Braune Champignons
mit weißer Bohnenfüllung

4 große braune Champignons
1 Schalotte oder 1 kleine Zwiebel
1 EL Butter
1 kleines Ei
4 – 6 EL Püree aus weißen Bohnen (siehe Seite 101)
1 gehäufter EL frisch gehackte Petersilie
weißer Pfeffer aus der Mühle
Salz
1 EL Semmelbrösel
Butter für das Backblech
eventuell 4 Butterflöckchen

- Die Champignons putzen und die Stiele vorsichtig herausdrehen.
- Die Schalotte oder Zwiebel schälen, sehr fein würfeln und in der Butter glasig dünsten.
- Die Champignonstiele ebenfalls klein hacken und zu den Schalottenwürfeln geben. Einige Minuten unter Rühren dünsten. Etwas abkühlen lassen, dann zusammen mit dem gequirlten Ei unter das Bohnenpüree mischen. Zum Schluss die gehackte Petersilie darunterheben.
- Abschmecken mit Pfeffer und Salz.
- Die Champignonköpfe mit der Bohnenmasse füllen, mit den Semmelbröseln bestreuen und die Pilze auf ein gefettetes Backblech setzen. Eventuell auf jeden Champignon noch ein Butterflöckchen geben.
- Im Backofen bei 200 °C etwa 15 Minuten überbacken, bis die Semmelbrösel eine schöne goldbraune Farbe angenommen haben. Die Champignonköpfe sollen nicht zu weich werden.

Variationen: Die gefüllten Champignons können auch als Hauptgericht serviert werden. Man rechnet dann drei Köpfe pro Person. Dazu reiche ich zum Beispiel eine hausgemachte Remoulade.

Anstelle der Petersilie verwende ich auch gerne frisches Basilikum, frischen Majoran oder Dost (wilden Majoran), der bei mir im Hof in den Pflasterfugen wächst und also den ganzen Sommer über reichlich vorhanden ist.

Anstelle des Pürees aus weißen Bohnen habe ich auch schon Edamame-Püree verwendet. Auf diese Idee kam ich, als ich gegarte Edamame übrig hatte. Nichts spricht dagegen, die Edamame-Bohnen extra für diese Rezeptvariante zu kochen oder auf fertig gegarte Edamame aus dem Bioladen zurückzugreifen.

109

Bohnen-Sushi

Ich gebe zu, original japanisch ist dieses Sushi-Rezept nicht. Nachdem es aber auch »California Roll« gibt, dachte ich, warum nicht auch »Rhein-hessen-Roll« ... Zum Rollen der Sushi benötigen Sie eine Sushi-Matte.

300 g frische grüne Bohnen
    (sehr junge, zarte Filetbohnen oder dünne Spaghettibohnen)

Für die Bohnenmarinade:
3 EL Reisessig
3 EL Reiswein, zusätzlicher Reisessig oder Wasser
    (Wasser eventuell gesüßt mit etwas Ahornsirup oder Rübensirup)
1 EL helle Sojasauce

300 g Sushi-Reis
reichlich Wasser zum Einweichen
1 Stück Kombu-Alge, etwa handtellergroß
350 ml Wasser

Für die Reiswürze (Sushi-su):
3 – 4 EL Reisessig
1 EL Zucker oder Vollrohrzucker (siehe auch Seite 96)
½ TL Salz

1 EL Wasabipulver
2 – 3 EL lauwarmes Wasser zum Anrühren
Nori-Algenblätter
helle Sojasauce für den Dip

- Am Vortag die Bohnen putzen und so schneiden, dass sie gerade auf die Sushi-Matte passen. Dann knapp garen.
- Die Zutaten für die **Marinade** mischen. Die Bohnen noch warm in die Marinade legen und vorsichtig mischen, damit sie gut bedeckt sind. In der Marinade über Nacht zum Ziehen in den Kühlschrank stellen.
- Am nächsten Tag, bis zu 3 Stunden vor dem Essen: Den Sushi-Reis waschen, etwa 30 Minuten in reichlich Wasser zum Quellen stehen lassen, dann ab-gießen. Anschließend zusammen mit der Kombu-Alge im Wasser kochen: anfangs bei mittlerer Hitze, bis das Reiswasser kocht, dann bei großer Hitze etwa 5 Minuten. Danach von der Kochplatte nehmen und ausquellen lassen.

- Für die **Reiswürze** den Reisessig mit Zucker und Salz verrühren, bis sich beides aufgelöst hat.
- Die Kombu-Alge aus dem Reis nehmen, den Reis in eine flache Schüssel füllen und nach und nach die Reiswürze dazugeben. Gut mischen, aber nicht zu heftig rühren. Der Reis sollte am Ende glänzend und locker sein und trotzdem gut haften. Bis zur Bereitung der Sushi mit einem Tuch abdecken.
- Das Wasabipulver mit dem lauwarmen Wasser zu einer cremigen Paste verrühren und quellen lassen.
- Ein halbes Nori-Algenblatt mit der glänzenden Seite nach unten längs auf der Sushi-Matte auslegen. Einen gehäuften Löffel Sushi-Reis darauf verteilen, am oberen Rand einen zwei Finger breiten Streifen frei lassen.
- Die Bohnen abtropfen lassen. In die Mitte der Reislage quer ein dünnes Bündel (drei oder vier) Bohnen legen. Bei Verwendung von Filetbohnen so staffeln, dass sie gleichmäßig über die Breite verteilt sind.
- Etwas Wasabipaste über die Bohnen streichen.
- Das freie Ende der Norialge mit etwas Wasser bestreichen.
- Dann mit Hilfe der Sushi-Matte die Alge von sich weg aufrollen. Seitlich herausquellenden Reis vorsichtig wieder hineindrücken, damit die Rolle eine schöne Form bekommt. Das frei gebliebene Stück Nori klebt die Rolle zusammen. Das Formen der Rollen wiederholen, bis Reis und Bohnen aufgebraucht sind.
- Jede Rolle mit einem sehr(!) scharfen Messer in sechs Stücke schneiden. Für einen glatten Schnitt das Messer vor jedem Schnitt in kaltes Wasser tauchen.
- Als Dip serviert man dazu helle Sojasauce, die jeder Esser nach Belieben mit etwas Wasabipaste zur gewünschten Schärfe verrührt.

Variationen: Anstelle der grünen Filetbohnen kann man auch sehr junge gelbe Böhnchen verwenden oder eine Mischung aus grünen und gelben Bohnen. Das ist etwas fürs Auge und ändert nichts am Geschmack.

Ich habe auch schon dünne Streifen von rohem Kürbis oder Karotten mit in die Bohnenmarinade gegeben und in die Sushi gerollt.

Sehr hübsch ist es auch, jedes Sushi-Röllchen mit einigen schwarzen Sesamsamen zu bestreuen.

Wasabi, der japanische grüne Meerrettich, ist sehr scharf und man braucht jeweils nur sehr kleine Mengen. Man bekommt ihn in asiatischen Lebensmittelgeschäften als Paste in Tuben fertig zum Gebrauch, aber auch als feines Pulver in kleinen Dosen. Als Pulver ist er besser haltbar und man produziert immer nur so viel Wasabipaste, wie man gerade braucht.

Gedämpfte Bohnenpäckchen auf mexikanische Art

150 g gegarte schwarze Bohnen (siehe Seite 100)
2 – 3 frische kleine grüne Chilischoten
1 EL frisch gehackte Epazote-Blätter
1 Eigelb
schwarzer Pfeffer aus der Mühle
Salz
8 frische Hoja-santa-Blätter

- Die Bohnen im Mixer grob hacken.
- Die Chilis sehr fein hacken. Die Schärfe des fertigen Gerichts lässt sich durch die Wahl der Chilisorte beeinflussen.
- Bohnen, Chilis, Epazote und Eigelb gut mischen. Abschmecken mit Pfeffer und Salz.
- Die Bohnenmasse etwas ziehen lassen, damit sich die Aromen gut verbinden. Die Masse sollte deutlich scharf sein (wenn ein unparteiischer Vorkoster »hui« sagt, ist sie gerade richtig).
- Die Hoja-santa-Blätter auf ein Brett legen, auf jedes Blatt einen Löffel voll Bohnenmasse geben und zu einem Kuvert zusammenfalten.
- Die Päckchen in einem Dämpfkörbchen nebeneinanderlegen und über leise siedendem Wasser etwa 45 Minuten dämpfen.

❀ Als Vorspeise reichen die zwei veranschlagten Bohnenpäckchen pro Person. Als Hauptgericht serviere ich vier bis sechs Bohnenpäckchen pro Kopf und richte sie auf Tostadas, in Öl knusprig gebackenen Tortillas, an.
Dazu eine Sauce reichen: entweder rote Salsa aus Tomaten oder grüne Salsa aus Tomatillos (siehe auch Seite 163).

Variationen: Wenn ich getrocknete Hoja-santa-Blätter verwende, weiche ich diese vorher einige Zeit in warmem Wasser ein. Weil sie dann trotzdem ziemlich leicht reißen und die Füllung nicht halten, nehme ich für eine Außenhülle frische Mangoldblätter. Die Mangoldblätter blanchiere ich, schneide die Rippen flach und lege sie auf einem Brett aus, sodass die Fläche jeweils etwas größer ist als ein Hoja-santa-Blatt.
Die Hoja-santa-Blätter kommen dann als zweite Schicht auf den Mangold, bevor ich die Füllung in die doppelte Hülle einrolle.

Chilis gibt es in verschiedenen Schärfegraden, wählen Sie eine Sorte aus, die Ihrem Geschmack entspricht. Die Rippen im Inneren der Schoten und die Kerne sind meist deutlich schärfer als das eigentliche Fruchtfleisch.

Erklärungen zu **Epazote** finden Sie beim Rezept für »Frijoles refritos«, siehe Seite 162.

Hoja santa *(Piper auritum)* wird auch Mexikanischer Blattpfeffer oder Heiligenblatt genannt. Die Blätter können bis zu zwei Handflächen groß werden. Ihr Aroma ist etwas rauchig und erinnert an eine Mischung aus Anis, Muskat und Pfeffer. In den Blattrippen und jungen Stängeln, die man auch in der Küche verwenden kann, ist das Aroma stärker und etwas scharf. Hoja-Pflanzen sind in Mitteleuropa nicht winterhart. Sie können aber problemlos als Kübelpflanzen im Haus gehalten werden und sind dort recht robust. Werden sie zu groß, kann man sie bedenkenlos zurückschneiden.

Getrocknete Hoja-santa-Blätter gibt es im Spezialitätenhandel, eine Bezugsquelle finden Sie auf Seite 212.

113

Soufflé von weißen Bohnen

200 g getrocknete weiße Bohnen
Wasser zum Einweichen und Garen
2 kleine Eier
100 g frisch geriebener Emmentaler
Salz
weißer Pfeffer aus der Mühle
frisch geriebener Muskat
½ TL edelsüßes Paprikapulver
Butter für die Backförmchen

- Aus den Bohnen und dem Wasser nach dem Grundrezept ein Püree herstellen (siehe Seite 101).
- Die Eier trennen. Das Eiweiß zu steifem Schnee schlagen.
- Zuerst das Eigelb, dann den geriebenen Käse mit dem Bohnenpüree mischen.
- Würzen mit Salz, Pfeffer, Muskat und edelsüßem Paprikapulver.
- Das geschlagene Eiweiß unterheben.
- Ofenfeste Portionsförmchen (siehe Seite 96) fetten und die Bohnenmasse einfüllen – nicht zu hoch, ungefähr zwei Drittel der Höhe genügen. Die Menge reicht für sechs bis acht Förmchen von je 125 ml Volumen.
- Soufflés im Backofen bei 200 °C 20 Minuten backen: Dafür – ausnahmsweise – den Backofen vorheizen! Die Masse sollte oben appetitlich gebräunt und im Inneren gestockt sein: Mit einem Holzspießchen testen – das Spießchen in die Mitte der Masse stechen und wieder herausziehen; es sollte keine klebrige Bohnenmasse daran hängen bleiben. Je nach Größe der Förmchen kann die Backzeit variieren.
- Heiß servieren.

❀ Dieses Soufflé ist eine reichhaltige Vorspeise und kann zusammen mit einem grünen Salat durchaus als kleine Hauptmahlzeit ausreichen. Da ich das Bohnensoufflé vor allem im Winter serviere, gibt es dazu Feldsalat, der, wie ich finde, besonders gut dazu passt.

Variationen: Mit der Würzung kann man bei diesem Rezept spielen: schärfer, wenn man anstelle des edelsüßen Paprikapulvers scharfes Paprikapulver oder Chilipulver nimmt, anstelle oder ergänzend zum Muskat eine Prise Kümmel oder Kreuzkümmel verwendet (fein mörsern!) oder, ganz überraschend, eine Prise Lebkuchengewürz.

114

Salate

Wachsbohnensalat klassisch

400 g frische Wachsbohnen
Salz
eventuell 1 Zweig Bohnenkraut
2 EL weißer Balsamicoessig
1 – 2 EL kalt gepresstes Olivenöl
weißer Pfeffer aus der Mühle
1 weiße Zwiebel

- Die Bohnen putzen, je nach Länge in jeweils zwei bis drei Stücke schneiden.
- Wasser zum Kochen bringen, leicht salzen und die Bohnen knapp gar kochen. Ein Zweiglein Bohnenkraut im Kochwasser fördert das Aroma.
- Aus Balsamicoessig und Olivenöl mit Pfeffer und Salz eine Vinaigrette rühren.
- Die Bohnen abgießen, abtropfen lassen und noch warm in die Vinaigrette geben, gut mischen. Abkühlen lassen, dabei gelegentlich mischen, damit die Bohnen gut mit der Sauce in Berührung kommen.
- Die Zwiebel schälen und möglichst fein hacken. Wenn der Salat fast ganz abgekühlt ist, die Zwiebel dazugeben. Der Salat kann gekühlt oder noch leicht lauwarm serviert werden.

❀ Zusammen mit einem Stück Baguette oder Fladenbrot und einer Tomate ist dieser Salat für mich ein herrliches Sommerabendessen, das mich an meine Großmutter erinnert. In ihrem Garten zog sie alljährlich die Sorte 'Wachs Beste von Allen', die ihrem Namen noch immer alle Ehre macht.

Variationen: Meine Großmutter hatte natürlich weder weißen Balsamicoessig noch kalt gepresstes Olivenöl. Sie benutzte Apfelessig wie für alle ihre Salatsaucen. Probieren Sie mal verschiedene Essigsorten in Kombination mit unterschiedlichen Ölen. Besonders zu empfehlen: Himbeeressig mit Nussöl oder Tomatenessig mit Sesamöl.

115

Gelbe Bohnen in Limonenmarinade

500 g frische gelbe Bohnen
Salz
2 unbehandelte Limonen
2 – 3 Zehen Knoblauch
3 – 4 EL kalt gepresstes Olivenöl
schwarzer Pfeffer aus der Mühle
grobes Meersalz
1 Prise Zucker oder Vollrohrzucker (siehe auch Seite 96)

- Die Bohnen putzen, große Bohnen in mundgerechte Stücke schneiden, kleinere Wachsbohnen im Ganzen lassen. In kochendem Salzwasser 8 bis 10 Minuten garen. Die Bohnen sollten noch einen angenehmen Biss haben. Gut abtropfen lassen und in eine Schüssel geben.
- Eine Limone auspressen und den Knoblauch schälen. Aus dem Olivenöl und dem Limonensaft eine Vinaigrette rühren, den Knoblauch durch die Presse drücken, dazugeben und mit Pfeffer und wenig Salz würzen. Mit dem Zucker abschmecken und die Marinade über die Bohnen gießen.
- Den Salat mindestens 1 Stunde im Kühlschrank ziehen lassen, dabei gelegentlich mischen.
- Zum Servieren die Bohnen auf eine flache Platte geben und mit Achteln der zweiten Limone umlegen. So kann jeder noch zusätzlich vom sauren Saft über seine Bohnen träufeln und eine Prise grobes Salz darüberstreuen.

❀ Dieser sehr erfrischende Salat ist schnell zubereitet und eine schöne, sommerliche Vorspeise. Zusammen mit Baguette und Ziegenfrischkäse wird schon eine kleine Mahlzeit daraus.

Variationen: Als zusätzliche Zutat passt eine in feine Ringe geschnittene rote Zwiebel sehr gut in diesen Salat.

Wenn Sie nur grüne Bohnen haben, können Sie den Salat auch mit diesen zubereiten. Anstelle der grünen Limonen nehme ich dann aber gelbe Zitronen, denn die schöne Optik soll ja gewahrt bleiben.

Sortenempfehlung für die **Bohnen:** 'Wachs Beste von Allen' oder 'Gelbes Posthörnchen'.

Weil der Salat sehr **kühl serviert** werden soll, kann man die Servierplatte, auf der man die Bohnen auf den Tisch bringen will, ebenfalls in den Kühlschrank stellen. Weil in meinem Kühlschrank dafür meistens kein Platz ist, lege ich die Platte in kaltes Wasser oder lege Eiswürfel darauf, die bis zum Servieren zwar geschmolzen sind, aber das Porzellan schön runterkühlen (die Platte abtrocknen, bevor die Bohnen darauf kommen, sonst verwässert die Marinade!).

Edamame-Bohnensalat mit Erdnüssen

1 EL Erdnussmus
2 EL Erdnussöl
1 – 2 EL Essig, vorzugsweise Reisessig
Salz
weißer Pfeffer aus der Mühle
eventuell 1 EL kochendes Wasser
400 g gegarte Edamame-Bohnenkerne (siehe auch Anmerkung Seite 119)
1 Bund Lauchzwiebeln
1 Bund frische Kräuter nach Belieben
1 frische Chilischote
100 g gehackte Erdnüsse

- Das Erdnussmus mit dem Öl und dem Essig zu einem Dressing verrühren, salzen und pfeffern. Wenn das Erdnussmus sehr fest ist, mit wenig kochendem Wasser dünnflüssiger anrühren.
- Die Bohnenkerne mit dem Dressing mischen und etwas ziehen lassen.
- Die Lauchzwiebeln in feine Ringe schneiden, die Kräuter hacken, die Chilischote in feine Streifen schneiden und alles zusammen mit den gehackten Erdnüssen unter die Bohnenmischung rühren.

Variationen: Die Schärfe dieses Salates lässt sich gut variieren je nachdem, welche Chilisorte man verwendet. Potentielle Feuerspucker nehmen natürlich die ganz scharfen Sorten (zum Beispiel 'Jalapeno' oder 'Habanero') und verwenden auch zwei oder drei Schoten anstatt nur einer Schote.

Wer es lieber ganz mild mag, kann die Chili auch durch eine rote Paprikaschote ersetzen.

Auch bei den Kräutern hat man allerhand Möglichkeiten, den Geschmack immer wieder neu zu definieren. Ich mache es mir einfach und nehme an Kräutern immer das, was der Garten gerade hergibt …

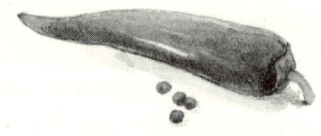

118

Edamame-Bohnensalat mit Bambussprossen

Ganz schnell gemacht!

400 g gegarte Edamame-Bohnenkerne
200 g Bambussprossen aus dem Glas
2 EL Reisessig
weißer Pfeffer aus der Mühle
Salz
2 EL geröstetes oder ungeröstetes Sesamöl

- Die Edamame-Bohnen und die Bambussprossen abtropfen lassen.
- Die Bambussprossen in schmale Streifen – ähnlich wie Juliennestreifen – schneiden (siehe auch Anmerkung Seite 123).
- Bohnen und Bambussprossen mit dem Reisessig mischen, pfeffern und salzen.
- Mindestens 1 Stunde zum Ziehen kühl stellen.
- Vor dem Servieren mit dem Sesamöl beträufeln und mischen.

Gegarte Edamame-Bohnen sind im Naturkostladen erhältlich. Wenn ich frische Sojabohnen mit Hülsen bekommen kann, koche ich gleich eine größere Menge (siehe auch Seite 46). Die gegarten Kerne lassen sich gut einfrieren.

119

Griechischer Bohnensalat
mit Tomaten und Feta

Ich verwende für diesen Salat gerne die frischen Kerne einer weiß blühenden Feuerbohne wie der griechischen Riesenbohne 'Gigantes', weil ich finde, je dicker die Kerne, desto besser dieser Salat – was aber nicht heißen soll, dass nicht andere weiße Bohnenkerne, zum Beispiel weiße Limabohnen, ebenso gut schmecken können.

300 g frische weiße Bohnenkerne
400 g Tomaten
150 g Feta
1 weiße Zwiebel
2 EL Rotweinessig
2 EL kalt gepresstes Olivenöl
schwarzer Pfeffer aus der Mühle
Salz
100 g entsteinte schwarze Oliven

- Die Bohnen waschen und in reichlich Wasser ohne Salz gar kochen. Sie sollen nicht zerfallen, sondern noch etwas Biss haben.
- Die Tomaten häuten, in Achtel schneiden und die Samen mitsamt dem inneren Pulp entfernen.
- Den Feta in etwa bohnengroße Würfel schneiden.
- Die Zwiebel schälen und halbieren, dann in sehr dünne Scheiben schneiden.
- Aus Essig und Öl, Pfeffer und Salz eine Salatsauce rühren, die Zwiebel und die Oliven in die Sauce geben und etwas ziehen lassen.
- Alle übrigen Zutaten mischen, mit der Sauce übergießen und bis zum Servieren kühl stellen.

❀ Zusammen mit Fladenbrot ist dieser Salat ein wunderbares Essen, wenn man im Sommer zum Kochen eigentlich gar keine Lust hat.

Variationen: Hat man keine frischen weißen Bohnenkerne aus dem eigenen Garten, kann man das Gericht mit weißen Trockenkochbohnen zubereiten, die über Nacht eingeweicht und dann gegart werden.

Auch dicke weiße Bohnen aus dem Glas sind verwendbar. Diese braucht man gar nicht mehr zu kochen, sondern lässt sie nur abtropfen. Weil die Bohnen aus der Konserve meistens sehr weich sind, muss man beim Mischen des Salats aufpassen, dass man sie nicht zerquetscht.

Fabaciae virides
nach Art des Apicius

Salat aus frischen Puffbohnen auf römische Art: Für dieses Rezept verwendet man kleinsamige Puffbohnen *(Vicia faba* var. *minor).*

1 kg frische Puffbohnen mit Hülsen
½ Knolle Sellerie
2 – 3 Karotten
1 kleine Stange Lauch
1 Bund frischer Koriander (Cilantro)
½ TL Kümmelsamen
1 TL Koriandersamen
3 – 4 EL kalt gepresstes Olivenöl
125 ml Gemüsebrühe
eventuell etwas Salz

- Die Bohnen aus den Hülsen pulen. Mit reichlich Wasser aufsetzen und je nach Größe der Bohnen 8 bis 10 Minuten kochen.
- Den Sellerie und die Karotten in etwa bohnengroße Würfel schneiden, vom Lauch das Grüne in feine Streifen schneiden und alles zu den Bohnen geben. Zusammen noch etwa 5 Minuten weiterkochen. Die Bohnen sollen gar, aber nicht zu weich sein.
- Abgießen und in eine Salatschüssel geben.
- Den frischen Koriander hacken, Kümmel und Koriandersamen grob mörsern, mit dem Olivenöl in einer separaten Schüssel mischen. Das Weiße der Lauchstange in feine Streifen schneiden und dazugeben. Ölmischung über die Bohnen gießen.
- Die Gemüsebrühe erhitzen und heiß über die Mischung gießen.
- Über Nacht an einem kühlen Ort ziehen lassen.
- Am nächsten Tag abschmecken, gegebenenfalls etwas nachsalzen.

Variation: Das Originalrezept aus dem Buch »de re coquinaria« (»Über die Kochkunst«), dem ältesten, erhaltenen Kochbuch der römischen Antike, als dessen (Mit-)Autor Marcus Gavius Apicius gilt, sieht als Zutat »Liquamen« oder »Garum« vor: eine pikante Sauce aus vergorenen Fischinnereien, die ziemlich salzig ist. Nun ja ... das klingt nicht sehr appetitanregend. Wenn man etwas Meeresaroma am Salat möchte, kann man es durch Zugabe von eingeweichten Algen erreichen.

Dörrbohnensalat

Weil die Dörrbohnen nicht so prall-grün sind wie frische Bohnen und auch nach dem Garen immer etwas runzelig bleiben, sieht der Salat optisch nicht sooo ansprechend aus. Der Geschmack ist aber großartig. Machen Sie beim Essen halt die Augen zu ...

50 g Dörrbohnen
reichlich Wasser zum Einweichen
etwa 200 ml kochendes Wasser zum Überbrühen
Salz
1 weiße Zwiebel
1 Zehe Knoblauch
2 EL Rotweinessig
2 EL kalt gepresstes Olivenöl
1 TL Senf
weißer Pfeffer aus der Mühle
Salz oder Kräutersalz
2 EL Joghurt
1 – 2 EL frisch gehacktes Bohnenkraut

- Die Dörrbohnen über Nacht in reichlich Wasser einweichen.
- Am nächsten Tag abgießen, mit dem frischen, kochenden Wasser überbrühen, 30 Minuten ziehen lassen, das Wasser abgießen.
- Dann die Bohnen in reichlich schwach gesalzenem Wasser 1 bis 1,5 Stunden gar kochen.
- Die Zwiebel schälen und sehr fein hacken, die Knoblauchzehe schälen und zerdrücken. Zwiebel und Knoblauch mit Essig, Öl und Senf zu einer sämigen Sauce rühren. Abschmecken mit Pfeffer und Salz.
- Wenn die Bohnen weich sind, abschütten und noch warm mit dem Dressing übergießen. Ziehen lassen, bis die Bohnen abgekühlt sind.
- Vor dem Servieren mit dem Joghurt und dem gehackten Bohnenkraut mischen.

Variation: Sehr lecker finde ich es, den Dörrbohnensalat mit 30 g getrockneten Tomaten zu ergänzen. Ich schneide die Tomaten in schmale Streifchen und lege sie über Nacht in Öl ein. Am nächsten Tag lasse ich sie abtropfen, mische sie mit den Bohnen und verwende das Öl fürs Dressing.

Suppen

Misosuppe mit Edamame und Karotten

1 l Gemüsebrühe
120 g weißer Rundkornreis
2 – 3 Karotten (etwa 200 g)
200 g gegarte Edamame-Bohnenkerne (siehe Seite 119)
1 EL Hatcho-Miso oder Natto-Miso
eventuell 50 – 60 ml heiße Gemüsebrühe
4 Shiso-Blätter (Perilla, Perilla frutescens) *oder schwarze Sesamsamen*

- Die Gemüsebrühe zum Kochen bringen, den Reis einstreuen und bei mäßiger Hitze 30 Minuten garen. Währenddessen die Karotten schälen und in sehr feine, lange Streifen – sogenannte Julienne (siehe Tipp) – schneiden.
- Wenn der Reis gar ist – er sollte am Ende schon fast zerfallen –, die Karottenstreifen in die Suppe geben und etwa 10 Minuten mitkochen lassen.
- Dann folgen die Edamame-Bohnen. Diese sollten, weil sie schon gar sind, nicht kochen, sondern nur heiß werden.
- Das Miso in der heißen Brühe auflösen (entweder in zusätzlicher Brühe oder von der Suppe abgeschöpft). Gut zerdrücken, damit keine Klümpchen bleiben, und in die Suppe geben.
- Die Suppe in Schalen servieren. Als essbare Dekoration auf jede Suppenschale ein Blatt Shiso oder ein paar Körner schwarzen Sesam geben. Man trinkt zuerst die dunkle, kräftige Brühe und löffelt dann Reis, Bohnen und Karotten.

Variationen: Diese Suppe schmeckt natürlich auch mit anderen Bohnen gut, zum Beispiel mit gegarten Adzukibohnen oder gegarten weißen Bohnenkernen.
Auch mit anderen Miso-Sorten können Sie experimentieren. Verwendet man Reis-Miso, bleibt die Suppe hell und hat ein milderes Aroma als mit kräftigem Hatcho-Miso oder dem süßlich pikanten Natto-Miso.

> Feine Gemüsestreifen gelingen gut mit einem sogenannten **»Julienne-Schneider«,** einem einfachen Küchengerät, das aussieht wie ein Sparschäler, aber eine gezackte Klinge hat. Ich verwende es sehr oft, um dünne Streifen von Kartoffeln, Sellerie, Rüben oder Karotten herzustellen, die ich gerne als Einlage in eine Suppe oder als Deko auf dem Salat verwende.

Gärtnerinnensuppe

Eine Gemüsesuppe mit Augenböhnchen.

300 g getrocknete Augenbohnen
reichlich Wasser zum Einweichen
1 Zwiebel
2 EL kalt gepresstes Olivenöl
4 Karotten
1 kleine Knolle Sellerie oder eine entsprechende Menge Staudensellerie
1 Knolle Fenchel
1 Stange Lauch
3 Zehen Knoblauch
1,2 l Gemüsebrühe
eventuell 1 Stängel frisches Maggikraut (Liebstöckel)
einige Stängel frischer Majoran
Salz
Pfeffer aus der Mühle
1 Bund frischer Borretsch

- Die getrockneten Böhnchen abspülen und über Nacht in reichlich Wasser einweichen – sie sind am nächsten Tag dann bereits nach knapp 20 Minuten gar! Es genügt aber auch, sie nur kurz zu spülen, dann kommen die getrockneten Bohnen direkt nach den Karotten in die Suppe.
- Am nächsten Tag die Zwiebel schälen, in Würfelchen schneiden und im Olivenöl nur leicht dünsten.
- Die Karotten, den Sellerie und Fenchel ebenfalls würfeln. Die Würfel sollten in der Größe zu den Bohnen passen, also ziemlich klein schneiden.
- Den Lauch in dünne, schräge Ringe schneiden.
- Die Karottenwürfel zu den Zwiebeln ins Öl geben und kurz durchrühren, dann das übrige Gemüse dazugeben, am besten in der Reihenfolge der Garzeit: Werden die Böhnchen uneingeweicht verwendet, kommen sie zuerst dazu, danach Knollensellerie, dann Fenchel, Lauch zum Schluss. Wird statt des Knollenselleries Staudensellerie verwendet, entspricht dessen Garzeit in etwa der des Fenchels.
- Der Knoblauch folgt danach, geschält und fein geschnitten oder gehackt, nicht gepresst.
- Das Ganze mit der Gemüsebrühe auffüllen.

- Wurden die Böhnchen eingeweicht: Einweichwasser abschütten und die Bohnen mit dem Knollensellerie in die Suppe geben, nach und nach die übrigen Gemüse dazugeben. Dann das Gericht etwa 20 Minuten köcheln lassen.
- Dabei kann ein Stängel Liebstöckel mitgekocht werden, den man am Ende der Garzeit wieder herausfischt. Zur Garprobe am besten eine der Bohnen herausnehmen. Sie sollte sich leicht zerdrücken lassen, aber noch nicht zerfallen.
- Den Majoran fein wiegen und etwa 5 Minuten vor Ende der Garzeit in die Suppe geben.
- Abschmecken mit Salz und Pfeffer, ganz zum Schluss den fein gehackten Borretsch unter die Suppe heben. Einen Teil des Krauts zurückbehalten und vor dem Servieren auf die Oberfläche der Suppe streuen.

Variationen: Beim Gemüse können Sie variieren und verwenden, was der Marktkorb oder der Garten gerade hergibt.

Auch die Stängel von Stielmangold sind sehr gut geeignet, um diese Suppe zu bereichern.

Eine oder zwei Kartoffeln machen die Suppe noch nahrhafter, aber auch rustikaler.

Wenn kein frischer **Majoran** zur Verfügung steht, können Sie stattdessen eine getrocknete, italienische Kräutermischung verwenden.
Den **Borretsch** können Sie durch glatte Petersilie oder Blattsellerie ersetzen.
Das Aroma wird dadurch natürlich immer wieder anders – aber das ist ja das Schöne am Kochen!

125

Omas Gemüsesuppe
»Quer durch den Garten«

Meine Großmutter kochte diese Suppe im Sommer mit dem, was der Garten gerade hergab. Nehmen Sie es darum mit den Zutaten nicht so genau, Hauptsache, es ist eine bunte Vielfalt an Gemüsen. Wenn ich diese Suppe mache, wird es am Ende meistens zu viel, weil ich durch den Garten gehe und denke »ach, davon könnt' ich noch ein bisschen dazutun und davon auch ...«. Ich muss dann noch Brühe nachfüllen, weil es sonst ein Eintopf wäre. Macht aber nichts, denn die Suppe schmeckt aufgewärmt am nächsten Tag mindestens genauso gut.

Die Bohnen sollten insgesamt ein Drittel bis die Hälfte der Gemüsemenge ausmachen.

1 Zwiebel
1 EL Butter
2 – 3 Karotten
1,5 l Gemüsebrühe
1 gute Handvoll frische Bohnenkerne
    (Flageoletbohnen oder milchreife Kerne von Feuerbohnen)
1 Handvoll frische Puffbohnenkerne (Saubohnenkerne)
2 Handvoll frische grüne Bohnen
    (Die Bohnen sollten mengenmäßig mindestens ein Drittel
    der Gesamtgemüsemenge ausmachen.)
2 – 3 Kartoffeln
1 kleiner Kohlrabi
½ kleiner Blumenkohl
1 Stange Lauch
einige Stängel Mangold
    (besonders schön: rotstängelige und gelbstängelige Sorten)
1 kleiner Zucchino
1 Stängel frisches Maggikraut (Liebstöckel)
Pfeffer aus der Mühle
Salz
1 Handvoll frisch gehackter Borretsch

Bitte
ausreichend
frankieren!

Absender/in:

Antwort

pala-verlag

Postfach 11 11 22

64226 Darmstadt

Außerdem bei uns im Programm:
Wolf Richard Günzel
Der igelfreundliche Garten
So machen Sie Ihren Garten
zum Paradies (nicht nur) für Igel
ISBN: 978-3-89566-250-8
überall, wo es Bücher gibt

Anregungen / Meinungen / Kritik:

....

....

....

....

....

❑ Schicken Sie mir bitte kostenlos Informationen über Ihr Gesamtprogramm

❑ Schicken Sie mir auch aktuelle Informationen per E-Mail (max. 3- bis 4-mal pro Jahr):

Meine E-Mail-Adresse: .... @ ....

- Die Zwiebel schälen, grob hacken und in der zerlassenen Butter anschwitzen (»das ist fürs Aroma«, sagte die Oma). Die Karotten in grobe Stücke schneiden und kurz mitschwitzen.
- Mit der Gemüsebrühe ablöschen und in der Reihenfolge der Garzeit nacheinander die übrigen mundgerecht geschnittenen Gemüse in den Suppentopf geben: Als Erstes die Bohnenkerne und Bohnen, dann Kartoffeln, Kohlrabi, Blumenkohl, Lauch und Mangold. Die Zucchiniwürfel kommen zum Schluss dazu, denn sie sollen etwas Biss behalten.
- Den Stängel Maggikraut mitkochen und am Schluss herausfischen.
- Am Ende der Garzeit abschmecken mit Pfeffer und Salz. Den Borretsch in die Suppe streuen und gleich servieren.

Weiße Bohnencremesuppe mit Cilantro

200 g getrocknete weiße Bohnen,
vorzugsweise weiße Limabohnen
reichlich Wasser zum Einweichen
etwa 1 l Wasser zum Vorgaren
500 ml Milch
1 kleine Zwiebel
2 – 3 Zehen Knoblauch
5 – 6 Koriandersamen
3 – 4 Gewürznelken
1 Lorbeerblatt
6 – 8 schwarze Pfefferkörner oder die entsprechende Menge Langer Pfeffer
750 ml Gemüsebrühe
1 Bund frischer Koriander (Cilantro)
weißer Pfeffer aus der Mühle
Salz
200 ml Schlagsahne

- Die Bohnen über Nacht in reichlich Wasser einweichen, am nächsten Tag abgießen und im ungesalzenem Wasser etwa 1 Stunde kochen (im Schnellkochtopf etwa 15 Minuten). Garprobe machen: Die Bohnen sollten nun schon recht weich sein. Im Zweifel die Garzeit noch etwas verlängern.
- Dann abgießen, mit der Milch wieder aufsetzen und erneut zum Kochen bringen.
- Die Zwiebel schälen und in Stücke schneiden, den Knoblauch schälen und klein schneiden. Beides zu den kochenden Bohnen geben. Die Gewürze in ein kleines Stück Stoff einknoten und mitkochen. Bei sehr kleiner Hitze simmern lassen, bis alles ganz weich ist (etwa 30 Minuten). Achtung, es brennt leicht an! Wenn die Milch zu stark verkocht, etwas von der Gemüsebrühe dazugeben.
- Das Gewürzsäckchen aus der Bohnenmasse fischen.
- Im Mixer die Bohnen zu einem sehr feinen Püree zerkleinern. Dabei kann man schon jetzt etwas von der Gemüsebrühe dazugeben, damit die Masse ganz glatt wird.

128

- Den frischen Koriander klein schneiden.
- Bohnenmasse im Suppentopf zusammen mit der restlichen Gemüsebrühe bis kurz vor den Kochpunkt erhitzen.
- Abschmecken mit Pfeffer und Salz.
- Die Sahne dazugeben und den Koriander unterheben.
- Etwas vom Koriander übrig behalten und die Suppe vor dem Servieren damit bestreuen.

❀ Diese Suppe ist sehr sättigend. Ich serviere sie mit kleinen Weißbrotcroûtons als Hauptgericht.

Variationen: Mit Vietnamesischem Koriander anstelle des Cilantro bekommt die Suppe ein ganz anderes Aroma.Die Suppe lässt sich auch mit anderen Bohnensorten zubereiten.

Mit Marmorbohnen bekommt sie eine dunklere, beigerosa Farbe, mit schwarzen Bohnenkernen wird sie noch dunkler. Verblüffend ist, wie unterschiedlich die Suppe mit unterschiedlichen Bohnensorten schmeckt!

Vietnamesischer Koriander *(Poligonum odoratum / Persicaria odorata),* auf Deutsch »Wohlriechender Knöterich«, ist, wie der deutsche Name sagt, ein Knöterichgewächs. Als Küchengewürz ist »Ram Rau«, wie das Kraut in Vietnam heißt, bei uns noch ziemlich unbekannt. Sein Aroma ist korianderartig mit einem Tick Zitrone und einem Hauch pfeffriger Schärfe. Die Schärfe verstärkt sich nach Trockenheit und im Herbst. Weil das Aroma intensiv ist, muss man sich bei der Verwendung in der Küche an die richtige Menge herantasten. Verwenden Sie auf jeden Fall weniger als vom Cilantro.
Die Pflanze wächst gerne »mit den Füßen im Wasser«, ich halte sie in einem Topf in einem flachen Becken, in dem immer etwa handhoch Wasser steht. Zum Überwintern muss sie nach drinnen und steht hell, auf der Fensterbank, wo ich sie häufig mit Wasser besprühe.

Chinesische Suppe
mit Helmbohnen

Aus der traditionellen chinesischen Ernährungslehre kommt das folgende Rezept für eine Suppe mit Helmbohnen, die wirkungsvoll gegen »Durchfall durch kaltes und feuchtes Wetter« sein soll. Das Rezept ist dem Originalrezept von Wu Yanping aus dem Buch »Ernährungstherapie mit chinesischen Kräutern« nachempfunden.

Pro Person:

15 g getrocknete Helmbohnen
reichlich Wasser zum Einweichen
6 g frischer Ingwer
60 g Reis
800 ml Wasser zum Garen
Salz

- Helmbohnen über Nacht im Wasser einweichen.
- Am nächsten Tag die Bohnen abgießen und den Ingwer klein schneiden.
- Bohnen mit dem Reis und Ingwer 40 Minuten im Wasser kochen, dann erst salzen.
- Einmal täglich, drei Tage lang, sollte man diese Suppe im akuten Fall essen.

Variation: Dieses Rezept ist wirklich sehr einfach. Die Kombination mit dem Ingwer wirkt angenehm wärmend und tut vor allem im Winter gut. Wer keine Beschwerden hat, kann die Suppe natürlich variieren und erweitern, indem er Gemüse hinzufügt, eine in feine Streifen geschnittene Karotte vielleicht und eine Handvoll Chinakohl, oder mit chinesischen Pilzen ergänzt.

Hauptgerichte und Beilagen

Klassisches grünes Bohnengemüse

800 g frische grüne Bohnen
1 Zwiebel
2 – 3 Zehen Knoblauch
1 – 2 EL kalt gepresstes Olivenöl
etwa 60 ml Gemüsebrühe
1 Bund frisches Bohnenkraut
weißer Pfeffer aus der Mühle
Salz
eventuell ½ TL Stärkemehl
eventuell 2 – 3 EL Schlagsahne

- Die Bohnen gegebenenfalls abfädeln und in 3 bis 4 cm lange Stücke schneiden.
- Die Zwiebel schälen und fein würfeln. Den Knoblauch schälen und zerdrücken.
- Das Öl erhitzen und die Zwiebel darin glasig werden lassen. Die Bohnen dazugeben, kurz mitdünsten und dann den Knoblauch zugeben.
- Mit der Gemüsebrühe auffüllen, das Bohnenkraut von den Stängeln streifen, hacken, zu den Bohnen geben und etwa 20 Minuten leise köcheln lassen.
- Abschmecken mit Pfeffer und Salz. Eventuell muss man noch etwas Gemüsebrühe nachfüllen, wobei die nachgefüllte Brühe auf jeden Fall heiß sein sollte, damit der Garvorgang nicht stockt.
- Wenn ich das Gemüse etwas »sauciger« haben möchte, nehme ich von vornherein etwas mehr Brühe zum Garen, binde zum Schluss mit Stärkemehl und gieße einen guten Schuss ungeschlagene Sahne an. So hat meine Oma immer ihr Bohnengemüse gemacht.

131

Filetböhnchen
in Butter gedünstet

Wenn die allerersten grünen Filetböhnchen reif sind – die aus dem eigenen Garten, versteht sich, nicht die aus Kenia importierten – stellt sich die gewichtige Frage, wie bereite ich sie zu?

Dünste ich sie in Butter oder koche ich sie sehr kurz?

Zu neuen Kartoffeln schmecken die in Butter gedünsteten Böhnchen ganz köstlich: Man könnte sie beinahe täglich so essen und jedes Mal ein anderes Kraut zum Würzen verwenden ... Das ist schnelle Küche, wie sie für den Sommer ideal ist!

Pro Person:

1 Bund frische grüne Filetbohnen
1 EL Butter
Salz
weißer Pfeffer aus der Mühle
nach Belieben frisch gehackte Kräuter wie Bohnenkraut, Estragon, Basilikum (auch Zitronenbasilikum ist zu empfehlen) oder Exotischeres wie Shiso-Blätter (Perilla, Perilla frutescens) oder Zitronengras, möglichst immer nur ein Kraut oder höchstens zwei Kräuter, damit das Aroma deutlich bleibt

- Die Filetbohnen im Ganzen lassen, nur die Enden abschneiden.
- Die Bohnen in der zerlassenen Butter möglichst kapp garen, dann salzen und pfeffern. Mit den gehackten oder fein geschnittenen Kräutern mischen und sofort servieren.

❀ Dazu passen Pellkartoffeln aus neuen Kartöffelchen sehr gut.

Hierzu noch eine kleine Geschichte aus meiner Küche: Vor einigen Jahren hatte ich bei meiner eigenen Kartoffelernte extrem viele sehr kleine Kartoffeln. Bauern verfüttern diese Winzlinge normalerweise an die Schweine. »Wutzekartoffeln« heißen sie darum bei uns. Ich habe sie als Pellkartoffeln gegart und als »Kaviarkartöffelchen« serviert. Das kam gut!

Sortenempfehlung für die **Bohnen:** 'Aramis', eine meiner Lieblingsbohnen – allerdings auch als Saatgut nur schwer zu bekommen –, oder eine andere junge Filetbohne, möglichst zart und klein.

132

Bohnen polnische Art

Mit gelben Bohnen.

In Polen werden die gelbhülsigen Bohnensorten besonders gerne gegessen. Man sieht sie körbeweise auf den Marktständen, wo die Bäuerinnen sie feilbieten, und offenbar gibt es dort noch eine größere Sortenvielfalt als bei uns.

Die Zubereitung pikanter Speisen »auf polnische Art« besagt in der klassischen Küche immer, dass ein Gericht mit Semmelbröseln begossen wird, die in Butter geschwenkt oder gebräunt wurden.

500 g frische gelbe Bohnen
1 EL Butterschmalz (Ghee)
1 kleine Zwiebel
Salz
weißer Pfeffer aus der Mühle
2 EL Butter (oder mehr)
4 gehäufte EL Semmelbrösel

- Die Bohnen putzen, kleine Böhnchen im Ganzen lassen, größere halbieren. Bohnen in sprudelnd kochendem Wasser etwa 10 Minuten kochen. Dann abtropfen lassen.
- In einem Topf mit weitem Boden das Butterschmalz zergehen lassen. Die Zwiebel schälen, sehr fein hacken und im Butterschmalz anschwitzen. Die Bohnen dazugeben, salzen, pfeffern und unter Wenden zu Ende garen.
- In einer kleinen Kasserolle die Butter zergehen lassen. Die Semmelbrösel in der Butter schwenken, bis sie golden sind.
- Die Bohnen auf einer vorgewärmten Platte anrichten und mit den Bröseln begießen.

❀ Dazu passen Getreidebratlinge oder gebackene Streifen von Mandel-Nuss-Tofu.

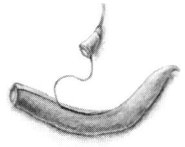

133

Filetbohnen in Sahne
an Kartoffelpüree mit Olivenöl

Eine üppige Kombination, für die ich die zartesten Böhnchen verwende, ganz frisch aus dem Garten, die besten, mehligen Kartoffeln, die ich auftreiben kann, und das richtig gute, kalt gepresste (und natürlich auch entsprechend teure) Olivenöl.

Ich weiß, »an« Kartoffelpüree mit Olivenöl klingt ziemlich hochgestochen, das Ergebnis ist den hochtrabenden Namen aber wert!

Für die Bohnen:
400 – 500 g frische grüne Filetbohnen
   (möglichst jung und möglichst frisch!)
1 EL Butter
1 Schalotte
etwa 200 ml Schlagsahne
Salz
weißer Pfeffer aus der Mühle
1 EL frisch gehacktes Bohnenkraut
eventuell etwas heißes Wasser

Für das Püree:
500 g neue mehligkochende Kartoffeln
Salz
1 EL Butter
2 – 3 EL Schlagsahne
mindestens 120 ml kalt gepresstes Olivenöl bester Qualität (siehe Tipp)
grobes Meersalz (am besten »Fleur de sel«)

- Die **Böhnchen** kurz in kochendem Wasser blanchieren.
- In einem schweren Topf die Butter zerlassen. Die Schalotte schälen, sehr fein schneiden und in der Butter glasig dünsten. Sie soll nicht bräunen.
- Dann die Bohnen dazugeben, mit der Sahne angießen, mit Salz und Pfeffer würzen und das Ganze ganz sachte köcheln, bis die Bohnen gerade eben gar, aber auf keinen Fall zu weich sind.
- Gegen Ende der Kochzeit das Bohnenkraut dazugeben und mit Pfeffer und Salz abschmecken.
- Wenn die Sahne zu sehr einkocht, eventuell etwas heißes Wasser auffüllen. (Oder mehr Sahne dazugeben. Mein Mann sagte immer: »Noch ein bisschen Sahne hat keinem Rezept je geschadet ...«)

- Für das **Püree** die Kartoffeln schälen, in Stücken in Salzwasser garen und anschließend durch die Kartoffelpresse drücken oder mit einem Kartoffelstampfer zerkleinern. Bis hier funktioniert es wie gewöhnliches Kartoffelpüree.
- Ab dann beginnt der Unterschied: In einer Kasserolle die Butter zerlaufen lassen, die Kartoffelmasse dazugeben und mit der Sahne mischen.
- Bei sehr geringer Hitze nun sachte das Olivenöl in dünnem Strahl hineinschlagen, als wolle man Mayonnaise rühren. Nehmen Sie dazu einen Schneebesen, auf keinen Fall den Mixer – das Püree würde dadurch zäh und klebrig werden. Es soll auch nicht mehr kochen, sondern nur so heiß bleiben, dass man es nach der Fertigstellung gleich servieren kann. Ich finde es immer wieder erstaunlich, wie viel Olivenöl die Kartoffeln aufnehmen können, und koste zwischendurch, ob das Aroma so ist, wie ich es mir vorstelle. Die veranschlagten 120 ml können dabei durchaus überschritten werden! Das Püree wird dabei locker und wolkig, es erhält durch das Öl einen zarten Grünton, der für Neulinge anfangs vielleicht gewöhnungsbedürftig ist, aber es schmeckt auf jeden Fall köstlich.
- Serviert werden die Böhnchen, schön parallel arrangiert und mit der Sahne, in der sie gegart wurden übergossen, neben dem Kartoffelpüree, über das man einige Körnchen »Fleur de sel« streut.

Dieses Gericht ist durch die Verwendung von sehr edlem **Olivenöl** natürlich ziemlich kostspielig. Nehmen Sie trotzdem eine richtig gute Qualität, alles andere wäre Sparen am falschen Platz: zum Beispiel »natives Olivenöl extra«, die erste Kategorie der Olivenöle, oder, eine Stufe einfacher, »natives Olivenöl«.

135

Persische grüne Bohnen

400 g frische breite Bohnen
 (Schwertbohnen oder junge Feuerbohnen)
1 kleine weiße Zwiebel
1 EL Butterschmalz (Ghee)
½ TL Golpar
Salz
weißer Pfeffer aus der Mühle

- Die Bohnen schräg in Stücke schneiden und in kochendem Wasser blanchieren, abschrecken und etwas abtropfen lassen.
- Die Zwiebel schälen, sehr fein hacken und im Butterschmalz dünsten, bis die Zwiebelstückchen glasig sind. Die Zwiebel soll nicht bräunen.
- Die Bohnen dazugeben, mit dem Golpar überpudern, salzen und unter Rühren fertig garen.
- Mit Salz und Pfeffer abschmecken.

❀ Zu den persischen Bohnen serviere ich Reis mit Berberitzen, ebenfalls sehr typisch für die persische Küche: Der Reis (Basmatireis) wird gar gekocht, die getrockneten Berberitzen in zerlassener Butter geschwenkt (Achtung, sie brennen sehr leicht an!) und beides gemischt.
Auch Fladenbrot (Persisch »Nan« oder Englisch »Naan«) ist eine gute Beilage.

> **Golpar** ist ein Gewürzpulver aus den getrockneten Samen der gleichnamigen Pflanze *(Heracleum persicum)*, auch Persischer Bärenklau genannt. Der Geschmack ist aromatisch süßlich mit einem Hauch von Bitterkeit.
> Das Gewürz verleiht nicht nur Bohnengerichten und anderen Gemüsegerichten eine interessante Note, sondern wirkt auch gegen Blähungen, Magenschmerzen und Appetitlosigkeit. In der persischen Küche werden auch die Blütenblätter der Pflanze als Küchengewürz verwendet.
> Leider habe ich noch keine Quelle für Saatgut vom Persischen Bärenklau gefunden. Eine Bezugsquelle für das Golpar-Pulver finden Sie auf Seite 212.

136

Grüne Bohnen mit Erdnusssauce

400 g frische grüne Bohnen für Brechbohnen
Salz
1 kleine Zwiebel
1 EL Butter oder Butterschmalz (Ghee)
3 EL Erdnussmus
250 ml Gemüsebrühe
weißer Pfeffer aus der Mühle

- Die Bohnen putzen, in mundgerechte Stücke brechen und in reichlich leicht gesalzenem Wasser garen.
- Die Zwiebel schälen und sehr fein hacken. Die Butter zergehen lassen und die Zwiebel darin golden anbraten. Das Erdnussmus dazugeben und gleich mit der Brühe auffüllen. Unter Rühren zum Kochen bringen. Das Erdnussmus soll sich ganz auflösen. Abschmecken mit Pfeffer und Salz.
- Sind die Bohnen gar, abtropfen lassen und auf einer vorgewärmten Platte anrichten. Mit der Erdnusssauce übergießen und servieren.

❀ Ich reiche zu diesem Gericht roten Reis oder, wenn ich ganz verschwenderisch sein will, schwarzen Wildreis.

Sortenempfehlung für die **Bohnen:** eine dickhülsige Sorte, zum Beispiel 'Pergousa' oder 'Saxa'.

137

Hochsommerbohnen

Dieses Gericht bereite ich aus den ersten jungen Hülsen meiner Feuerbohnen und neuen Kartoffeln zu.

400 g frische junge Feuerbohnen
400 g Zwiebeln
2 EL kalt gepresstes Olivenöl
400 g Kartoffeln
etwa 750 ml Gemüsebrühe
2 – 3 Stängel frischer Estragon
weißer Pfeffer aus der Mühle
Salz
100 g saure Sahne
1 EL fein gehackter Estragon

- Die Bohnen schräg in mundgerechte Stücke schneiden und in ungesalzenem Wasser 5 Minuten kochen.
- Die Zwiebeln schälen, vierteln und dann in Scheiben schneiden. Im Olivenöl andünsten.
- Die Kartoffeln schälen und würfeln, zu den Zwiebeln geben. Kurz mitbraten, dann mit der Gemüsebrühe ablöschen. Die Bohnen dazugeben, ebenso den Estragon im Ganzen. Würzen mit Pfeffer und Salz.
- Bei kleiner Hitze garen, bis die Kartoffeln weich sind, aber noch Biss haben. Möglicherweise muss noch etwas Gemüsebrühe nachgefüllt werden.
- Vor dem Servieren den mitgekochten Estragon herausfischen. Die saure Sahne unterheben und das Gemüse mit dem frisch gehackten Estragon bestreuen.

Variationen: Wenn ich sehr kleine, neue Kartöffelchen habe, schäle ich sie nicht, sondern bürste sie nur sehr gut und halbiere sie.
Anstelle von Estragon habe ich auch schon Rosmarin verwendet.

Schwertbohnen-Kartoffel-Topf mit Seitan

300 g frische Schwertbohnen
2 mittelgroße Zwiebeln
2 EL Pflanzenöl zum Braten
200 g gewürzter Seitan aus dem Glas
400 g Kartoffeln
125 ml Wasser oder Gemüsebrühe
2 EL Tomatenmark
eventuell Salz
schwarzer Pfeffer aus der Mühle
dunkle Sojasauce oder Worcestersauce

- Die Bohnen gegebenenfalls abfädeln und in mundgerechte Stücke schneiden. In reichlich Wasser etwa 5 Minuten kochen, abschütten und abtropfen lassen.
- Die Zwiebeln schälen, grob hacken und im Öl hellbraun anbraten.
- Den Seitan gut abtropfen lassen, in Stücke schneiden – etwa in der Größe der Bohnenstücke – und zu den Zwiebeln geben. Etwas mitbraten.
- Die Kartoffeln schälen und würfeln, zum Seitan in den Topf geben, 1 bis 2 Minuten rühren, dann die Bohnen dazugeben.
- Mit dem Wasser oder der Gemüsebrühe auffüllen, das Tomatenmark einrühren und alles gut mischen. Eventuell salzen und pfeffern. Bei niedriger Hitze köcheln lassen, bis die Kartoffeln gar sind.
- Je nach Wunsch mit Sojasauce oder Worcestersauce abschmecken.

❀ Dazu esse ich gerne eine Scheibe dunkles Brot.

Variationen: Je nachdem, ob man mehligkochende oder festkochende Kartoffeln verwendet, bekommt der Eintopf eine andere Konsistenz. Wenn ich sehr mehligkochende Kartoffeln habe, verwende ich anstelle von Tomatenmark frische Tomaten, abgezogen und gewürfelt.

Zum Braten verwende ich spezielle **Bratöle** – sogenannte »High-Oleic-Sonnenblumenöle« – aus ökologischer Produktion, die sich besonders gut zum Braten, aber auch zum Frittieren eignen.
Seitan besteht aus Weizengluten (Weizeneiweiß) und wird durch Auswaschen der Stärke aus Weizenmehl gewonnen. Im Bioladen gibt es gebrauchsfertig gewürzten Seitan im Glas, den ich für dieses Gericht verwende.

Grüne Bohnen mit Ratatouille

300 g frische grüne Bohnen
Salz
1 Stängel frisches Bohnenkraut
1 Zwiebel
4 EL kalt gepresstes Olivenöl
1 kleine Aubergine
3 Zehen Knoblauch
2 – 3 dicke Tomaten
1 junger Zucchino, etwa 20 cm lang
  (der Farbe wegen am besten ein gelber)
1 gehäufter TL Kräuter der Provence
schwarzer Pfeffer aus der Mühle
eventuell etwas Wasser oder Gemüsebrühe

- Die Bohnen nur putzen, nicht klein schneiden. In Salzwasser zusammen mit dem Bohnenkraut knapp garen, dann abgießen und warm stellen.
- Für die Ratatouille die Zwiebel schälen, hacken und im Olivenöl glasig anbraten.
- Die Aubergine in Würfel schneiden, mit Salz bestreut etwas ziehen lassen, dann trockentupfen und mit der Zwiebel braten. Achtung: Auberginen nehmen zunächst viel Fett auf, geben es hinterher aber teilweise auch wieder ab. Wenn das Gemüse beim Braten scheinbar plötzlich zu trocken wird, einfach die Nerven behalten und trotzdem kein weiteres Öl dazugeben! Die Auberginen dürfen etwas bräunen.
- Nun den zerdrückten Knoblauch dazugeben. Etwas mitschmurgeln, aber nicht dunkel braten.
- Die Tomaten häuten – kurz in kochendes Wasser tauchen, dann lässt sich die Haut leicht abziehen –, die Samen im Inneren entfernen und das Fruchtfleisch in groben Stücken zur Aubergine geben.
- Nun den Zucchino, ebenfalls in Würfel oder Stücke geschnitten, und die Kräuter der Provence dazugeben. Pfeffern, salzen und gut aufkochen, damit sich die Aromen verbinden. Dabei darauf achten, dass die Zucchinistücke noch Biss behalten. Gegebenenfalls noch etwas Wasser oder Gemüsebrühe angießen, meistens liefern die Tomaten aber genug Flüssigkeit, damit das Gericht nicht trocken wird.
- Die Bohnen zum Servieren auf einer vorgewärmten Platte anrichten und mit der Ratatouille übergießen.

❀ Dazu schmeckt am besten typisch südfranzösische »Fougasse«, eine besondere Art Fladenbrot. Aber auch »pain d'olive«, Weißbrot mit eingebackenen Oliven, das man bei uns eher kaufen kann als Fougasse, ist großartig dazu.

Weil ich immer viel Wert lege auf **farblich ansprechende Kombinationen,** schlage ich vor, anstelle der grünen Bohnen auch mal gelbe zu verwenden und dann statt der dicken roten Tomaten grüne Fleischtomaten. Damit kann man Gäste total verblüffen!

Leider bekommt man grün reifende Tomatensorten nur selten zu kaufen (in letzter Zeit schon mal in bunten Mischungen kleinfrüchtiger Tomaten und Cocktailtomaten), aber grüne Fleischtomaten müssen Sie wahrscheinlich selbst anbauen. Das geht sogar auf dem Balkon.

Auch die Bohnen können auf dem Balkon gedeihen: Säen Sie Feuerbohnen in Blumenkästen und lassen Sie die Pflanzen an Schnüren bis zum Nachbarn im Stockwerk obendrüber ranken. Ernten Sie für dieses Rezept die Feuerbohnen jung, bevor sie die dicken Kerne bilden.

Wenn Sie auf dem Balkon außerdem noch eine Zucchinipflanze im großen Blumentopf kultivieren, können Sie beim Servieren Ihrer Bohnen mit Ratatouille prahlen: »Alles eigene Ernte«. Damit verblüffen Sie die Gäste dann noch mehr!

141

Bohnen und Spargel
aus dem Wok

Von allen meinen Töpfen und Pfannen ist mir vor allem mein Wok fast unentbehrlich geworden. Das »schnelle, pfannengerührte Gemüsegericht« entsteht oft spontan nach einem Blick auf die Vorräte. So war es auch bei diesem chinesisch inspirierten Gericht, als ich eigentlich »Spargel für zwei« geplant hatte und dann überraschend Gäste vor der Tür standen.

500 g weißer Spargel
300 g frische grüne Bohnen
  (wenn so spontan gekocht werden muss,
  wie ich es beschrieben habe, entweder tiefgefrorene
  Bohnen aus den eigenen Vorräten oder der Kühltheke,
  notfalls auch aus dem Glas)
2 Schalotten oder 3 – 4 Frühlingszwiebeln
2 EL Pflanzenöl zum Braten (siehe auch Anmerkung Seite 139)
½ TL Zucker oder Vollrohrzucker (siehe auch Seite 96)
etwa 60 ml Gemüsebrühe
2 EL Sojasauce
1 EL schwarze Bohnensauce (siehe Seite 102)
weißer Pfeffer aus der Mühle
Salz

- Den Spargel schälen und in essstäbchengerechte Stücke schneiden.
- Die Bohnen zum Auftauen in ein Sieb geben (oder die Bohnen aus dem Glas abtropfen lassen). Bei Verwendung von frischen Bohnen muss man diese zunächst knapp gar kochen. Bei jungen Böhnchen genügen wenige Minuten in sprudelnd kochendem Wasser ohne Salzzugabe.
- Die Schalotten schälen und in Ringe oder die Frühlingszwiebeln in Stücke schneiden.
- Das Bratöl im Wok erhitzen, die Schalotten oder Frühlingszwiebeln hineingeben und gleich danach den Spargel. Unter Rühren braten, bis der Spargel etwas Farbe annimmt.
- Mit dem Zucker bestreuen und unter Rühren karamellisieren lassen. Mit der Gemüsebrühe ablöschen, dann die Bohnen dazugeben. Bei sehr großer Hitze unter Rühren 5 Minuten fertig garen.
- Die Hitze reduzieren, Sojasauce, schwarze Bohnensauce, Pfeffer und Salz dazugeben und unter Rühren garen, bis der Spargel gar, aber noch bissfest ist.

❀ Dazu gibt es Reis oder Glasnudeln.

Variationen: Wenn vorhanden, ist eine rote Paprikaschote, in Streifen geschnitten und mit dem Spargel zusammen in den Wok gegeben, vor allem optisch eine ausgezeichnete Ergänzung.

Hat man als Ausgangsbasis grünen Spargel, bietet es sich an, allein der Optik wegen auf gelbe Bohnen zurückzugreifen. Diese bekommt man aber tiefgekühlt nur sehr selten zu kaufen. Was für ein Glück, wenn man einen Garten hat und auf die eigenen Vorräte zurückgreifen kann!

Bei Konserven aus dem Glas achten Sie darauf, dass die Bohnen nicht schon als Salat angemacht sind.

Pfannengerührte Mungbohnenkeime mit Zitronensaitling

1 weiße Zwiebel
2 EL Sesamöl
250 g Mungbohnenkeime (siehe Seite 92)
200 g Zitronensaitlinge
1 Bund Frühlingszwiebeln, grobröhriger Schnittlauch oder Zwiebelgrün
schwarzer Pfeffer aus der Mühle
Salz
2 EL Reiswein oder Wasser
2 EL dunkle Sojasauce, mit 1 EL Zuckerrübensirup verrührt

- Die Zwiebel schälen, halbieren und in Streifen schneiden.
- Das Sesamöl im Wok erhitzen, aber nicht zu heiß werden lassen.
- Die Zwiebel unter Rühren im Öl glasig dünsten, dann die gewaschenen, abgetropften Mungbohnenkeime dazugeben.
- Die Pilze putzen und in etwa fingerbreite Streifen schneiden. Frühlingszwiebeln, Schnittlauch oder Zwiebelgrün in Ringe schneiden. Pilze in den Wok geben, mit Pfeffer und Salz würzen, Reiswein oder Wasser angießen und die Frühlingszwiebeln oder den Schnittlauch beifügen. Einen Esslöffel Zwiebelgrün zum Dekorieren zurückbehalten.
- Den Wok zudecken und das Gericht bei reduzierter Hitze etwa 4 Minuten köcheln lassen.
- Zum Schluss die Sojasauce dazugeben, gut wenden, sodass alles gleichmäßig mit der Sauce überzogen ist. Zum Servieren mit dem restlichen Zwiebelgrün bestreuen.

❀ Mit Reis servieren.

Variationen: Anstelle der Zitronensaitlinge kann man auch andere Pilze verwenden, zum Beispiel Shiitake.

Auch mit einer »chinesischen Pilzmischung« aus dem Glas habe ich die pfannengerührten Mungbohnenkeime schon zubereitet. Das ist besonders gut, wenn's mal wieder schnell gehen muss. Und: Geschmeckt hat es auch …

Pfannengerührte Filetbohnen

Eine kleine, schnelle Mahlzeit, die ich besonders gerne dann serviere, wenn die ersten eigenen grünen Bohnen im Garten erntereif sind.

400 g frische grüne Filetbohnen
2 EL kalt gepresstes Olivenöl
1 EL Sesamöl
1 EL Sesamsamen
Salz
weißer Pfeffer aus der Mühle
½ TL Zucker oder Vollrohrzucker (siehe auch Seite 96)
1 – 2 EL trockener Sherry oder Wasser
eventuell etwas Wasser
Parmesan am Stück

- Die Bohnen putzen und gut trocknen. Junge, kleine Bohnen brauchen nicht in Stücke geschnitten zu werden.
- Im Wok das Olivenöl erhitzen und das Sesamöl dazugeben, die Sesamsamen zugeben und etwas rösten, dann die Hitze reduzieren. Die Bohnen ins Öl geben und unter Rühren vorsichtig garen. Salzen und pfeffern, dann den Zucker darüberstreuen und etwas karamellisieren lassen. Ablöschen mit einem Schuss trockenem Sherry oder Wasser.
- Unter Rühren fertig garen. Die Bohnen sollen am Ende gar, aber noch knackig sein. Bei größeren Bohnen, die eine etwas längere Garzeit haben, muss man noch etwas Wasser dazugeben und unter Rühren weitergaren, bis sie den gewünschten Grad an Bissfestigkeit erreicht haben. Die Flüssigkeit sollte zum Schluss aber möglichst ganz verdunstet sein.
- Auf vorgewärmten Tellern anrichten und Parmesan darüberhobeln.

❀ Als Hauptgericht passt dazu gut ein gecoddeltes Ei (verquirltes Ei, im Wasserbad-Töpfchen gegart – als »coddled egg« zum Beispiel in Großbritannien als Frühstücksgericht bekannt) oder ein verlorenes Ei.
Als Vorspeise genügt dazu eine Scheibe Toast, Baguette oder Ciabatta.

145

Grüne Bohnen mit Zitronengras und Ingwer

Eines meiner schnellen Wokgerichte.

400 g frische grüne Bohnen
2 Stängel frisches Zitronengras
1 weiße Zwiebel
1 EL Butterschmalz (Ghee)
1 Stück frischer Ingwer, knapp halbfingerlang
schwarzer Pfeffer aus der Mühle
Salz
etwa 60 ml Gemüsebrühe
eventuell etwas Stärkemehl

- Die Bohnen putzen und in halbfingerlange Stücke brechen oder schneiden. Hat man breite Bohnen, zum Beispiel Schwertbohnen, so schneidet man sie der Optik wegen schräg.
- Vom Zitronengras alle trockenen Teile abschneiden, den weißen Teil in sehr feine Scheibchen schneiden, den grünen Teil etwas breit klopfen, damit das Aroma besser austritt.
- Die Bohnen zusammen mit dem grünen Teil des Zitronengrases in kochendem Wasser blanchieren, abschrecken und abtropfen lassen. Die Zitronengrasstängel entfernen.
- Die Zwiebel schälen, halbieren und in dünne Streifen schneiden.
- Das Butterschmalz im Wok erhitzen und die Zwiebelstreifen unter Rühren glasig werden lassen. Die Zitronengrasscheibchen dazugeben, dann sofort die Bohnen. Die Hitze etwas reduzieren.
- Den Ingwer schälen und reiben. Zu den Bohnen geben.
- Unter fortwährendem Rühren garen. Abschmecken mit Pfeffer und Salz.
- Die Gemüsebrühe angießen, etwas einkochen lassen und bei Bedarf mit etwas Stärkemehl binden.

❀ Ich richte die Bohnen auf Glasnudeln an. Reis schmeckt dazu aber ebenso gut.

146

Gartenbohnen und Karotten

400 g frische grüne Bohnen
400 g Karotten
1 weiße Zwiebel
2 – 3 Zehen Knoblauch
1 EL Butterschmalz (Ghee)
1 TL Zucker oder Vollrohrzucker (siehe auch Seite 96)
125 ml Gemüsebrühe
Salz
weißer Pfeffer aus der Mühle
frisch geriebener Muskat
3 EL Crème fraîche
1 gehäufter EL frisch gehackte Kräuter, zum Beispiel Kerbel oder Estragon

- Die Bohnen putzen und je nach Sorte in halbfingerlange Stücke schneiden oder brechen. In ungesalzenem Wasser etwa 10 Minuten garen. Abgießen und abtropfen lassen.
- Die Karotten schälen und in Stücke schneiden, die etwa so groß sind wie die Bohnen.
- Die Zwiebel schälen und grob hacken, den Knoblauch schälen und zerdrücken. Beides im Butterschmalz leicht anbraten, die Zwiebel soll dabei nicht bräunen.
- Nun die Karottenstücke dazugeben. Den Zucker darüberstreuen und die Karotten unter Rühren braten, bis der Zucker ganz leicht karamellisiert.
- Nun die Bohnen in den Topf geben und die Gemüsebrühe angießen. Bei kleiner Hitze köcheln lassen, bis das Gemüse gar ist. Würzen mit Salz, Pfeffer und Muskat, die Crème fraîche einrühren und zum Servieren mit den gehackten Kräutern bestreuen.

147

Bohnen mit Karotten und Aprikosen

Ein Bohnengericht, inspiriert von der persischen Küche: Die getrockneten Aprikosen bringen eine gewisse Süße, die sehr gut zu den Karotten passt und die Bohnen auf exotische Weise ergänzt.

6 getrocknete Aprikosen
125 ml heißes Wasser
etwa 1 EL frisch gepresster Zitronensaft
250 g kräftige, frische grüne Bohnen
250 g Karotten
1 Zwiebel
2 – 3 EL Sesamöl
3 Zehen Knoblauch
eventuell etwas Wasser
50 g gemahlene Mandeln
schwarzer Pfeffer aus der Mühle
¼ TL Sumach
Salz

- Die Aprikosen im heißen Wasser einweichen, den Zitronensaft dazugeben.
- Die Bohnen putzen und in mundgerechte Stücke schneiden, die Karotten abschaben und ebenfalls klein schneiden – sehr dekorativ sind schräg geschnittene Scheiben.
- Die Zwiebel schälen, grob hacken und in einer schweren Kasserolle im Sesamöl braten, bis sie glasig ist und goldgelb zu werden beginnt. Dann die Karotten dazugeben und bei reduzierter Hitze etwa 5 Minuten braten.
- Als Nächstes kommen die Bohnen hinzu, mitsamt dem Einweichwasser der Aprikosen (am besten durch ein feines Sieb gießen). Den Knoblauch zerdrücken und mitköcheln lassen, bis die Karotten und die Bohnen fast gar sind.
- Eventuell etwas Wasser dazugeben, damit das Gemüse nicht zu trocken wird. Die Aprikosen in Würfelchen schneiden und nach etwa 15 Minuten dazugeben.
- Die gemahlenen Mandeln ins kochende Gemüse rühren. Sie sorgen dafür, dass sich eine leicht angedickte Sauce ergibt.
- Salzen und gut pfeffern, vom Sumach sparsam zugeben (er gibt dem Gericht eine zart säuerliche Note, welche die Süße der Aprikosen fein ergänzt, er sollte aber nicht dominieren!). Bei niedriger Hitze 5 bis 10 Minuten weitergaren, damit sich alle Aromen verbinden.

❀ Dazu serviert man Reis.

Sehr fein ist es, das Gemüse zum Servieren mit blättrig geschnittenen Mandeln zu bestreuen.

Sortenempfehlung für die **Bohnen:** junge Feuerbohnen oder eine Landsorte wie 'Vatter's Erntesegen' oder 'Berner Landfrauen'.

Sumach ist ein Gewürz mit leicht säuerlichem Aroma, das zum Beispiel im asiatischen Lebensmittelladen erhältlich ist.

Bohnen und Gemüse auf indische Art

400 g frische grüne Bohnen
  (Filetbohnen, junge Schwertbohnen oder junge Feuerbohnen)
4 EL Butterschmalz (Ghee)
½ TL Asafoetida
1 TL frisch gehackter Ingwer
½ TL getrocknete, gerebelte Curryblätter
1 Messerspitze Kurkuma
1 EL Gewürzmischung »Vegetable Masala«
4 kleine Kartoffeln, vorzugsweise festkochend
1 Aubergine
1 gelbe Paprikaschote
Salz
400 ml Kokosmilch
100 ml Schlagsahne
eventuell etwas Wasser

- Die Bohnen putzen, gegebenenfalls in mundgerechte Stücke schneiden, in kochendem Wasser blanchieren, abtropfen lassen und beiseite stellen.
- Das Butterschmalz in einem großen Topf erhitzen. Die Gewürze in das Fett geben und kurz anbraten.
- Die Kartoffeln schälen und vierteln, die Aubergine in Würfel und die Paprika in Streifen schneiden, nacheinander zum Ghee geben und mitbraten.
- Salz, Kokosmilch und Sahne dazugeben und aufwallen lassen.
- Die Bohnen zugeben und unter gelegentlichem Rühren etwa 15 Minuten köcheln lassen. Wenn die Sauce zu dick wird, etwas Wasser dazugeben.

❀ Dazu passt Nan (Fladenbrot) oder Reis.

Variationen: Anstelle der Kartoffeln können Blumenkohlröschen oder nicht zu dünne Karottenscheiben mitgegart werden. Wer das Aroma von Ingwer sehr schätzt, kann die verwendete Ingwermenge durchaus erhöhen.

Wenn Sie anstelle der grünen Bohnen eine gelbhülsige Sorte verwenden möchten, ersetzen Sie die gelbe durch eine rote Paprikaschote: Das Auge isst mit und die Farbe ist ein Teil vom Genuss.

Asafoetida, ein Gewürz mit zwiebelartigem Aroma, ist als Pulver oder als Harz, das wie Muskat gerieben wird, im Naturkostladen oder im asiatischen Lebensmittelladen erhältlich (siehe auch Seite 212).

»Vegetable Masala« ist eine fertige indische Gewürzmischung aus dem Naturkostladen. Anstelle von »Vegetable Masala« können Sie auch ein mildes Currypulver verwenden.

Ein »Masala« – die deutsche Übersetzung lautet »Gewürzmischung« – ist das, was wir hierzulande allgemein »Currypulver« nennen. Es gibt aber wesentlich mehr Geschmacksrichtungen unter den Masalas als wir Sorten Currypulver kennen. In Indien bezeichnet der Begriff »Curry« das fertige Gericht.

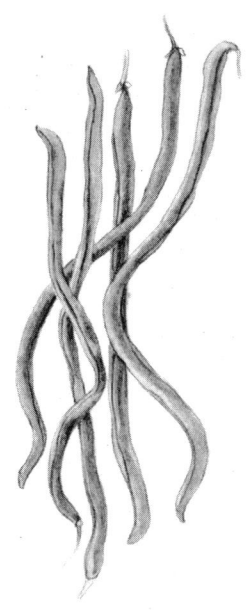

151

Schwertbohnencurry

1 mittelgroße Zwiebel
2 – 3 Zehen Knoblauch
300 g frische Schwertbohnen
3 dicke Kartoffeln, vorzugsweise mehligkochend (etwa 400 g)
1 EL Butterschmalz (Ghee)
1 gut gehäufter TL süßes Currypulver
125 – 250 ml Gemüsebrühe
weißer Pfeffer aus der Mühle
Salz
100 ml Kokosmilch

- Die Zwiebel und den Knoblauch schälen und grob hacken, die Bohnen in mundgerechte Stücke schneiden, die Kartoffeln schälen und würfeln.
- Das Butterschmalz im Wok oder in einer Pfanne schmelzen, zuerst die Zwiebel etwas anbraten, dann den Knoblauch hinzufügen. Der Knoblauch sollte nicht bräunen.
- Danach die Kartoffeln dazugeben, mit dem Currypulver überpudern und 1 bis 2 Minuten unter Rühren braten. Nun kommen die Bohnen dazu.
- Auffüllen mit der Gemüsebrühe und bei niedriger Hitze garen. Die Kartoffeln sollten nicht völlig zerfallen. Bei Bedarf noch etwas Gemüsebrühe angießen. Pfeffern, bei Bedarf noch etwas salzen.
- Zum Schluss kommt die Kokosmilch dazu.

❀ Dazu passen Chapatis (indische Brotfladen), Puris (indische Brötchen) oder auch Reis.

Variationen: Soll das Gericht stärker kokosbetont sein, kann man zusätzlich 1 bis 2 EL Kokosraspel in etwas Wasser einweichen und mit den Bohnen in den Topf geben.

Je nach verwendeter Currysorte schmeckt das Gericht immer wieder anders: süßlich oder schärfer. Wer sich die Mühe machen möchte, kann seine eigene Gewürzmischung (Masala) zubereiten und diese anstelle des Currypulvers verwenden. Für Masala gibt es mindestens so viele Rezepte wie indische Hausfrauen!

152

Grüne Bohnen mit Morchelsauce

500 g frische grüne Bohnen (vorzugsweise Filetbohnen)
50 g getrocknete Morcheln
etwa 250 ml lauwarmes Wasser
3 Schalotten
1 EL Butter
125 ml Weißwein, nicht zu süßer Traubensaft oder Apfelsaft
125 ml Gemüsebrühe
2 Eigelb
2 EL Schlagsahne
schwarzer Pfeffer aus der Mühle
Salz
frisch geriebener Muskat

- Die Bohnen putzen und knapp gar kochen. Abtropfen lassen und beiseite stellen.
- Die getrockneten Morcheln 1 bis 2 Stunden im Wasser einweichen, dann aus dem Wasser nehmen und etwas ausdrücken. Das Einweichwasser auffangen und durch ein feines Sieb gießen.
- Die Schalotten schälen, in feine Ringe schneiden und in einem Topf in der flüssigen Butter glasig werden lassen. Die ausgedrückten Morcheln hinzugeben, kurz mitdünsten. Mit der Morchelbrühe ablöschen. Den Weißwein oder Saft und die Gemüsebrühe dazugeben und die Flüssigkeit auf knapp die Hälfte einkochen lassen.
- Das Eigelb mit der Sahne verquirlen und mit dem Schneebesen in die Morchelsauce schlagen. Die Sauce soll andicken, darf aber nicht gerinnen. Abschmecken mit Pfeffer, Salz und Muskat.
- Die Bohnen in die Sauce geben und darin heiß werden lassen. Das Gericht soll nicht mehr kochen.

❀ Als Beilage für dieses Gericht sind für mich Kartoffelkroketten der Gipfel der Genüsse!

Wenn Sie frische **Morcheln** bekommen können, greifen Sie zu! 120 bis 150 g frische Morcheln sind ausreichend für dieses Gericht. Und: Chinesische Morcheln, auch getrocknete, sind zwar erheblich preiswerter als einheimische, haben aber bedeutend weniger Aroma.

153

Grüne Bohnen mit Walnuss-Parmesan-Kruste

400 – 500 g frische grüne Bohnen
1 Stängel frisches Bohnenkraut
Salz
weißer Pfeffer aus der Mühle
1 Prise frisch geriebener Muskat
Butter für die Form
80 g frisch geriebener Parmesan
50 g gemahlene Walnüsse
1 gehäufter TL feine Semmelbrösel
50 g weiche Butter

- Die Bohnen putzen und je nach Sorte in mundgerechte Stücke brechen oder schneiden. In reichlich Wasser sehr knapp gar kochen. Das Bohnenkraut als ganzen Stängel mitkochen, nach dem Garen herausfischen. Die Bohnen abgießen und mit Salz, Pfeffer und Muskat würzen.
- Eine flache, feuerfeste Form mit Butter ausfetten und die Bohnen darin verteilen.
- Den Parmesan, die gemahlenen Walnüsse und die Semmelbrösel mischen, die weiche Butter darunterrühren. Diese Masse über die noch heißen Bohnen verteilen.
- Bohnen im Backofen bei 200 °C etwa 15 Minuten backen. Die Kruste soll schön goldbraun werden. Wenn die Oberfläche zu dunkel wird, während der letzten Minuten abdecken.

❀ Dazu passen Kartoffeln vom Blech – eine gute Viertelstunde vor den Bohnen in den Ofen schieben – oder Topinamburpüree (siehe auch Variation).

Variationen: Statt die Kartoffeln oder den Topinambur als Beilage zu essen, kann man sie auch in der Form mitbacken: Dazu die Kartoffeln vorher garen (Pellkartoffeln vom Vortag bieten sich an!), in Scheiben schneiden und dachziegelartig zuunterst in die Form schichten. Ein paar Butterflöckchen darauf verteilen. Topinambur braucht nicht vorgegart zu werden. Die Backzeit verlängert sich um etwa 10 Minuten. Die Form während der ersten 15 Minuten abdecken.

Sortenempfehlung für die **Bohnen:** junge Hülsen von Feuerbohnen, Schwertbohnen oder eine kräftige Landsorte.

Birnen und Bohnen – ohne Speck

Stattdessen mit Räuchertofu: die vegetarische Version des norddeutschen Klassikers.

800 g frische grüne Bohnen
1 kleine Zwiebel
1 EL Butterschmalz (Ghee)
200 g Räuchertofu
etwa 250 ml Gemüsebrühe
2 EL frisch geschnittenes Bohnenkraut
schwarzer Pfeffer aus der Mühle
Salz
4 kleine, feste Birnen (Kochbirnen)

- Die Bohnen putzen und in Stücke schneiden oder brechen.
- Die Zwiebel schälen, fein hacken und im Butterschmalz andünsten.
- Den Tofu in Würfel schneiden, in das Butterschmalz geben und unter Rühren etwas braten.
- Die Bohnen zum Tofu geben und die Gemüsebrühe angießen. Das gehackte Bohnenkraut dazugeben. Würzen mit Pfeffer und Salz. Bei niedriger Hitze etwa 20 Minuten leise köcheln lassen. Wenn die Flüssigkeit verdampft ist, eventuell noch etwas nachfüllen.
- Die Birnen auf das Gemüse legen und bei geschlossenem Deckel weitere 20 Minuten dünsten. Dabei möglichst nicht umrühren.
- Die Birnen sollen am Ende weich, aber nicht matschig sein. Sind die Birnen sehr hart, lege ich sie nicht im Ganzen auf die Bohnen, sondern halbiere sie und entferne bei dieser Gelegenheit auch die Blütenansätze und die Kerngehäuse.

❀ Dazu gibt es Salzkartoffeln.

Sortenempfehlung für die **Bohnen:** 'Zucker Perl Perfection'.

155

Dörrbohnen und Kraut
nach Art der Berner Platte

Das Originalrezept für Dörrbohnen und Kraut stammt aus dem Jahr 1798, als die Berner gegen die Franzosen siegten und ihre Frauen die heimkehrenden Streiter mit einem üppigen Essen belohnen wollten. Das Originalrezept enthält viel Fleisch: Rippchen, geräucherten Speck, Würste ... Dass es auch ohne geht, beweist meine vegetarische Adaption dieses Rezeptklassikers.

Für das Sauerkraut:
1 mittelgroße Zwiebel
1 EL Butterschmalz (Ghee)
250 ml Gemüsebrühe
400 g Sauerkraut
1 mehligkochende Kartoffel
4 vegetarische »Chorizo«-Würste
Gewürzsäckchen mit 5 – 6 Wacholderbeeren,
*   1 Lorbeerblatt, 10 – 15 Pfefferkörnern, 1 Gewürznelke*
weißer Pfeffer aus der Mühle
Salz

Für das Dörrbohnengemüse:
80 g Dörrbohnen
reichlich Wasser zum Einweichen und zum Garen
1 kleine Zwiebel
1 EL Butter
250 ml Gemüsebrühe
100 g Räuchertofu

- Die Dörrbohnen in reichlich Wasser 12 Stunden, am besten über Nacht einweichen.
- Am nächsten Tag kommt zuerst das **Kraut** an die Reihe: Die Zwiebel schälen, in dünne Streifen schneiden und in einem gut schließenden, ofenfesten Topf im heißen Butterschmalz sehr hellgelb werden lassen. Mit der Gemüsebrühe ablöschen, das Kraut dazugeben. Die Kartoffel schälen und fein reiben, unter das Kraut mischen. Die »Chorizo«-Würste ins Kraut betten und das Gewürzsäckchen im Kraut versenken.
- Sauerkraut im Topf im Backofen bei 160 °C etwa 90 Minuten schmoren lassen. Nach der Garzeit das Würzsäckchen herausfischen.

156

- Während das Kraut im Ofen gart, hat man Zeit für die **Bohnen.** Die Bohnen abgießen und in reichlich Wasser ohne Salz etwa 30 Minuten kochen. Das Kochwasser abgießen und die Bohnen mit kaltem Wasser überbrausen.
- Die Zwiebel schälen, in kleine Würfel schneiden, in der Butter etwas Farbe annehmen lassen, mit der Gemüsebrühe auffüllen und die Bohnen dazugeben.
- Den Tofu in knapp 1 cm große Würfel schneiden und zu den Bohnen geben.
- Bei niedriger Hitze ungefähr 20 Minuten köcheln lassen. Abschmecken mit Pfeffer und Salz.

❀ Dazu gibt's Salzkartoffeln oder – das ist mein Favorit – Stampfkartoffeln.
Das Gemüse wird – ganz langsam – schließlich ist es ein Berner Rezept – auf einer tiefen Platte angerichtet, mit den Kartoffeln umlegt und dann ebenso langsam aufgegessen.
Wer sich dem Originalrezept von der Üppigkeit her noch stärker annähern möchte, ergänzt nach Belieben mit veganem Bratstück nach Kassler Art, Veggi-Bratwurst und vegetarischem Pizza-Fleischkäse, erhältlich im Bioladen.
Das Ganze ist natürlich üppig und sehr sättigend (»währschaft« heißt's auf gut schwyzerisch), aber in der Schweiz sind die Berge ja auch ziemlich hoch …

Wo wir gerade schon mal beim **Sauerkraut** sind: Das Beste ist – meiner Meinung nach – das echte Filderkraut. Das nur so am Rande …
Vegetarische »Chorizo«-Wurst gibt es im Naturkostladen.
Wer grüne Bohnen nicht selbst dörren möchte, sollte sein Glück in der Schweiz suchen: Die BioManufaktur ist derzeit der einzige Hersteller, der noch **Dörrbohnen** nach traditionellem Rezept produziert (siehe Seite 212).

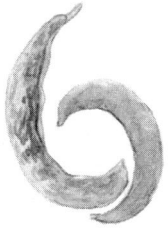

157

Puffbohnenhülsen Dr. Becker

Nach dem Rezept von Wolfgang Kreimer vom Mühlenbachhof.

500 g frische Puffbohnen mit Hülsen
der Sorte 'Dr. Becker Nr. 1'
1 Stängel frisches Bohnenkraut
2 – 3 Zwiebeln (200 – 250 g)
4 EL kalt gepresstes Olivenöl oder Sonnenblumenöl
etwa 60 ml Gemüsebrühe
Salz
weißer Pfeffer aus der Mühle
eine große Handvoll frisch gehackte Kräuter,
zum Beispiel Petersilie, Salbei, Bohnenkraut

- Die Bohnen putzen und schräg in Stücke schneiden. In Wasser ohne Salzzugabe zusammen mit dem Bohnenkraut 10 Minuten sprudelnd kochen, dann abgießen und abschrecken, damit sie ihre schöne Farbe behalten. Den Bohnenkrautstängel entfernen.
- Die Zwiebeln schälen und in Streifen schneiden. In einem zweiten Topf das Öl erhitzen und die Zwiebeln darin goldbraun werden lassen.
- Die Bohnen dazugeben, mit der Gemüsebrühe auffüllen und 5 bis 10 weitere Minuten kochen. Mit Salz abschmecken, pfeffern, die Kräuter unterheben und gleich servieren.

❀ Dazu passen Pellkartoffeln – es ist ja die Zeit für die ersten »neuen«.

Die Puffbohnensorte **'Dr Becker Nr. 1'** werden Sie, vor allem in dem Stadium, in dem die frischen Hülsen verzehrt werden, in keinem Laden kaufen können! Bauen Sie sie selbst an und genießen Sie diese exklusive Spezialität mit intensivem Bohnenaroma. Ernten Sie die Bohnen, wenn die Kerne in den Hülsen etwa ein Drittel der endgültigen Größe erreicht haben (die Kerne sind dann nur knapp 1 cm lang). In diesem Stadium ist der Geschmack am intensivsten.

Mein Chili – ohne Carne

Eine Abwandlung des bekannten südamerikanischen Rezepts. Im Original wird es mit Rindfleisch zubereitet. Ich verwende stattdessen Sojagranulat, Sojaschnetzel oder, wenn es schnell gehen soll, fertiges »Veggie Hack« aus dem Bioladen.

Im Folgenden meine beiden Rezepte: zuerst die ganz schnelle Variante, auf der folgenden Seite dann das »langsamere« Rezept.

Schnelles Chili

1 mittelgroße Zwiebel
1 EL Pflanzenöl zum Braten (siehe auch Anmerkung Seite 139)
1 rote Paprikaschote
125 ml Gemüsebrühe
2 – 3 EL Tomatenmark
250 g fertiges »Veggie Hack«
300 – 350 g Kidneybohnen aus dem Glas
scharfes Paprikapulver oder Chilipulver
eventuell Kräutersalz
eventuell schwarzer Pfeffer aus der Mühle

- Die Zwiebel schälen, fein hacken und im Öl hell anbraten. Die Paprikaschote entkernen und klein würfeln.
- Die Paprikawürfel zur Zwiebel geben, kurz mitbraten, dann mit der Gemüsebrühe angießen und das Tomatenmark einrühren. Das Veggie Hack hinzufügen, die Bohnen abtropfen lassen und ebenfalls dazugeben. Abschmecken mit Paprikapulver oder Chilipulver. Eventuell mit Kräutersalz noch etwas nachsalzen und mit Pfeffer würzen.
- Unter Rühren gleichmäßig erhitzen.

Chili sin Carne

200 g getrocknete Kidneybohnen
reichlich Wasser zum Einweichen
etwa 500 ml Wasser zum Garen
1 – 3 getrocknete Chilischoten
150 g getrocknetes Sojagranulat oder Sojaschnetzel
250 ml kochendes Wasser zum Einweichen
1 Zwiebel
3 EL Pflanzenöl zum Braten (siehe auch Anmerkung Seite 139)
  oder kalt gepresstes Olivenöl
250 ml Gemüsebrühe
1 – 5 Zehen Knoblauch
2 – 3 Tomaten
1 rote Paprikaschote
Salz
schwarzer Pfeffer aus der Mühle
eventuell scharfes Paprikapulver oder Chilipulver zum Nachwürzen

- Die Bohnen über Nacht oder etwa 12 Stunden in reichlich Wasser einweichen. Am nächsten Tag abgießen und im ungesalzenen, frischen Wasser bis etwa 1 Stunde knapp gar kochen (im Schnellkochtopf 8 bis 12 Minuten). Dabei die Chilischoten mitkochen – die Kerne vorher entfernen. Je nach Menge und Sorte lässt sich so der Schärfegrad der Bohnen jetzt schon beeinflussen. Fertig gegarte Bohnen anschließend abgießen und je nach gewünschter Schärfe die Chilischoten entfernen oder im Gericht belassen.
- Das Sojagranulat mit kochendem Wasser überbrühen und 10 Minuten quellen lassen. Danach etwas ausdrücken.
- Die Zwiebel schälen, fein hacken, im Öl glasig anbraten, dann das Sojagranulat dazugeben. Mit der Gemüsebrühe auffüllen und köcheln lassen.
- Knoblauch schälen und fein hacken oder durch die Knoblauchpresse drücken, ebenfalls hinzufügen. Die Tomaten häuten und in Stücke schneiden, die Paprika entkernen und würfeln. Tomaten und Paprika zum Granulat geben.
- Wenn die Paprika fast gar ist, kommen die Bohnen dazu.
- Abschmecken mit Salz und Pfeffer und gegebenenfalls nachwürzen mit scharfem Paprikapulver oder Chilipulver.

❀ Mein Chili serviere ich mit etwas Käse bestreut und eingerollt in eine Tortilla als Wrap. Dazu eine Tomate aufgeschnitten oder ein paar Scheiben Salatgurke.

Ebenso gerne esse ich es »einfach so« mit ein paar Tortilla Chips.

Wenn ich Chili zubereite, dann immer so reichlich, dass es für mindestens eine weitere Mahlzeit reicht. Es lässt sich nämlich gut einfrieren und schnell auftauen. Bei Bedarf füge ich nach dem Auftauen noch gegarte, abgetropfte Maiskörner aus dem Glas hinzu, was dem Gericht einen neuen Charakter gibt – so wird es nie langweilig.

Sojagranulat oder **Sojaschnetzel** gibt es im Naturkostladen.

161

Frijoles refritos

Gebratene Bohnen – das mexikanische Nationalgericht in meiner persönlichen Interpretation. Ich war noch nie in Mexiko, aber die mexikanische Küche hat mich sehr inspiriert. Kein Wunder, bei der Vielzahl an Bohnengerichten!

500 g getrocknete Pintobohnen (Wachtelbohnen)
reichlich Wasser zum Einweichen
2 mittelgroße Zwiebeln
2 – 3 Zehen Knoblauch
2 EL Butterschmalz (Ghee)
1 Karotte
etwa 600 ml Wasser zum Garen
2 Stängel frisches Epazote
1 – 2 frische rote Chilischoten oder getrocknete Chilischoten
¼ TL gemahlener Kreuzkümmel
1 Prise Zimtpulver
Salz
schwarzer Pfeffer aus der Mühle

Zum Servieren:
100 g Feta
3 – 4 Tomaten
1 kleine Salatgurke

- Die Bohnen über Nacht in reichlich Wasser einweichen. Am nächsten Tag abgießen und abtropfen lassen.
- Eine der beiden Zwiebeln schälen und hacken, den Knoblauch ebenso. 1 EL Butterschmalz in einem großen Topf mit dickem Boden zergehen lassen, Zwiebel und Knoblauch darin glasig andünsten. Die Karotte in kleine Würfel schneiden, kurz mit durchschwitzen und die Bohnen dazugeben. Sofort mit Wasser auffüllen, sodass die Bohnen gut bedeckt sind. Die Epazotestängel hinzufügen und alles zum Kochen bringen, nicht salzen.
- Habe ich keine frischen Chilis zur Verfügung, gebe ich die getrockneten Schoten zu diesem Zeitpunkt dazu. Dazu ritze ich sie auf und entferne die Kerne.
- Die Bohnen sollten etwa 2 Stunden bei sehr kleiner Hitze köcheln. Ab und zu muss man prüfen, ob sie nicht doch schon zu weich werden. Sie sollen sich zerdrücken lassen, aber nicht völlig zerfallen.

162

- Nach dem Ende der Garzeit die Bohnen mit dem Kartoffelstampfer oder dem Pürierstab zerkleinern. Ist vom Epazote noch ein Stängel vorhanden, jetzt herausfischen, ebenso eventuelle Reste der getrockneten Chilis.
- Bei Verwendung von frischen Chilis diese jetzt sehr fein hacken. Ich entferne dabei vorher auch immer die Kerne und passe höllisch auf, dass ich mir danach nicht ins Gesicht fasse! Die Chilis kommen zum Bohnenmus, dann Kreuzkümmel und Zimt und es wird mit Salz und Pfeffer abgeschmeckt.
- Nun 1 EL Butterschmalz in einer großen Pfanne erhitzen. Die zweite Zwiebel schälen, sehr fein hacken und im Butterschmalz goldgelb werden lassen.
- Das Bohnenmus dazugeben und mischen. Dann bei niedriger Temperatur braten, bis die Bohnen zu einer relativ festen Masse geworden sind. Das Mus sollte am Ende wie ein Omelett aus der Pfanne gleiten!
- Man richtet Frijoles refritos auf einer vorgewärmten Platte an, bestreut es mit zerbröseltem Feta und umlegt es mit Tomatenachteln und Gurkenscheiben.

❀ Zu den Frijoles passen Maistortillas sehr gut. Will man sie nicht fertig kaufen, sondern selbst machen, ist es wichtig, darauf zu achten, dass man das richtige Mehl bekommt: Für das echte mexikanische Maismehl werden die Maiskörner mit Kalk aufgekocht, die Samenschalen abgeschieden und die Samen erst dann gemahlen. Im spezialisierten Lebensmittelhandel erhält man dieses Mehl unter den Namen »Maseca«, »Harina Maseca« oder »Masa Harina«, siehe auch Bezugsquellen Seite 212.
Zu allen mexikanischen Gerichten reiche ich gerne »Salsa verde«, eine Sauce aus grünen oder gelben Tomatillos, Chili und Cilantro, frischem Koriandergrün. Lassen Sie sich nicht weismachen, man könne auch grüne Tomaten dafür nehmen! Man braucht Tomatillos – und baut sie am besten selbst an.

Sortenempfehlung für die **Bohnen:** getrocknete Kerne der Zwiebohnensorte 'Meuch' oder Borlottobohnen.
Sortenempfehlung für die **Chilischoten:** eine kleine, scharfe Sorte, zum Beispiel 'de Arbol' oder 'Habanero'.
Epazote, auch Epazotl genannt, ist ein südamerikanisches Würzkraut mit typischem, etwas herbem Aroma. Es wird schwierig sein, es hierzulande frisch auf dem Markt zu finden, aber es gedeiht auch in unseren Breiten gut und man kann es problemlos im Garten selbst anbauen. Auch im Topf auf der Fensterbank lässt es sich kultivieren.
Bei der Verwendung von getrocknetem Epazote-Kraut muss man etwas vorsichtig sein, damit es nicht vorschmeckt. Ich reble die Blätter und weiche sie in lauwarmem Wasser ein, bevor ich sie dem Gericht hinzufüge.

Weiße Bohnen mit Nuss-Kräuter-Kruste

200 g getrocknete weiße Bohnen
reichlich Wasser zum Einweichen
mindestens 600 ml Wasser zum Garen
3 – 4 Fleischtomaten
Salz
schwarzer Pfeffer aus der Mühle
Pflanzenöl für die Form
1 Bund frisches Basilikum
70 g gemahlene Haselnüsse
2 EL Semmelbrösel
100 ml kalt gepresstes Olivenöl
1 Ei
50 – 70 g frisch geriebener Käse, zum Beispiel Emmentaler

- Die Bohnen über Nacht in reichlich Wasser einweichen, am nächsten Tag abgießen und im frischen Wasser gar kochen (je nach Bohnensorte 1 bis 1,5 Stunden).
- Die Tomaten häuten, die Samen entfernen und das Fruchtfleisch in kleine Würfel schneiden. Bohnen und Tomaten mischen, salzen und pfeffern.
- Eine flache, ofenfeste Form mit etwas Öl ausstreichen und die Bohnen-Tomaten-Mischung hineingeben.
- Für die Nuss-Kräuter-Kruste das Basilikum hacken, mit den gemahlenen Nüssen, den Semmelbröseln und dem Öl mischen. Würzen mit Pfeffer und Salz.
- Das Ei trennen und das Eigelb unter die Kräuter-Nuss-Masse mischen, dann den geriebenen Käse unterrühren. Das Eiweiß zu Schnee schlagen und unter die Kräutermasse heben.
- Die Masse gleichmäßig über den Bohnen verteilen.
- Bohnen im Backofen bei 200 °C 25 Minuten backen. Wenn die Oberfläche zu schnell dunkel wird, nach der Hälfte der Backzeit abdecken und nur während der letzten 5 Minuten bei Oberhitze nachbräunen.

❀ Dazu passt sehr gut grüner Salat, Krautsalat oder Tomatensalat.

164

Variationen: Sehr schön ist es, die Bohnen in Portionsförmchen zu servieren. Als Käse eignet sich auch alter Gouda oder Bergkäse gut, aber auch Pecorino oder Parmesan.

Anstelle der Haselnüsse kann man auch andere Nüsse verwenden. Ich habe das Gericht, weil im Garten ein Walnussbaum steht, auch schon mit Walnüssen zubereitet.

Sortenempfehlung für die **Bohnen:** 'Tarbais' oder 'Mogette de Vendée'. Manche **Fleischtomaten,** beispielsweise die 'Ananastomate', haben wenig Kerne und wenig Flüssigkeit im Inneren. Bei diesen Sorten kann man sich die Mühe sparen, das Innere zu entfernen. Man brüht sie mit kochendem Wasser, zieht die Haut ab und schneidet sie klein.

165

Limabohnen mit Kürbis und Mais

200 g getrocknete weiße Limabohnen
reichlich Wasser zum Einweichen und zum Garen
1 große Zwiebel
1 EL Butterschmalz (Ghee)
300 g Kürbis (Moschuskürbis oder Hokkaidokürbis)
1 TL Kreuzkümmelsamen
300 g Kartoffeln
etwa 500 ml Gemüsebrühe
1 frische Chilischote
2 Fleischtomaten
2 Kolben Zuckermais
1 EL frisch gehackter Majoran
1 EL frisch gehackter Thymian
Salz
weißer Pfeffer aus der Mühle
2 EL frisch gehackte glatte Petersilie
100 g Feta

- Die Bohnen über Nacht in reichlich Wasser einweichen, am nächsten Tag abgießen und ohne Salz in reichlich frischem Wasser knapp gar kochen. (Bei Limabohnen beträgt die Kochzeit 2 bis 2,5 Stunden. Bitte achten Sie darauf, dass immer genügend Wasser im Topf ist; wenn nötig, mit kochendem Wasser auffüllen. Im Schnellkochtopf beträgt die Garzeit etwa 20 Minuten. Bei anderen Trockenkochbohnen kann die Garzeit etwas kürzer sein.)
- Das restliche Kochwasser abgießen. Die Bohnen nochmals abschwenken.
- Die Zwiebel schälen, grob hacken und im Butterschmalz glasig werden lassen.
- Den Kürbis würfeln und kurz mitbraten, den Kreuzkümmel mörsern und darüberstreuen. Die Kartoffeln schälen, ebenfalls würfeln und zum Kürbis geben. Mit der Gemüsebrühe ablöschen.
- Die Chilischote hinzufügen: Lässt man sie ganz, kann man sie nach dem Kochen herausfischen. Wenn das Gericht scharf sein darf, schneidet man sie sehr fein. Sie ist am Ende der Garzeit dann fast ganz zerfallen.
- Bei kleiner Hitze etwa 20 Minuten köcheln lassen, bis die Kartoffeln fast gar sind. Eventuell etwas Gemüsebrühe nachgießen, wenn das Gemüse zu stark eindickt.

- Die Tomaten in Würfel schneiden, zum Gemüse geben. Festhäutige Sorten besser vorher häuten.
- Die Körner von den Maiskolben schneiden und in den Topf geben, dann die Bohnen. Nach 10 bis 15 weiteren Minuten Majoran und Thymian dazugeben. Abschmecken mit Salz und Pfeffer.
- In eine vorgewärmte Schüssel geben, mit der Petersilie und dem zerkrümelten Feta bestreuen.

❀ Dazu gibt es Baguette oder Fladenbrot.

Wenn ich anstelle von frischen **Maiskolben** Maiskörner aus dem Glas verwende, kommen diese erst nach den Bohnen in den Topf und werden nur noch erhitzt.

167

Überbackene Tomaten
mit Bohnenmusfüllung

150 g getrocknete Bohnen,
   zum Beispiel Wachtelbohnen oder Marmorbohnen
reichlich Wasser zum Einweichen
etwa 500 ml Wasser zum Garen
2 Zwiebeln
3 – 4 Zehen Knoblauch
1 Stängel frisches Bohnenkraut
eventuell 1 getrocknete Chilischote
1 Ei
schwarzer Pfeffer aus der Mühle
Salz
1 Handvoll frisch gehacktes Basilikum
4 Fleischtomaten
4 Scheiben Käse, zum Beispiel junger Gouda
Fett für das Backblech

- Die Bohnen über Nacht in reichlich Wasser einweichen. Am nächsten Tag abgießen und im ungesalzenen Wasser gar kochen (das kann 2 bis 2,5 Stunden dauern – machen Sie die Gabelprobe, siehe Seite 96!).
- Die Zwiebeln schälen und in grobe Stücke schneiden, Knoblauch schälen.
- Ungefähr 30 Minuten vor dem Ende der Garzeit das Bohnenkraut, die Zwiebeln, die Knoblauchzehen und eventuell die Chilischote zu den Bohnen geben.
- Sind die Bohnen weich genug, die Reste vom Bohnenkraut und die Chilischote herausfischen. Anschließend die Bohnen zusammen mit den Zwiebeln und dem Knoblauch pürieren.
- Die Bohnenmasse mit dem Ei vermischen und mit Pfeffer und Salz abschmecken, dann das gehackte Basilikum unterheben.
- Von den Tomaten jeweils einen Deckel abschneiden und die Tomaten aushöhlen.
- Dann das Bohnenpüree in die Tomaten füllen, je eine Scheibe Käse darüberlegen und die Deckel wieder auf die Tomaten legen. Die gefüllten Tomaten auf einer gefetteten, ofenfesten Platte oder auf dem Backblech im Backofen bei 200 °C etwa 25 Minuten garen. Die Tomaten sollten knapp gar sein und auf keinen Fall auseinander fallen.

Variationen: Unter die Bohnenmasse kann man in kleinen Krümeln auch Schafskäse mischen. Dann kommen keine Käsescheiben obendrauf.

Anstelle von Basilikum kann man mit anderen Frischkräutern experimentieren. Es gibt aber gerade beim Basilikum auch eine große Sortenvielfalt: Marseiller Basilikum schmeckt anders als das klassische, welche Aromen bei Zimtbasilikum oder bei Zitronenbasilikum dominieren, sagen schon die Namen, und das indische Basilikum, Tulsi, gibt dem Gericht mit seinem etwas herben, exotischen Geschmack eine besondere Würze. Solche Vielfalt findet man allerdings nicht in der Gemüsetheke, sondern muss sie selbst anbauen. Wenn nicht im Garten, dann eben im Blumentopf.

Auch Paprikaschoten lassen sich mit der Bohnenmasse füllen. Die Garzeit von Paprika ist etwas länger und man stellt sie nicht einfach auf das gefettete Blech, sondern gart sie in einem »Fußbad« aus Gemüsebrühe.

Zum Füllen eignen sich besonders gut die hohlkammerigen Tomatensorten, zum Beispiel die 'Gelbe zum Füllen'.

169

Falafel
auf ägyptische Art

Bevor mir eine Freundin aus einem Urlaub in Ägypten diese Rezeptidee mitbrachte, kannte ich Falafel nur aus Kichererbsen. Sie konnte mir aber glaubhaft versichern, dass das Falafel, das sie gegessen hatte, aus Puffbohnen zubereitet war, und hatte sogar ein Päckchen original ägyptische Puffbohnen als Reisemitbringsel im Gepäck. Diese sind recht kleinsamig, aber nichts spricht dagegen, die dicken braunen Faba-Bohnen zu verwenden, die es, baut man sie nicht selbst an, im türkischen Lebensmittelladen zu kaufen gibt – man hat dann auch weniger Arbeit beim Schälen!

Für 6 Personen:

800 g getrocknete braune Puffbohnen
reichlich Wasser zum Einweichen und zum Garen
2 mittelgroße Zwiebeln
6 – 8 Zehen Knoblauch
1 Bund Lauchzwiebeln oder das Weiße von 2 dünnen Stangen Lauch
1 Bund frischer Dill
1 Bund frische glatte Petersilie
1 Bund frischer Koriander (Cilantro)
½ TL Chilipulver
½ TL gemahlener Kreuzkümmel
Salz
schwarzer Pfeffer aus der Mühle
Pflanzenöl zum Frittieren (siehe auch Anmerkung Seite 139)
2 EL Sesamsamen

- Die Bohnen einige Stunden oder über Nacht in reichlich Wasser einweichen. Das Einweichwasser wegschütten und die Bohnen in reichlich Wasser gar kochen, abgießen und abkühlen lassen.
- Danach kommt der langwierige Teil der Angelegenheit, denn die Bohnen müssen geschält werden: Dafür ist es wichtig, auf den richtigen Gargrad zu achten: Sind die Bohnen zu weich, zerdrückt man sie schon beim Schälen, sind sie noch zu fest, lassen sie sich später nicht fein genug musen. Im perfekten Zustand »flutschen« sie aus den festen Schalen! Probieren Sie deshalb nach etwa 1 Stunde immer wieder, ob die Bohnen schon »richtig« sind. Die Garzeit kann von Fall zu Fall stark variieren!

- Sind sie dann geschält, die Bohnen zu einem glatten Püree verarbeiten. Das funktioniert in einem Mixer, mit dem Pürierstab oder mit der »Flotten Lotte« sehr gut.

- Die Zwiebeln, der Knoblauch und falls verwendet auch die Lauchzwiebeln können – geschält und in kleine Stücke geschnitten – ebenfalls zu den Bohnen in den Mixer gegeben werden. Dreht man die Bohnen hingegen durch die »Flotte Lotte«, gibt man diese drei Zutaten sehr fein gehackt erst nach dem Musen zu den Bohnen. Wird Lauch statt Lauchzwiebeln verwendet, diesen zusammen mit den frischen Kräutern sehr fein schneiden und anschließend unter die Bohnenmasse heben.

- Die Masse gut abschmecken – sie sollte durchaus etwas überwürzt wirken, das verliert sich beim Frittieren. Wichtig ist die Bindigkeit: Ist die Masse zu weich, lassen sich keine Kugeln formen, ist sie zu krümelig, fällt sie beim Frittieren auseinander. In diesen Fällen hilft entweder etwas Mehl mit einer Prise Backpulver oder ein Ei; also am besten ein Probeklößchen formen und frittieren.

- Mit einem Suppenlöffel portionsweise jeweils etwas Bohnenteig abstechen, mit leicht angefeuchteten Händen kleine Kugeln daraus formen und diese portionsweise im heißen Öl frittieren. Alternativ kann man in der Pfanne auch kleine Fladen aus der Masse backen – das spart Öl und das Falafel ist weniger fettig. Auf jeden Fall sollten die Kugeln oder Fladen vor dem Servieren abtropfen, am besten auf einem Stück Küchenkrepp. Mit Sesam bestreut kommen sie dann auf den Tisch.

❀ Dazu isst man Fladenbrot. Gut passt außerdem ein Gurkensalat oder Joghurt mit Gurke nach Zaziki-Art dazu.
Auf der orientalischen Vorspeisentafel sind Falafel ebenfalls beliebt. Die angegebene Menge reicht dann, je nachdem, was sonst noch als »Mezze« gereicht wird, für wenigstens zehn bis zwölf Personen (wenn man nicht übermäßig hungrige Gäste eingeladen hat ...).

> Die **Bohnenmasse** lässt sich gut **einfrieren.** Man kann also durchaus gleich die doppelte Portion vorbereiten und bis zu einem halben Jahr als Vorrat halten. Ich fülle die Masse dazu in einen Gefrierbeutel und drücke vor dem Verschließen die Luft so gut wie möglich hinaus (besser ist ein Gerät, mit dem man das Gefriergut gleich mit Vakuum verschweißt).

Puffbohnen
mit Staudensellerie

Am besten schmeckt mir dieses Gericht mit frischen Puffbohnen oder Saubohnen aus dem eigenen Garten! Nicht, dass es mit getrockneten Bohnen nicht ebenfalls lecker wäre, aber das zartmehlige, maronenartige Aroma ganz frischer Saubohnen ist unübertroffen!

Wenn Sie selbst keinen Garten haben, greifen Sie zu, wenn es frische Puffbohnen auf dem Markt gibt: Sie haben eine kurze Saison und sind rar!

400 g getrocknete Puffbohnen (Saubohnen),
    vorzugsweise eine hellschalige Sorte;
    in der Saison frische Puffbohnenkerne (Saubohnenkerne)
reichlich Wasser zum Einweichen
500 – 600 ml Wasser zum Garen der getrockneten Bohnen
    (bei Verwendung von frischen Bohnenkernen entsprechend weniger)
1 kleine Zwiebel
2 EL kalt gepresstes Olivenöl
3 Zehen Knoblauch
5 – 6 Stangen Staudensellerie
100 ml trockener Weißwein oder nicht zu süßer Apfelsaft
schwarzer Pfeffer aus der Mühle
Salz
frisch geriebener Muskat
125 ml Schlagsahne
frisch gehackte Petersilie, vorzugsweise glatte Petersilie,
    oder frisch gehackter Kerbel zum Bestreuen

- Die getrockneten Bohnen über Nacht in reichlich Wasser einweichen und am nächsten Tag abgießen. Frische Saubohnen brauchen nicht eingeweicht zu werden. Eingeweichte oder frische Bohnen am nächsten Tag im frischen Wasser garen. Das Wasser erst salzen, wenn es kocht. Die Kochzeit hängt von der Frische der Kerne ab: Je älter die Bohnen sind, desto länger brauchen sie, um gar zu werden, rechnen Sie aber mit mindestens 25 Minuten, wenn Sie frische Bohnen verwenden, bei getrockneten Bohnen mit mindestens 2 Stunden (machen Sie unbedingt zwischendurch eine Garprobe, siehe Seite 96).
- Die gegarten Bohnen abschrecken und die dicken Häute der Kerne entfernen. Das ist bei getrockneten Saubohnen meistens notwendig, bei frischen eher nicht, aber auch das ist Geschmacksache, denn manchem ist die Haut zu derb.

172

- Die Zwiebel schälen, fein hacken und im Olivenöl glasig dünsten. Den Knoblauch schälen, klein schneiden und zur Zwiebel geben.
- Den Sellerie waschen und in 1 bis 2 cm lange Stücke schneiden. In den Topf zur Zwiebel geben und etwas anschwitzen, dann mit dem Weißwein oder Saft ablöschen und langsam knapp gar köcheln lassen.
- Würzen mit Pfeffer, Salz und Muskat. Erst zum Schluss die Saubohnen dazugeben und vorsichtig die Sahne unterrühren, damit die Bohnen möglichst nicht zerfallen.
- Mit der Petersilie oder Kerbel bestreut servieren.

❀ Dazu passen Kartoffeln vom Blech oder Kartoffelpüree. Für ein kleines Abendessen genügt als Beilage auch eine Scheibe Vollkornbrot.

Ein Tipp zum **Einkauf** auf dem **Markt:** Frische Saubohnen oder Puffbohnen erkennt man am noch weichen, plustrigen Inneren der Hülsen. Die Bohnenkerne selbst müssen sich noch mit dem Fingernagel ritzen lassen, die Hülsen sollten auch am Ansatz nicht trocken sein.

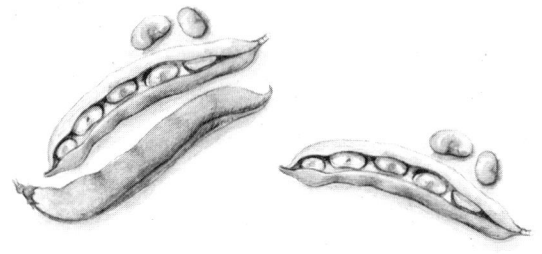

173

Frische Puffbohnen mit Fenchel

Das maronenartige Aroma der Bohnenkerne und der frische Fenchel ergeben einen harmonischen Zusammenklang.

Für 4 Personen als Beilage:

300 g frische Puffbohnenkerne (Saubohnenkerne)
Salz
1 große Knolle Fenchel
1 EL Butter
125 ml Gemüsebrühe
weißer Pfeffer aus der Mühle
200 ml Schlagsahne oder Sojasahne
eventuell etwas Mehlbutter

- Die Puffbohnen in kochendem Salzwasser blanchierten und abtropfen lassen. Ganz frische Puffbohnenkerne muss man nicht häuten, ihre Haut ist noch zart genug, um mitgegessen zu werden. Außerdem ist dann auch die Gefahr nicht so groß, dass die Bohnenkerne anschließend zu Mus zerkochen.
- Den Fenchel in etwa fingerbreite Streifen schneiden, das Fenchelgrün zurückbehalten und fein wiegen.
- Die Butter zerlassen und den Fenchel unter Rühren darin andünsten.
- Die Bohnenkerne dazugeben, die Gemüsebrühe angießen und leise köcheln lassen, bis der Fenchel und die Bohnen fast gar sind. Die Bohnen dürfen auf keinen Fall zu musig werden, aber die angegossene Brühe sollte fast völlig einkochen.
- Zwischendurch mit Pfeffer würzen und dann die Sahne dazugeben. Nicht mehr kochen. Mit Sojasahne dickt die Sauce von selbst genügend ein. Verwende ich stattdessen Schlagsahne, binde ich – falls notwendig – mit einem etwa walnussgroßen Stückchen Mehlbutter.
- Zum Schluss abschmecken und das gehackte Fenchelgrün unterheben.

❀ Als Beilage für vier Personen serviere ich das Gemüse zu Pellkartoffeln und Getreidebratlingen.

Soll es Hauptgericht für zwei Personen sein, finde ich es lecker, das fertig gegarte Gemüse in einer leicht gebutterten, flachen Auflaufform mit 1 gehäuften EL Semmelbröseln bestreut etwa 10 Minuten bei 200 °C im Ofen zu überbacken. Dann essen wir dazu nur ein Stück Baguette, mit dem sich auch die aromatische Sahnesauce gut auftunken lässt.

Variationen: Ein ungewöhnliches, aber sehr feines Aroma bekommt das Gericht, wenn beim Dünsten des Fenchels 1 knapper EL frische, fein geschnittene Orangenzesten mit in den Topf kommen. Dann ergänze ich die Sauce, nachdem die Sahne dazugegeben wurde, noch mit ein oder zwei Schuss Orangensaft. Dabei gut rühren, damit die Sahne nicht gerinnt!

Mehlbutter verwendet man zum leichten Andicken von hellen Saucen oder Suppen. Dazu werden zu gleichen Teilen helles Weizenmehl und Butter gut miteinander verknetet. Aus der Mehlbutter formt man eine Rolle, schlägt sie in Folie ein und bewahrt sie im Kühlschrank auf (sie ist 2 bis 3 Wochen haltbar). Bei Bedarf schneidet man eine Scheibe davon ab und rührt sie in die anzudickende Flüssigkeit.

Orangenzesten sind feinste Streifen Orangenschale – natürlich von unbehandelten Bio-Orangen, die man trotzdem vorher heiß abwaschen sollte. Sie werden mit einem »Zestenreißer« von der ganzen Frucht abgeschält. Wer solch ein Spezialgerät nicht in der Schublade hat, kann mit einem scharfen Küchenmesser die Orange ganz dünn abschälen und die dünne orangefarbene Schale ohne das Weiße in feine Streifchen schneiden.

Baghali Polo

Baghali Polo – das sind persische Puffbohnen mit Reis: »Polo« ist persisch und heißt Reis. »Baghla« sind dicke Puffbohnenkerne, die man im Iran geschält und halbiert sowohl getrocknet als auch als fertig gegarte Konserve kaufen kann.

Bei uns haben Puffbohnen in Konserven meistens noch die festen Schalen um die Kerne und müssen vor der weiteren Verwendung gehäutet werden.

Verwendet man getrocknete Bohnenkerne, müssen diese vorher eingeweicht, gegart und dann ebenfalls von den festen Samenschalen befreit werden. Nehmen Sie die größten Puffbohnenkerne, die Sie bekommen können.

Wenn Sie die Puffbohnen selbst anbauen, empfehle ich für dieses Rezept die Sorten 'Aquadulce' oder 'Superaquadulce'.

200 g Baghla-Bohnen aus dem Glas
oder 125 g getrocknete Puffbohnen (Saubohnen)
eventuell reichlich Wasser zum Einweichen und zum Garen
300 g Basmatireis
500 ml Wasser
Salz
2 Bund frischer Dill
2 – 3 dicke festkochende Kartoffeln
½ EL Butterschmalz (Ghee)
0,5 g Safranfäden
1 Prise Zucker oder Vollrohrzucker (siehe auch Seite 96)
2 – 3 EL warmes Wasser

- Die Bohnen je nach Ausgangsbasis vorbereiten: einweichen, garen, schälen und halbieren oder einfach das Glas öffnen.
- Den Basmatireis waschen, das Wasser zum Kochen bringen, den Reis in das Wasser geben und etwa 10 Minuten kochen. Dann den Reis abschütten und mit kaltem Wasser abspülen.
- Den halbgaren Reis mit den gegarten Bohnen mischen und salzen. Den Dill fein hacken und untermischen. Etwas Dill zum Dekorieren übrig lassen.
- Die Kartoffeln schälen und in knapp 5 mm dicke Scheiben schneiden.
- Eine ofenfeste Form mit gut schließendem Deckel mit dem Butterschmalz fetten und mit den Kartoffelscheiben auslegen. Die Reis-Bohnen-Mischung darüber verteilen, leicht kegelförmig aufschichten. Mit einem Kochlöffelstiel ein paar Löcher hineindrücken, bis zu den Kartoffeln. Die Form gut verschließen.

- Mischung im Backofen bei 120 °C etwa 1 Stunde garen. Testen Sie, ob die Kartoffeln weich sind, indem Sie mit einem Holzspießchen durch eines der Löcher nach unten stechen. Lassen Sie dem Ganzen im Zweifel lieber etwas mehr Zeit.
- Während der Garzeit den Safranguss zubereiten: Die Safranfäden mit dem Zucker im Mörser verreiben, mit dem warmen Wasser übergießen und mindestens 30 Minuten ziehen lassen.
- Sind Reis, Bohnen und Kartoffeln fertig, etwa zwei Tassen der Reis-Bohnen-Mischung mit dem Safranguss mischen.
- Baghali Polo auf einer vorgewärmten Platte anrichten: In die Mitte Reis und Bohnen, außen herum die Kartoffelscheiben legen. Dann die Reis-Safran-Mischung darübergeben und alles mit dem restlichen Dill bestreuen.

Auberginen mit schwarzer Bohnensauce

2 Auberginen
Salz
2 – 3 Zehen Knoblauch
3 EL Sesamöl
1 Bund Frühlingszwiebeln
120 ml Bohnensauce aus schwarzen Helmbohnen (siehe Seite 104)
schwarzer Pfeffer aus der Mühle

- Die Auberginen würfeln, salzen und 30 Minuten ziehen lassen.
- Den Knoblauch schälen und fein hacken.
- Die Auberginenwürfel gut trocknen, das Öl im Wok erhitzen und die Auberginen zusammen mit dem Knoblauch rundum gut braten.
- Die Frühlingszwiebeln schräg in Stücke schneiden.
- Die Bohnensauce zu den Auberginen geben, verrühren und dann die Frühlingszwiebeln dazugeben. Pfeffern und bei Bedarf mit Salz abschmecken.

❀ Servieren mit Reis.

177

Reis mit Kidneybohnen und Kokosmilch

Ein Rezept wie aus der Karibik, mit Grüßen von Käpt'n Jack Sparrow.

50 g getrocknete haitianische Pilze,
  getrocknete Steinpilze oder getrocknete Pfifferlinge
etwa 150 ml heißes Wasser zum Einweichen der Pilze
etwa 400 ml Wasser zum Garen
400 ml Kokosmilch
etwa 250 g gegarte Kidneybohnen
  oder 150 g getrocknete Kidneybohnen
1 TL Balsamicoessig
1 TL getrockneter Thymian
schwarzer Pfeffer aus der Mühle
1 – 3 frische kleine Chilischoten
200 g Langkornreis
1 kleine Zwiebel
1 Zehe Knoblauch
2 EL Pflanzenöl zum Braten (siehe auch Anmerkung Seite 139)
schwarzer Pfeffer aus der Mühle

- Die getrockneten Pilze im heißen Wasser einweichen und etwa 30 Minuten quellen lassen.
- In einem großen Topf das Wasser zum Kochen bringen, die Pilze abtropfen lassen und ins kochende Wasser geben. Die Kokosmilch dazugießen (Achtung, es kann schäumen!).
- Gegarte Bohnen, Essig, Thymian, Pfefferkörner und Chilischoten hinzufügen. Die Hitze reduzieren und die Zutaten 10 Minuten im geschlossenen Topf köcheln lassen.
- Den Reis mit einer Gabel einrühren. Alles zusammen zugedeckt etwa 20 Minuten bei schwacher Hitze weich garen. Eventuell muss, je nach Reissorte, noch etwas Wasser hinzugefügt werden. Bei Verwendung von Vollkornreis, der länger als 20 Minuten zum Garen braucht, muss die Reihenfolge, in der die Zutaten zugegeben werden, geändert werden: In diesem Fall werden die Bohnen erst 15 Minuten nach dem Reis zugegeben, damit sie nicht völlig zerkochen.

- In der Zwischenzeit die Zwiebel schälen und grob hacken und den Knoblauch schälen und zerdrücken. Beides im Öl braten, bis Zwiebel und Knoblauch leicht gebräunt sind, dann zur Reis-Bohnen-Mischung geben. Die Zutaten zum Köcheln bringen und zugedeckt einige Minuten garen. Die Mischung mit einer Gabel lockern, mit Salz und Pfeffer abschmecken und servieren.

Bei Verwendung von **getrockneten Kidneybohnen** müssen diese über Nacht in reichlich Wasser eingeweicht und dann 45 bis 60 Minuten gar gekocht werden. Im Schnellkochtopf beträgt die Garzeit etwa 20 Minuten.

Da Chilis je nach Sorte sehr unterschiedlich scharf sein können, müssen Sie selbst entscheiden, ob Sie das Gericht karibisch scharf oder etwas »europäisiert« wünschen.

Die **Chilis** können als ganze Schoten nach einer gewissen Zeit des Mitgarens aus dem Eintopf entfernt werden oder sie werden am Ende der Garzeit aus dem Topf gefischt, damit nicht einer der Esser plötzlich eine Chili auf der Gabel hat und zum Feuerspucker wird.

Sollen die Schoten klein geschnitten dazugegeben werden, kann man sich die Tatsache zunutze machen, dass die inneren Kammerwände und die Samen bei den meisten Sorten die größte Schärfe enthalten. Je nach Wunsch gibt man beim Schneiden dann mehr oder weniger davon zu.

Aber ein bisschen Scharf muss sein, sonst ist es nicht karibisch ...

Succotash

Ein indianisches Rezept.

300 g getrocknete weiße Limabohnen
reichlich Wasser zum Einweichen und zum Garen
Salz
3 – 4 Kolben Zuckermais
1 EL Butter
2 Zwiebeln
1 rote Paprikaschote
500 g Tomaten, vorzugsweise Fleischtomaten
schwarzer Pfeffer aus der Mühle
Thymian
1 Prise frisch geriebener Muskat

- Die Bohnen in reichlich Wasser über Nacht einweichen. Das Einweichwasser am nächsten Tag abgießen, die Bohnen abspülen und in reichlich Salzwasser gar kochen. (Bei Limabohnen beträgt die Kochzeit 2 bis 2,5 Stunden. Bitte achten Sie darauf, dass immer genügend Wasser im Topf ist; wenn nötig, mit kochendem Wasser auffüllen. Im Schnellkochtopf beträgt die Garzeit etwa 20 Minuten. Bei anderen Trockenkochbohnen kann die Garzeit etwas kürzer sein.)
- Die gegarten Bohnen abgießen und nochmals spülen.
- Die Maiskolben in Salzwasser gar kochen und die Körner dann mit einem scharfen Messer von den Kolben schneiden.
- In einem zweiten Topf die Butter zerlassen. Die Zwiebeln schälen, halbieren, dann in Scheiben schneiden und in der Butter dünsten.
- Die Paprikaschote würfeln und zu den Zwiebeln geben.
- Die Tomaten häuten, die Samen entfernen und das Fruchtfleisch in Stücke schneiden. Die Tomaten zusammen mit den Maiskörnern zur Paprika geben. Salzen, pfeffern und Thymian sowie Muskat dazugeben.
- Etwa 5 Minuten leise köcheln lassen, dann die Bohnen dazugeben und das Ganze 5 bis 10 weitere Minuten fertig köcheln lassen.

Wenn Sie frischen **Thymian** verwenden, streifen Sie die Blättchen vom Zweig und wiegen sie fein. Getrockneten Thymian können Sie im Mörser bei Bedarf noch etwas feiner zerrebeln.

Variationen: Dieses Rezept hat mir eine Bekannte aus Südamerika gesandt. Sie schreibt dazu allerdings auch, dass es viele Variationen gibt.

In einigen Succotash-Rezepten nennt die Zutatenliste einfach Mais und Kidneybohnen aus der Dose – beides im Topf zusammenschütten, Ketchup(!) zugeben, erhitzen, fertig. Da die Narraganset-Indianer, von denen das Rezept ursprünglich stammt, aber ganz bestimmt keine Konservenbüchsen zur Verfügung hatten, schlage ich vor, das Gericht mit frischen Zutaten zuzubereiten. Was nicht heißen soll, dass Sie es nicht auch mal anders probieren können, wenn es mal ganz schnell gehen muss!

Im Bioladen gibt es zwar (noch) keine Limabohnen als Konserve, aber sowohl weiße Bohnen als auch Kidneybohnen im Glas, die als Ersatz herhalten können. Sehr gut ist der Zuckermais, den es ebenfalls fix und fertig im Glas gibt. Damit wird Succotash wirklich zum Blitzrezept – und wird nur noch vom »Lonesome Cowboy« (siehe Seite 187) geschlagen!

181

Milchsaure Bohnen

500 g milchsauer eingelegte grüne Bohnen (siehe Seite 88)
1 – 2 EL Butter
1 Zwiebel
50 g helles Weizenmehl (Type 1050)
750 ml Gemüsebrühe
Salz
schwarzer Pfeffer aus der Mühle
eventuell 1 Prise Zucker oder Vollrohrzucker (siehe auch Seite 96)
4 EL saure Sahne
1 EL Balsamicoessig

- Die Bohnen kosten: Sind sie sehr sauer, abspülen und abtropfen lassen.
- Die Butter in einem Topf mit schwerem Boden zerlaufen lassen. Die Zwiebel schälen, sehr fein hacken und in der Butter goldbraun braten.
- Das Mehl einrühren und unter Rühren zu einer braunen Einbrenne rösten. Ablöschen mit der Gemüsebrühe und unter Rühren mindestens 10 Minuten kochen lassen. Dadurch verschwindet der »Mehlgeschmack« und die erwünschten Röstaromen treten zu Tage.
- Die Bohnen dazugeben und nochmals zum Kochen bringen. Bei kleiner Hitze 10 bis 15 Minuten köcheln lassen. Abschmecken mit Salz, Pfeffer und gegebenenfalls einer Prise Zucker.
- Die saure Sahne hinzugeben und gut unterrühren. Das Gemüse soll jetzt nicht mehr kochen.
- Sehr kurz vor dem Servieren den Balsamicoessig dazugeben. Das ist zwar nicht authentisch, wenn man von alten Saure-Bohnen-Rezepten ausgeht, aber das Balsamico-Aroma passt ganz wunderbar und verleiht dem doch recht derben Gericht eine gewisse Eleganz.

❀ Dazu passen sehr gut Stampfkartoffeln und meine Sojabohnen-Frikadellen (siehe Seite 184) oder fertige vegetarische Frikadellen aus dem Naturkostladen.

Saure Bohnen
auf schwäbische Art

Von einer echten Schwäbin habe ich dieses Rezept bekommen, das nicht mit milchsauer eingelegten Bohnen zubereitet wird. Die Säure kommt hier mit einem kräftigen Schuss Essig in der Sauce.
Im Originalrezept verwendet man in Schwaben Rauchfleisch oder Schinken. Die folgende vegetarische Variante mit Pilzen ist mindestens ebenso lecker.

800 g frische grüne Bohnen (junge Filetbohnen oder Brechbohnen)
1 kleine Zwiebel
120 g frische Pfifferlinge
(außerhalb der Saison: Pilze aus dem Glas – im fertigen Gericht
nur noch erhitzen – oder eingeweichte, getrocknete Pilze)
1 EL Butter
1 guter EL helles Weizenmehl (Type 1050)
2 EL Apfelessig
eventuell etwa 20 ml trockener Weißwein
schwarzer Pfeffer aus der Mühle
Salz
eventuell etwas Gemüsebrühe

- Die Bohnen putzen und je nach Sorte in Stücke schneiden oder brechen.
- Die Zwiebel schälen und sehr fein hacken. Die Pilze gut säubern und in Stücke schneiden.
- Die Butter zergehen lassen, die Zwiebel darin golden braten, mit dem Mehl bestreuen und kräftig durchschwitzen, ablöschen mit Essig und eventuell Wein. (Das Ganze sollte deutlich sauer schmecken. Je nach verwendetem Essig kann man also noch etwas mehr oder auch weniger davon zugeben. Sehr fein ist Cidreessig, allerdings nicht sehr schwäbisch ...)
- Die Bohnen dazugeben und langsam fast gar köcheln lassen. Das dauert je nach Sorte zwischen 8 und 20 Minuten.
- Nach etwa der Hälfte der Kochzeit pfeffern und salzen. Gegen Ende die Pilze dazugeben und alles unter Rühren fertig garen. Wenn zu viel Flüssigkeit verdampft, mit etwas Gemüsebrühe auffüllen, abschmecken und servieren.

❀ Dazu isst man Spätzle – am besten selbst gemachte, was sonst – oder Bandnudeln, über die in Butter geschwenkte Semmelbrösel gegossen werden. Weniger »straighte« Schwaben essen anstelle der Nudeln auch Salzkartoffeln zu den sauren Bohnen.

Sojabohnen-Frikadellen

250 g getrocknete gelbe Sojabohnen
reichlich Wasser zum Einweichen
1 – 1 ½ l Wasser zum Garen
1 erbsengroßes Stück Asafoetida (siehe auch Anmerkung Seite 115)
1 kleine Zwiebel
1 EL kalt gepresstes Olivenöl
1 Ei
1 EL helles Weizenmehl (Type 1050)
Salz
schwarzer Pfeffer aus der Mühle
frisch geriebener Muskat
eventuell getrocknete Kräuter, zum Beispiel Majoran oder Thymian
Pflanzenöl zum Braten (siehe auch Anmerkung Seite 139)

- Die Sojabohnen in Wasser spülen, über Nacht in reichlich Wasser einweichen, nochmals abspülen und am nächsten Tag im frischen Wasser gar kochen – sie können bis zu 2,5 Stunden brauchen. Achtung, Sojabohnen schäumen stark beim Kochen, nehmen Sie einen hohen Topf!
- Nach dem Aufkochen zwei bis drei Mal abschäumen und gegebenenfalls noch Wasser auffüllen. Dann Asafoetida dazugeben, das Kochwasser nicht salzen.
- Wenn die Bohnen so weich sind, dass man sie mit einer Gabel zerdrücken kann, abgießen. Nochmals spülen. Dabei verlieren viele der Bohnen ihre dünnen, aber zähen Samenschalen. Ich spüle deshalb in einer tiefen Schüssel mit reichlich Wasser: Die meisten der Häute können dann abgefischt werden. Wenn ein paar Häute in der Bohnenmasse bleiben, schadet dies aber nicht.
- Die Bohnen anschließend mit dem Pürierstab oder im Mixer fein hacken oder musen.
- Die Zwiebel schälen und zusammen mit den Bohnen zerkleinern. Wie fein oder grob die Masse sein soll, ist Geschmackssache, zu grob darf sie allerdings nicht sein, sonst fehlt zum Braten die Bindigkeit.
- Das Olivenöl dazugeben, das Ei unterrühren, dann das Mehl. Salzen, pfeffern, würzen mit Muskat und, falls gewünscht, mit den getrockneten Kräutern. Die Masse sollte durchaus etwas überwürzt schmecken, dann schmeckt es nach dem Braten genau richtig.
- Etwas quellen lassen. Spätestens beim zweiten oder dritten Mal hat man's im Griff, wie die Masse sein muss, damit sie beim Braten nicht auseinander fällt. Eventuell muss noch etwas Mehl dazu.

- Aus der Masse mit angefeuchteten Händen sechs gut hühnereigroße Knödel formen, zu Frikadellen flach drücken und im heißen Bratöl bei nicht zu hoher Temperatur braten. Immer die erste Seite vor dem Wenden zu Ende braten.

❀ Zu den Sojabohnen-Frikadellen passt gut eine Sahnesauce mit grünem Pfeffer, das macht die einfachen Bratlinge richtig edel.

Variationen: Weil das Kochen der Bohnen doch ziemlich zeitaufwendig ist, bereite ich meistens die zweifache bis dreifache Menge zu. Ich brate dann die Frikadellen nur recht hell an und friere sie anschließend ein. Zum Auftauen kommen sie ins heiße Bratöl und werden fertig gebraten.

Unter die Bohnenmasse kann man auch gegartes Getreideschrot mischen. Besonders gut finde ich Grünkern, den ich grob mahle und separat gare, um ihn dann unter die fertige Bohnenmasse zu heben.

Lecker ist auch die folgende Variante:

Frikadellen-Leuchtturm

Pro Person:

3 Sojabohnen-Frikadellen, so dünn wie möglich
1 dicke Tomate
1 Scheibe Käse, zum Beispiel junger Gouda oder Emmentaler
½ Cocktailtomate, vorzugsweise gelb

- Die Frikadellen wie im Rezept auf Seite 184 beschrieben zubereiten, dabei möglichst flach drücken und braten.
- Die Tomate in Scheiben schneiden, die erste Frikadelle mit Tomatenscheiben belegen, darauf die zweite Frikadelle legen. Auf diese kommt der Käse, darüber die dritte Frikadelle und als Abschluss die halbe Cocktailtomate als Licht vom Leuchtturm.
- Auf dem Backblech im Backofen bei 200 °C backen, bis der Käse schmilzt.

❀ Ein grüner Salat dazu macht die Mahlzeit komplett und üppig.

185

Vegetarischer Hamburger

Mit den Sojabohnen-Frikadellen von Seite 184 lässt sich auch ein prima Veggi-Hamburger zaubern.

- Dazu drückt man die Frikadellen beim Braten recht flach, sie sollten etwa den Durchmesser des verwendeten Brötchens haben.
- Soll es möglichst »echt« sein, nimmt man dafür die speziellen, weichen Hamburgerbrötchen. Man bestreicht die halbierten Brötchen mit Mayonnaise oder Remoulade und belegt sie mit Tomatenscheiben, einem Blatt Salat, einer Sojabohnen-Frikadelle und gibt auf jede Frikadelle einen dicken Klecks Ketchup. Eine oder zwei Scheiben saure Gurke oder Salatgurke, ein paar frische Zwiebelringe oder ein Löffel Röstzwiebeln können das Werk noch krönen.
- Deckel wieder drauf und reinbeißen.

Lonesome Cowboy

Das schnellste Bohnenrezept der Welt (aber nicht ganz ernst gemeint).

1 Dose Kidneybohnen in Tomatensauce

- Die Dose öffnen (deshalb ist es unerlässlich, auch als einsamer Cowboy immer einen Dosenöffner dabei zu haben – in Notfällen muss man sonst die Dose aufschießen ...).
- Den Inhalt in eine Pfanne kippen.
- Und über dem offenen (Lager-)Feuer bis zum Brodeln erhitzen.

Nein, dieses Rezept ist nicht wirklich ernst gemeint.

Es soll nur ein Beispiel dafür sein, was Dosenbohnen in unwirtlichen Gegenden oft für eine Bedeutung für die Ernährung hatten und teilweise noch haben: sättigend, nahrhaft und sogar noch halbwegs ausgewogen, sodass man auch längere Zeit mit dieser Nahrung ohne größere Mangelerscheinungen überstehen kann.

Ein ebenfalls nicht ganz ernst zu nehmender Tipp von Hobbykoch Heinrich, den ich dazu verdonnert hatte, einige meiner Rezepte querzulesen, ist es, auch auf die Pfanne zu verzichten und die Dose zum Erhitzen direkt in die Glut des Lagerfeuers zu stellen ...

Na dann guten Appetit!

Süßspeisen und Desserts

Flan von weißen Bohnen

150 g getrocknete weiße Bohnen,
  zum Beispiel weiße Limabohnen
reichlich Wasser zum Einweichen und zum Garen
250 ml Milch
1 Vanilleschote
2 TL Stevia-Extrakt
200 ml Schlagsahne
2 Eier
1 EL Butter

- Die Bohnen über Nacht in reichlich Wasser einweichen, am nächsten Tag abgießen. In reichlich ungesalzenem Wasser sehr weich kochen, dann abgießen und abtropfen lassen. (Bei Limabohnen beträgt die Kochzeit 2 bis 2,5 Stunden. Bitte achten Sie darauf, dass immer genügend Wasser im Topf ist; wenn nötig, mit kochendem Wasser auffüllen. Im Schnellkochtopf beträgt die Garzeit etwa 20 Minuten. Bei anderen Trockenkochbohnen kann die Garzeit etwas kürzer sein.)
- Die Milch zusammen mit der Vanilleschote und dem Stevia-Extrakt aufkochen, die Bohnen hineingeben und unter Rühren bei niedriger Hitze etwa 15 Minuten weiterkochen.
- Die Vanilleschote aus der Milch fischen, aufschlitzen und das Mark herauskratzen.
- Die Bohnen pürieren und das Vanillemark dazugeben.
- Wenn das Bohnenpüree abgekühlt ist, die Sahne mit den Eiern verquirlen und zum Püree geben.
- Ofenfeste Förmchen (siehe Tipp) mit der Butter ausfetten. Die Bohnenmasse einfüllen und im Backofen bei 200 °C im Wasserbad etwa 30 Minuten stocken lassen. Dazu stellt man die Förmchen in eine genügend tiefe Backform oder Fettschale und füllt Wasser ein, sodass die Förmchen halbhoch im Wasser stehen.
- Ob die Bohnenmasse durch und durch gestockt ist, prüft man mit einem Zahnstocher, den man hineinpiekst: Es soll keine flüssige Masse daran hängen bleiben.

Crème brulée von weißen Bohnen

Auf der Basis des vorigen Rezeptes gelingt auch eine Crème brulée.

- Die Bohnenmasse wie beschrieben in Förmchen füllen und im Backofen stocken lassen. Nach Möglichkeit nimmt man etwas flachere Förmchen, die man dann auch direkt auf das Backblech stellen kann: Wenn die Masse nicht so hoch eingefüllt ist, braucht sie zum Stocken kein Wasserbad, und es reduziert sich auch die Zeit im Ofen.
- Die Förmchen mit der fertig gestockten Creme abkühlen lassen und die Oberflächen anschließend mit braunem Zucker oder feinem Vollrohrzucker bestreuen – die Oberflächen sollen gerade eben dünn bedeckt sein.
- Mit einem Bruliergerät (einem heißen Brenneisen) den Zucker auf der Creme karamellisieren, sodass sich eine knusprige Karamellschicht bildet. Ich nehme dafür eine Lötlampe – das funktioniert ebenso gut wie mit einem Spezialgerät.

Stevia *(Stevia rebaudiana)* ist eine Pflanze, deren Ursprung in Paraguay liegt. Die Blätter sind sehr süß, sie haben etwa die 30-fache Süßkraft von normalem Haushaltszucker. Stevia ist hierzulande derzeit noch nicht als Lebensmittel zugelassen. Im Handel ist es darum zum Beispiel als Badezusatz erhältlich. Anstelle von Stevia können Sie natürlich auch andere Süßungsmittel verwenden, zum Beispiel 2 EL Vollrohrzucker.
Ich verwende kleine **Porzellanförmchen** mit einem Fassungsvermögen von jeweils 125 ml, die ich auch für mein Bohnensoufflé (siehe Seite 114) benutze. Die angegebene Menge reicht für acht Förmchen dieses Volumens. Wenn Sie keine speziellen Förmchen besitzen, können Sie den Flan einfach in ofenfesten Porzellantassen oder Keramiktassen stocken lassen. Weil Tassen gewöhnlich höher sind als die Förmchen, kann sich die Zeit im Backofen etwas verlängern.

189

Kleine Kuchen aus Klebreis und Bohnen

200 g getrocknete weiße Bohnen,
zum Beispiel weiße Feuerbohnen oder Limabohnen
reichlich Wasser zum Einweichen und zum Garen
200 g Klebreis (Sushi-Reis)
250 ml Wasser
1 Eigelb
1 gehäufter TL Puderzucker
Zimtpulver, Mangopulver oder gemahlene Vanille
Butter für die Backförmchen

- Die Bohnen über Nacht im Wasser einweichen. Am nächsten Tag in frischem Wasser sehr weich kochen, dann abgießen. (Bei Limabohnen beträgt die Kochzeit 2 bis 2,5 Stunden. Bitte achten Sie darauf, dass immer genügend Wasser im Topf ist; wenn nötig, mit kochendem Wasser auffüllen. Im Schnellkochtopf beträgt die Garzeit etwa 20 Minuten. Bei anderen Trockenkochbohnen kann die Garzeit etwas kürzer sein.)
- Den Reis gut waschen und anschließend im Wasser zunächst 2 bis 3 Minuten sprudelnd, dann 15 Minuten bei kleinster Hitze gar kochen. Dann sofort von der Wärmequelle nehmen und noch 10 Minuten quellen lassen. (Ich habe dafür einen Reiskocher und finde das sehr praktisch: Ich brauche mich nicht darum zu kümmern, und der Reis gelingt immer.)
- Reis und Bohnen abkühlen lassen, mischen und mit dem Pürierstab pürieren.
- Das Eigelb unterrühren, dann den Puderzucker. Alles gut mischen. Nach Geschmack mit Zimt, Mangopulver oder gemahlener Vanille aromatisieren.
- Kleine, flache Backförmchen (siehe Tipp) mit Butter ausfetten, jeweils bis zum Rand mit der Masse füllen, die Oberflächen glatt streichen und die Küchlein im vorgeheizten Backofen bei etwa 175 °C 15 bis 20 Minuten backen. Sie sollten innen relativ weich bleiben.

❀ Diese Küchlein sind eine kleine, süße Beilage zum Tee, schmecken warm und kalt und sind, weil sie kein Mehl enthalten, gut geeignet für Menschen mit Zöliakie.

Variationen: Wer keine entsprechenden Backförmchen hat, kann die Küchlein auch wie Kekse auf dem Blech backen. Das Backblech wird hierfür eingefettet, dann gibt man pro Keks einen gehäuften Teelöffel von der Masse auf das Blech und drückt sie flach.

Je nachdem, wie flach die Kekse gedrückt werden, kann die Backzeit etwas kürzer sein als 15 bis 20 Minuten. Wenn man sie von oben und unten gleichmäßig gebräunt möchte, dreht man sie nach der Hälfte der Backzeit mit einem Pfannenwender vorsichtig um.

Wer es gerne süßer mag, kann sie mit Zimtzucker bestreuen, sie mit etwas Sirup beträufeln oder zur Hälfte in flüssige Schokolade tauchen.

Mangopulver verleiht Gerichten ein feines, süßsäuerliches Aroma. Man bekommt es zum Beispiel in Tütchen gebrauchsfertig im Bioladen oder im Versandhandel für Gewürze.

Ich verwende **Tortelett-Förmchen** von 10 cm Durchmesser, die angegebene Menge ergibt acht bis zehn kleine Kuchen dieser Größe.

191

Bohnentorte

Eine Torte ganz ohne Mehl.

250 g getrocknete weiße Bohnen,
   zum Beispiel weiße Feuerbohnen oder Limabohnen
reichlich Wasser zum Einweichen und zum Garen
3 mittelgroße Eier
2 Eigelb
200 g feiner Zucker (siehe auch Seite 96)
200 g Haselnüsse
¼ TL Natron
1 TL Butter
1 EL Semmelbrösel
Konfitüre oder Creme nach Wunsch zum Füllen
Puderzucker oder Schokoladenguss nach Wunsch zum Verzieren

- Bohnen über Nacht in reichlich Wasser einweichen, am nächsten Tag abgießen, nochmals abschwenken, dann in frischem, ungesalzenem Wasser garen. (Bei Limabohnen beträgt die Kochzeit 2 bis 2,5 Stunden. Bitte achten Sie darauf, dass immer genügend Wasser im Topf ist; wenn nötig, mit kochendem Wasser auffüllen. Im Schnellkochtopf beträgt die Garzeit etwa 20 Minuten. Bei anderen Trockenkochbohnen kann die Garzeit etwas kürzer sein.)
- Die gegarten Bohnen durch ein Sieb streichen.
- Die Eier trennen. Das Eiweiß zu steifem Schnee schlagen. Das Eigelb mit dem Zucker schaumig rühren.
- Die Haselnüsse fein mahlen, unter die Bohnenmasse heben und Natron dazugeben.
- Die Bohnenmasse mit dem Eigelb-Zucker-Schaum vermengen. Sehr gut mischen, dann den Eischnee unterheben.
- Eine Springform von etwa 25 cm Durchmesser mit der Butter ausfetten und mit den Semmelbröseln ausstreuen (Sie können die Semmelbrösel auch weglassen – dann die Form aber sehr gut einfetten, damit sich der Teig nach dem Backen gut von Rand und Boden löst). Den Teig hineingeben und verteilen, die Oberfläche glatt streichen.
- Kuchen im Backofen bei etwa 180 °C 45 Minuten backen. Auskühlen lassen, aus der Form lösen und quer halbieren.
- Mit Konfitüre oder Creme nach Wunsch füllen und wieder zusammensetzen. Mit Puderzucker bestreuen oder mit Schokoguss verzieren.

Süße Adzukibohnenpaste

Eine japanische Süßspeise.

Es gibt süße Adzukibohnenpaste zwar fertig zu kaufen, man kann sie aber auch selbst herstellen. In einem luftdichten Behälter bleibt die fertige Paste im Kühlschrank 7 Tage lang frisch.

300 g getrocknete Adzukibohnen
etwa 1 l frisches Wasser zum Einweichen und zum Garen
300 g Puderzucker (siehe auch Seite 96)
1 Prise Salz

- Die Bohnen in reichlich Wasser zum Kochen bringen, zweimal aufkochen lassen und in ein Sieb abgießen. Dann im frischen Wasser über Nacht stehen lassen.
- Am nächsten Tag die Bohnen im Wasser aufkochen, 5 bis 6 Minuten sprudelnd kochen lassen und anschließend auf kleiner Flamme etwa 1 Stunde köcheln lassen. Wenn das Wasser eingekocht ist, noch etwas nachfüllen. Die Bohnen sollen zu einer dicken Paste einkochen.
- Zucker und Salz dazugeben, gut umrühren. Das Resultat ist eine cremige, rotbraune Paste, die in erster Linie süß schmeckt.

❀ Mit der Paste werden in Japan zum Beispiel kleine Kuchen gefüllt. Ich serviere die Paste als kleine Kugeln auf gedünsteten Apfelschnitzen. Es sollten richtig saure Äpfel sein, dann bietet das Dessert eine anregende Kombination von sehr Süß und Sauer. Damit auch haptisch ein interessanter Faktor hinzukommt, bestreue ich das Ganze mit grob gehackten Haselnüssen, die ich in der trockenen Pfanne etwas anröste.

193

Crêpes mit Füllung von Adzukibohnenpaste

120 g fein gemahlenes Weizenmehl oder Dinkelmehl
2 Eier
100 ml lauwarmes Wasser
1 Prise Salz
1 TL Butter
4 EL süße Adzukibohnenpaste (siehe Seite 193)

Wenn Sie die Crêpes flambieren möchten:
1 EL Calvados

- Aus Mehl, Eiern, Wasser und Salz einen dünnflüssigen Teig rühren und 15 Minuten zum Quellen stehen lassen.
- Eine Crêpespfanne oder eine andere flache Pfanne mit etwas Butter sehr dünn fetten. Nacheinander vier sehr dünne Pfannkuchen backen. Dabei die Pfanne vor jeder weiteren Crêpe erneut dünn fetten. Ich mache das so: Die Butter lasse ich sehr weich, fast flüssig werden und fette die Pfanne mit einem Küchentuch, das ich in die Butter tupfe. Bis alle Crêpes gebacken sind, die bereits fertigen im Backofen bei 80 °C warm halten.
- Auf jede Crêpe 1 EL Adzukibohnenpaste geben und dann zusammenrollen und servieren.
- Zum Flambieren: Die Crêpes nebeneinander auf eine feuerfeste Platte legen, am Tisch mit dem Calvados beträufeln und flambieren.

Bohneneis aus Adzukibohnenpaste

Für 8 kleine Bällchen Eis:

8 gehäufte EL süße Adzukibohnenpaste (siehe Seite 193)
1 – 2 EL frisch gepresster Zitronensaft
(nach Geschmack auch mehr)

- Die Adzukibohnenpaste mit dem Zitronensaft mischen.
- Die Masse in einer Metallschüssel ins Gefrierfach stellen.
- Nach etwa 20 Minuten herausnehmen und gut durchrühren. Wieder zurück ins Eisfach stellen. Bis zum Servieren des Eises muss dieses Durchrühren regelmäßig wiederholt werden, da sich sonst zu große Eiskristalle bilden.
- Zum Servieren aus der Eismasse mit einem in warmes Wasser getauchten Löffel kleine Eisbällchen abstechen.

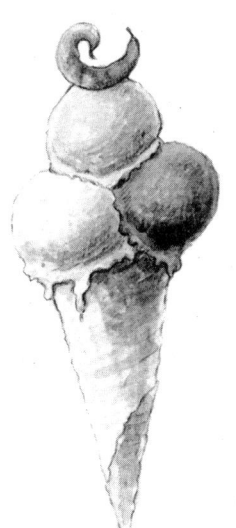

❀ Besonders lecker sieht es aus, wenn die Eisbällchen auf einem flachen Teller serviert und mit dünnen Scheiben von frischen Erdbeeren oder Kiwi dekoriert werden.

Variationen: Anstelle des Zitronensaftes kann man die Bohnenpaste auch mit etwas Orangensaft einfrieren und mit Vanille oder Zimt oder einer Kombination daraus aromatisieren.
Für alle, die einen kleinen Schuss Alkohol nicht scheuen: Etwas Cognac, Calvados oder Whisky gibt ein feines Aroma, aber nicht zu viel davon nehmen, denn die Alkoholika ändern die Gefrierfähigkeit.

Das Bohnenspiel Kalaha

In der Wüste Kalahari, nach der dieses Spiel seinen Namen trägt, bin ich nie gewesen, aber in allen Ländern des Orients, die ich bereist habe, konnte ich Kinder beobachten, die dieses Spiel zumindest so ähnlich spielten: Ein paar Kuhlen im Sand und eine Handvoll Bohnen – mehr braucht es nicht, um sich spannende Zweikämpfe zu liefern.

Diese Spiele gehören in die Kategorie der »Mancala-Spiele«: Spiele für zwei Gegner, deren Ursprünge sich bis ins sechste Jahrhundert zurückverfolgen lassen. Unter dem Namen »Kalaha« (oder englisch »Kalah«) wurde das Bohnenspiel von einem Amerikaner, dem Buchhalter William Julius Champion, erfunden – oder sollte man sagen wiederentdeckt? Jedenfalls meldete er es zum Patent an, und ab 1958 wurde es von einer extra dafür gegründeten Gesellschaft hergestellt und vertrieben. Sicher nicht die schlechteste Art, mit Bohnen zu Geld zu kommen.

Die Bohnen wurden allerdings ersetzt durch Spielsteine, kleine Kugeln oder Murmeln, in edleren Ausführungen auch durch trommelgeglättete Halbedelsteine.

Das Spielbrett, ganz gleich, ob aus einfachem oder edlem Holz, trägt immer 2 mal 6 kleine Kuhlen, in zwei Reihen parallel angeordnet, und links und rechts der Doppelreihe jeweils eine etwas größere Vertiefung, das Kalaha, die Gewinnmulde, das Heimfeld sozusagen.

Und hier sind die Spielregeln: Die Spieler sitzen sich gegenüber. Beide Spieler besitzen je 36 Bohnen und jeder füllt diese in die 6 Kuhlen auf seiner Seite, immer 6 Bohnen pro Kuhle. Die beiden Kalahas, jeweils rechts vom Spieler, bleiben dabei vorerst leer. Der Beginner wird ausgelost.

Nun nimmt der erste Spieler alle Bohnen aus einer der Kuhlen auf seiner Seite und verteilt sie – immer eine pro Kuhle – gegen den Uhrzeigersinn weiter. Dabei wird auch das eigene Kalaha gefüllt, nicht aber das gegnerische.

Fällt die letzte Bohne eines Zugs ins eigene Kalaha, darf der Spieler einen weiteren Zug ausführen. Fällt die letzte Bohne in eine leere Kuhle auf der eigenen Seite, wandert nicht nur diese, sondern auch alle Bohnen in der gegenüberliegenden Kuhle ins eigene Kalaha.

Das Spiel endet, wenn alle Kuhlen eines Spielers geleert sind.

Der Gegner darf dann alle Bohnen, die noch in seinen Spielkuhlen sind, seiner Kalaha zuschlagen. Gewinner ist derjenige, der die meisten Bohnen in seiner Kalaha gehortet hat.

Das Spiel, so einfach es ist, macht Kindern und Erwachsenen viel Spaß. Was mir daran vor allem gefällt: Es kann fast überall gespielt werden. Mit Muscheln am Strand, die Kuhlen in den Sand gegraben, mit kleinen Steinen in Kreidekreisen, mit anderen Samen anstelle der Bohnen ... Angeblich wird es in manchen Büros mit Büroklammern gespielt. Der Chef wird sich wundern über die sorgsam verteilten Büroklammer-Häufchen.

Hat man keine 72 Spielsteine, kann man das Spiel auch mit nur 3 Bohnen pro Kuhle spielen. Es gibt noch weitere Versionen des Mancala- oder Bohnenspiels, mit 4 oder 5 Bohnen pro Kuhle und unterschiedlichen Regeln zum Gewinnen von gegnerischen Steinen.

Zwei Mancala-Tische kann man im Schloss Weikersheim bei Bad Mergentheim bewundern. Sie stammen aus den Jahren 1704 oder 1709 und gelten als die ältesten Belege für dieses Spiel in Deutschland.

Ein anderes Spiel mit Bohnen habe ich in Marokko beobachtet: Hier ging es darum, seine Bohnen zielgenau in einen mit Kreide aufs Pflaster aufgezeichneten Kreis zu werfen. Zwei Mannschaften waren angetreten, die eine mit weißen, die andere mit roten Bohnen ausgestattet, die mit viel Radau versuchten, ihre Bohnen zu platzieren. Hinter dem Kreis war mit einer Linie »Totes Land« markiert. Wenn bei Fehlwürfen Bohnen in dieses Gebiet fielen, durfte der Gegner entweder einen zusätzlichen Wurf tun oder er konnte eine gegnerische Bohne aus dem Kreis entnehmen. Das Spiel, das ich beobachtete, endete offenbar unentschieden, aber mit einer Prügelei, in der die ursprünglichen Parteien nicht mehr klar zu unterscheiden waren.

197

Die Autorin

Ulla Grall, geboren in Mainz und heute wohnhaft im rheinhessischen Armsheim, führte lange Zeit den Vertrieb von »Bio-Saatgut«. Das Unternehmen versendet Sämereien aus kontrolliert biologischem Anbau für Haus- und Hobbygärtner, der Versand wird mittlerweile von Gaby Krautkrämer geführt. In ihrem Biohausgarten produziert die Autorin neben Gemüse für den Eigenbedarf auch weiterhin Saatgut verschiedener, überwiegend alter oder rarer Sorten und zählt zu den kleinsten Biobetrieben der Bundesrepublik. »Kleiner wäre nur noch ein Blumenkasten«, so Ulla Grall.

Sie ist engagiertes Mitglied der Erhalterorganisationen VEN (Verein zur Erhaltung der Nutzpflanzenvielfalt e. V.) und Arche Noah (Gesellschaft für die Erhaltung der Kulturpflanzenvielfalt & ihre Entwicklung).

Zur Bohne kam Ulla Grall, als die Körnerbohne im Jahre 2004 vom VEN zum Gemüse des Jahres gewählt wurde. Bis zu diesem Zeitpunkt hatte sich die Autorin vor allem mit Erhalt und Vermehrung von Tomaten beschäftigt. Je mehr sie sich mit der Bohne in Theorie und Praxis, in Garten und Küche auseinandersetzte, desto deutlicher wurde ihr, dass kaum ein anderes Gemüse Vielfalt so deutlich macht wie die Bohne. Ihre Begeisterung hat seitdem nicht nachgelassen, zahlreiche, wechselnde Bohnenarten und Bohnensorten wuchsen bereits in ihrem Garten, und wenn neue Sorten hinzukommen, die sie zum Beispiel von Freunden als Urlaubsmitbringsel erhält, werden auch diese gesät und die Ernte in der Küche immer wieder köstlich zubereitet.

198

Anhang

Bohnensorten – eine sehr persönliche Auswahl

Die schier unüberschaubare Vielfalt bei den Gartenbohnen macht es fast unmöglich, sich als Hausgärtner auch nur annähernd einen wirklichen Überblick zu verschaffen.

Trotzdem möchte ich auf den folgenden Seiten einige Sorten beschreiben: Es sind einerseits meine Favoriten für den Garten und die Küche und andererseits solche, die von der Verwendung, vom Aussehen her oder in ihrer Geschichte so außergewöhnlich sind, dass sie hier auf jeden Fall auftauchen sollten. Ich versuche mich kurz zu fassen und bitte um Entschuldigung, wenn meine Begeisterung mal mit mir durchgeht!

Vielleicht regt die Vielfalt der beschriebenen Sorten Sie auch dazu an, selbst zum »Bohnensammler« zu werden.

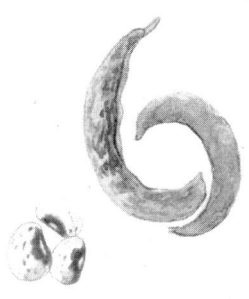

Buschbohnen

Pfälzer Juni

Diese Sorte stammt, wie der Name schon sagt, aus der Pfalz, einem der althergebrachten Gemüseanbaugebiete Deutschlands.
Grünhülsige, frühe Buschbohne mit breiten, flachen Hülsen vom Schwertbohnentyp. Durch ihre kurze Vegetationszeit eignet sie sich auch besonders gut zum Anbau in zweiter Tracht. Die Sorte ist robust, aber sehr wohlschmeckend.
Verwendung als Schnippelbohne, auch zum Einkochen und sauer Einlegen.

St. Andreas

Sehr alte grünhülsige Sorte. Nur die jungen Hülsen sind fadenfrei, ältere müssen, wie bei den fädigen Sorten, abgefädelt werden. Geschmacklich bieten sie das besonders kräftige Aroma der fädigen Sorten.
Ich finde den Geschmack am besten, wenn die Hülsen schon angefangen haben, Fäden zu bilden, und mache dann einen deftigen Eintopf aus Bohnen und Kartoffeln mit viel Knoblauch.

Schnurrbartbohne / Soldatenbohne

Grünhülsige Zwiebohne, in Frankreich 'Nombril de bonne-soeur' oder 'Saint-Esprit' genannt. Weiße Kerne mit roter Zeichnung. Die eindrucksvolle Zeichnung rund um den Nabel hat zu zahlreichen Namen inspiriert: In Deutschland meinte man, einen Mann mit großem Schnurrbart (in meiner Region heißt diese Bohne deshalb auf gut rheinhessisch »Schnorresbohn«) oder einen Soldaten zu erkennen. In Frankreich neigt man dazu, die Zeichnung als aufsteigende Taube, Heiligen Geist (Saint-Esprit) oder als Nonnen-Nabel (Nombril de bonne-soeur) zu interpretieren. Kennen Sie vielleicht noch weitere Namen dieser früher sehr beliebten und verbreiteten Sorte?
Verwendung jung als Brechbohne oder Schnippelbohne, ausgereift die getrockneten Kerne als Suppenbohne und für Eintöpfe.

Reine des Pourpres / Purpurkönigin

Eine Buschbohne mit tiefvioletten Hülsen von gutem Aroma. Die auffällige Farbe erleichtert das Ernten, beim Kochen werden die Hülsen dunkelgrün.
Verwendung ganz jung als Filetbohne oder reifer als Schnippelbohne.

Buschbohnen

Wachs Beste von Allen

Bekannte Buschbohnensorte mit rundovalen, gelben Hülsen.
Verwendung vor allem frisch für Bohnensalat, aber auch zum Einsäuern.
Diese Sorte hat meine Großmutter alljährlich in ihrem Schrebergarten angebaut, wahrscheinlich liebe ich sie darum besonders. Ein Salat aus der »Besten von Allen« weckt in mir nostalgische Erinnerungen an Familiensonntage mit Mittagessen unterm alten Birnbaum.

Balise

Eine späte Filetbohnensorte aus Frankreich mit gleichmäßig dünnen, grünen Hülsen, absolut fadenlos und gut zum Einfrieren geeignet.

Fin de Bagnol

Diese frühe Filetbohne, ebenfalls aus Frankreich stammend, reift in nur 55 Tagen. Sie eignet sich deshalb gut, um in mehreren Partien nachgelegt zu werden. Die Sorte gilt als sehr alt – sie soll bereits um 1800 gezüchtet worden sein.
Die Sorten 'Balise' und 'Fin de Bagnol' ergänzen sich hervorragend: Die eine früh, die andere spät und die frühe 'Fin de Bagnol' relativ spät ein zweites Mal ausgesät, liefern sie frische Filetbohnen über einen langen Zeitraum.
Übrigens: In Frankreich gibt es eine Redensart, die besagt, dass Buschbohnen besser wachsen, wenn der Rock der Gärtnerin sie täglich streift. Das soll heißen, dass die Bohnen täglich bepflückt werden sollten. Für Filetbohnen gilt das ganz besonders: Es stimmt, dass häufiges Durchpflücken den Ertrag erheblich steigert!

Kletterbohnen

Grünes Posthörnchen und Gelbes Posthörnchen

Die Hörnchenform dieser beiden Bohnensorten rührt daher, dass den Hülsen der stützende Faden fehlt und sie sich deshalb stark krümmen – »genetisch fadenfrei« lautet der Fachbegriff.
Beides sind alte Sorten, sie erlauben mehrere Ernten über eine längere Periode.

Mombacher Speck

Mombach, ein Vorort meiner Heimatstadt Mainz, war früher eine der Gemüseanbauregionen rund um die Stadt. Die Mombacher Marktfrauen auf dem Mainzer Wochenmarkt rund um den Dom waren berühmt für die hohe Qualität ihrer Waren und gefürchtet wegen ihrer »Schlappmäuler«.
Die Hülsen der Sorte 'Mombacher Speck' sind wirklich »speckig« dick und knackig. Schön, dass man diese alte Sorte noch immer hin und wieder auch im Profianbau finden kann!

Blauhilde

Auch diese Bohne hatte meine Großmutter schon im Garten. Die früh bis mittelspät reifende Sorte trägt etwa 25 cm lange, rundovale Hülsen von dunklem Blauviolett. Beim Kochen werden die Hülsen dunkelgrün, das Korn ist weiß bis beige.
Die Sorte stammt ursprünglich aus der Züchtung der Firma Hild aus Marbach am Neckar. Dem 1919 gegründeten Familienbetrieb verdanken wir etliche Traditionssorten, nicht nur bei den Bohnen. Heute ist die Firma Hild Teil eines internationalen Pflanzenzuchtunternehmens.

Spargelbohne 'Red Noodle'

Diese Sorte hat es mir angetan, denn sie hat nicht nur die typischen, langen Hülsen der Spargelbohnen von 40 bis 50 cm Länge – ja, sie sind sogar noch rot!
Leider ist sie im Anbau nicht so sicher wie meine anderen Kletterbohnen, schließlich ist sie auch keine Phaseolus, sondern eine Vigna. Um ihr eine genügend lange Kulturzeit zu geben, ziehe ich sie ab Mitte April in Töpfchen vor und pflanze sie wegen des Wärmebedarfs nicht vor Mitte Mai an Ort und Stelle. Trotzdem bringt sie nicht jedes Jahr Erfolg.

Reiserbohnen

Black Turtle

»Meine« Reiserbohne habe ich durch Zufall entdeckt: Ich bekam ein paar tiefschwarze Kerne geschenkt, die eine Bekannte einer Freundin aus Südamerika mitgebracht hatte, und als Namensangabe »Black Turtle«.

Als ich sie aussäte, wusste ich nicht, ob sie buschförmig wächst oder eine Stange braucht. Ich habe also eine Stange vorgesehen und die Bohne wuchs anfangs auch willig nach oben. Bei knapp 150 cm machte sie allerdings halt: eine Reiserbohne also. Ich habe dann nachgeforscht und festgestellt, dass es sich bei den Black-Turtle-Bohnen offenbar um eine Sortengruppe handelt, deren Gemeinsamkeit die schöne dunkle Farbe der Kerne ist. Welche davon ich nun wirklich habe, weiß ich bis heute nicht.

Zucker Perl Perfection

Diese sehr alte, kleinsamige Perlbohne hat runde, fleischige, gekrümmte, grüne Hülsen, in denen sich früh die kugeligen Kerne abzeichnen – wie Perlen auf einer Schnur, daher der Name.

Sie wird als grüne Bohne verzehrt, wegen der Körner schmeckt die Sorte aber anders als die üblichen grünen Bohnen. Sie bildet teilweise Ranken bis 60 cm Länge (determiniertes Wachstum), benötigt aber keine Rankhilfe.

Klassisches Rezept für diese Sorte ist »Birnen, Bohnen und Speck«. Ich habe diesen Klassiker abgewandelt und koche »Birnen, Bohnen und Tofu« mit Räuchertofu, des Aromas wegen (siehe auch Seite 155).

Feuerbohnen

Feuerbohnen kultivierte meine Großmutter am Gartenzaun. Sie hatte eine eigene, bunte Mischung, von der sie jedes Jahr die schönsten Hülsen ausreifen ließ, um Saatgut für die kommende Saison zu gewinnen. Das ging so lange, bis eines weniger schönen Herbstes die noch nicht ganz trockenen Hülsen, die zum Nachtrocknen in einer Obststeige lagen, draußen vergessen wurden. Eine Frostnacht – und die Keimfähigkeit war dahin. Schade um sie.

Als Studentin habe ich dann in meiner Wohngemeinschaft auf der Fensterbank des Küchenfensters im dritten Stock Feuerbohnen gezogen, sie wuchsen bis ins nächste Stockwerk und darüber hinaus. Die Nachbarn, Geranien gewohnt, fanden das liederlich ...

Feuerbohnen

Preisgewinner

Diese wuchsfreudige Sorte mit schönen, intensiv roten Blüten macht ihrem Namen alle Ehre: Sie hat einen hohen Zierwert und ihre Hülsen sind lang, fleischig und bleiben sehr lange fadenlos. Sehr dekorativ zum einjährigen Beranken von Gartenzäunen und Pergolen.

Die Kerne sind schwarz gesprenkelt auf violettem Grund, gelegentlich erscheinen auch Samen mit umgekehrter Farbigkeit.

Verwendung als grüne Bohne, überwiegend kommen jedoch die getrockneten Kerne für Suppen und Eintöpfe zum Einsatz.

Painted Lady

Die englischen Damen sind ausgesprochene Schönheiten. Die 'Painted Lady' hat hell- bis mittelbraune Kerne, die sowohl zarte, helle als auch kräftige, dunkelbraune bis schwarze Sprenkel zeigen. Die Blüten sind rot-weiß. Ihre großen Hülsen schmecken im jungen Zustand kräftig und sehr lecker, aber sie wird überwiegend der Kerne wegen angebaut.

Nicht herausfinden konnte ich das Alter dieser Sorte. Recherchen im Internet ergaben Jahreszahlen von 1516, 1633 und 1855 – bei keiner anderen Sorte haben sich die Daten so stark widersprochen! Außerdem habe ich Abbildungen entdeckt, auf denen – angeblich – die 'Painted Lady' zu sehen ist, jedoch mit einfarbig rosa Blüten. Sehr rätselhaft, die Dame!

White Lady

Dieses Pendant zur 'Painted Lady' mit weißen Blüten und Kernen ist nicht minder vielseitig. Die Blüten sind im geschlossenen Zustand zart gelb und öffnen sich zu reinem Weiß. Sie sind so hübsch, dass ich immer versucht bin, mir einige für die Vase zu schneiden. Am Zaun, in Kombination mit einer weiß blühenden Trichterwinde, ist die romantische Wirkung kaum zu überbieten.

Die Hülsen sind jung ebenfalls sehr gut zu verwenden, die Kerne sind weiß.

Hestia

Eine gelungene Neuzüchtung, vor allem als Zierpflanze gedacht: buschförmig wachsend mit rot-weißen Blüten, unproblematisch im Beet und sehr dekorativ auch im Blumenkasten. Ganz nebenbei erntet man dann auch noch die kräftigen grünen Bohnenhülsen oder später die reifen Bohnenkerne und hat so den doppelten Nutzen.

Puffbohnen, Saubohnen oder Dicke Bohnen

Aquadulce

Eine Sorte mit sehr dicken, rotbraunen Kernen und hängenden Hülsen, von der es auch verschiedene Selektionen gibt – die 'Aquadulce Claudia' oder die 'Superaquadulce' beispielsweise, deren Kerne noch dicker sind als die der 'Aquadulce'. Die langen grünen Hülsen enthalten jeweils sieben bis neun Samen.
Die 'Aquadulce' blüht weiß mit dem typischen schwarzen Fahnenfleck. Sie gilt als mittelfrüh und stark wachsend bei einer Pflanzenhöhe um 1 m. Besonders die 'Aquadulce Claudia' ist gut geeignet, um sie bereits im Herbst zur Überwinterung auszusäen.

Buntsamige Kleine

Diese Sorte ist eher als Sortenmischung denn als wirkliche Sorte anzusprechen und mit ihren recht kleinen Kernen auch mehr den Ackerbohnen zuzurechnen. Die Kerne sind meist dunkel: maronenrot, Brauntöne und grünliches Beige.
Ich ernte sie jung und verwende sie im sommerlichen »Quer-durch-den-Garten«-Eintopf (siehe Seite 126), zum Beispiel zusammen mit Mangold zu neuen Kartöffelchen.

Dr. Becker Nr. 1

Mit der Schale zu verzehren! Die Besonderheit dieser Puffbohne aus der Züchtung von Dr. Becker ist, dass sie sich besonders gut eignet, um als ganze Hülse gegessen zu werden. Natürlich nutzt man dafür die jungen Hülsen, bevor die Kerne zu dick werden: Bei etwa einem Drittel der endgültigen Körnergröße erreichen die Puffbohnenhülsen das Maximum an Geschmack. Um den richtigen Zeitpunkt herauszufinden, hilft nur Probieren, »learning by eating« sozusagen. Einen sicheren Anhaltspunkt, woran sich das Geschmacksoptimum von außen erkennen lässt, gibt es leider nicht: Die Hülsen werden unterschiedlich groß, je nach dem, ob es viel regnet (oder bewässert wurde) oder ob es trocken war. Der Boden hat genauso Einfluss auf die Hülsengröße wie die Düngung ... lernen Sie die Sorte am besten selbst kennen.

Puffbohnen, Saubohnen oder Dicke Bohnen

Crimson flowered

Auf einer Reise nach England sah ich in einem Garten Puffbohnen mit wunderschönen roten Blüten. Die wollte ich auch haben! In einem englischen Gartenkatalog habe ich sie dann entdeckt, aber – no delivering to the continent, sorry. Eine Freundin, die in Großbritannien lebt und ebenso gartenbegeistert ist wie ich, hat sie mir dann besorgt und seither blüht und fruchtet die 'Crimson flowered' auch in meinem Garten.

Die Pflanzen wachsen recht hoch, 90 cm bis 1 m, und tragen ihre kurzen, kompakten Hülsen aufrecht.

Mittlerweile gibt es auch in Deutschland Anbieter, die Saatgut dieser schönen Puffbohne – oder auch andere rot blühende Faba-Sorten – im Sortiment führen, und einige englische Saatgutversender haben sich entschlossen, uns Festlandbewohner nicht mehr so ganz links liegen zu lassen, und liefern über den Kanal.

Bunyards Exhibition

Ebenfalls eine englische Sorte, eine sehr alte obendrein: 1884 gezüchtet, gilt sie englischen Gärtnern seit über hundert Jahren als anbauenswert! Die Pflanzen tragen sieben bis acht Hülsen pro Stock, die Hülsen enthalten meist nur sechs, selten acht Kerne, aber der Geschmack ist hervorragend.

Körnerbohnen oder Trockenkochbohnen

Auch wenn ich immer wieder höre, dass der Anbau von Körnerbohnen nicht rentabel sei, weil man diese Bohnen doch ganz bequem im Laden kaufen kann, will ich nicht auf meine Lieblingssorten verzichten.

Borlottobohnen

Auch »Borlottibohnen« genannt. Alte italienische Sortengruppe, sowohl als Buschbohne als auch als Stangenbohne im Saatguthandel zu haben. Ich bevorzuge die kletternden Borlottos wie zum Beispiel die Sorte 'Lingua di Fuoco' mit ihren rot-bunt gesprenkelten Hülsen. Die marmorierten, mehligen Kerne sind etwas kleiner als die der Feuerbohnen und haben ein feines, an Kastanien erinnerndes Aroma. Sehr gut verwendbar in Eintöpfen. Borlottobohnen lassen sich auch gut sehr weich kochen als Basis für Cremesuppen oder Bohnenmus.

Körnerbohnen oder Trockenkochbohnen

Monstranzbohne

Mit etwas Fantasie erkennt man in der roten Zeichnung um den Nabel des Bohnenkerns eine Monstranz.

Um diese Bohne ranken sich, wie bei einer so ausgefallenen Zeichnung nicht anders zu erwarten, Legenden und Geschichten: Die Bohne soll zum ersten Mal an einer Stelle gewachsen sein, an der ein Pfarrer die Monstranz seiner Kirche vergraben hatte, um sie vor plündernden Soldaten zu verstecken. Wahr ist jedenfalls, dass diese Bohnensorte gerne in Pfarrgärten angebaut wurde, nicht, um die hübschen Kerne zu verspeisen, sondern um sie wie Perlen zu Rosenkränzen aufzufädeln.

Monstranzbohnen wachsen kletternd.

Orcabohne

Buschbohne mit rundlichen, zweifarbigen Kernen, die Zeichnung ist geschwungen und schwarz-weiß wie ein Orcawal: Sehr hübsch und sie behalten die schöne Farbgebung auch nach dem Kochen. Mit ebensolcher Zeichnung fand ich in verschiedenen Saatgut-Katalogen und im Sortiment von Bohnensammlern auch Bohnen unter den Namen »Calypso« und »Staragorsky«. Sind sie identisch? Das ist nur mit wissenschaftlichen Methoden herauszufinden.

Eine andere Sorte mit ähnlicher Zeichnung, aber in rot-weiß ist die Sorte 'Yin & Yang'.

Oeil de perdrix / Das Auge des Rebhuhns

Eine Stangenbohne vom Typ »Perlbohne«.

Niedliche, perlartig runde, kleine kastanienfarbige Kerne. Französische Spezialität für Suppen und Eintöpfe. Der Geschmack der Kerne erinnert an Maronen. In Deutschland ist die Sorte recht unbekannt.

Red Kidney

Buschbohne mit gutem Ertrag für die Ernte der typischen, nierenförmigen roten Kerne. Eine klassische Sorte für »Chili con Carne«. Solange sie noch sehr jung sind, können auch die grünen Hülsen in der Küche Verwendung finden.

Kidneybohnen bekommt man fast überall zu kaufen: als Trockenkochbohne in Tüten, als Dosenware und als Fertiggericht. Soll ich jetzt sagen, dass es sich deswegen nicht lohnt, Kidneybohnen selbst anzubauen? Ich finde doch! Mein Rezept für »Chili« – ohne Carne – serviere ich meinen Gästen gerne und ich bin immer ein bisschen stolz darauf, wenn ich sagen kann: alles eigener Anbau ...

Körnerbohnen oder Trockenkochbohnen

Tarbais (Tarbais de Castre) / Haricot Tarbais

Kletterbohnensorte aus Frankreich, die mit »Appellation d' Origine Contrôlée« (AOC, kontrollierte Herkunftsbezeichnung) nur in der Region der Stadt Tarbes im Südosten Frankreichs am Fuße der Pyrenäen angebaut wird.

Die Pflanzen benötigen als Stütze stabile Pfähle, die aber nicht länger als 2 m zu sein brauchen. Die Kerne sind weiß und recht dick. Die Sorte gilt als eine der besten für die Zubereitung von »Cassoulet«, einem deftigen Ofengericht, zu dem neben den Bohnen auch Gans oder Ente und spezielle Würste gehören. Was nicht heißen soll, dass diese Bohnensorte für Vegetarier uninteressant ist! Für mein Rezept »Weiße Bohnen mit Nuss-Kräuter-Kruste« (siehe Seite 164) verwende ich am liebsten die 'Tarbais'.

Diese Sorte ist in Frankreich sehr beliebt, sie hat eine eigene Internetseite mit Hintergrundinfos, Rezepten und vielen Bildern aus der Region, die Lust machen, die Gegend zu besuchen (siehe auch Seite 211). Die Franzosen, die zur Förderung der Lebensmittel, die sie besonders schätzen, gerne regionale Vereine gründen, haben sich hier zur »Confrérie du Haricot Tarbais« zusammengeschlossen, der »Brüderschaft der Bohne aus der Region von Tarbes«. Und der Zweck, den die Bohnenbrüder verfolgen? Marketing für ihre Lieblingsbohne und die Region und – Bohnenessen natürlich!

Im privaten »Hobby«-Garten darf man die Sorte freilich auch außerhalb der Ursprungsregion anbauen, ernten und genießen.

Mogette de Vendée

Diese Buschbohne, ebenfalls mit geschütztem Regionalanbau (AOC), gedeiht im milden, atlantischen Klima der Vendée. Auch sie hat eine eigene Internetseite, siehe Seite 211.

Die Kerne sind weiß, nierenförmig und deutlich kleiner als die der 'Tarbais'. Weil sie relativ schnell garen, brauchen sie meistens nicht eingeweicht zu werden. In der Saison, von etwa Ende Juni bis Ende August, kann man sie auf französischen Märkten auch »demi-sec«, also als frische Flageoletbohne bekommen.

Auch für die 'Mogette' gilt: Im eigenen Garten ist der Anbau erlaubt, nicht aber in der Erwerbsgärtnerei außerhalb der Vendée.

Flageoletbohnen oder Palbohnen

Flageolet de Touraine / Kleine weiße Bohne aus der Touraine

Buschbohne mit zarten Kernen, die hellgrün geerntet werden, wenn sie noch so weich sind, dass man sie mit dem Fingernagel ritzen kann. Ausgereift werden die Kerne weiß.

Ich liebe diese Bohne besonders, weil ich sie in ihrer Herkunftsregion, der Gegend rund um Tours, kennengelernt habe. Seither ist sie für mich immer eine schmackhafte Erinnerung an traumhafte Ferien an der Loire.

Soisson vert á râmes / Grüne Kletterbohne

Eine kletternde Flageolet-Sorte mit etwas dickeren, blassgrünen Kernen. Die sehr jungen Hülsen sind noch fadenlos und schmackhaft. Von dieser Sorte kann man den ganzen Sommer über ernten: zuerst junge Hülsen, dann die weichen Kerne, später die Kerne ausgereift ... und immer ein Genuss!

Nützliche Adressen

Saatgut-Lieferanten

Sie können Bohnensamen natürlich im Gartenhandel, über die zahlreichen Kataloge der Samenhändler oder sogar im Supermarkt kaufen. Wenn Sie aber ungewöhnliche, seltene und alte oder auch besonders bewährte Sorten suchen, werden Sie sicher bei den folgenden Anbietern fündig.

Bio-Saatgut Gaby Krautkrämer
Eulengasse 2, 55288 Armsheim
www.bio-saatgut.de
Saatgut aus Biovermehrung für Haus- und Hobbygärtner,
viele rare und alte Sorten (biologische Produktion)

Bingenheimer Saatgut AG
Kronstraße 24 – 26, 61209 Echzell-Bingenheim
www.bingenheimer-saatgut.de
Saatgut für Landwirte und Gärtner,
Züchtung von Sorten für den ökologischen Anbau (biologische Produktion)

Dreschflegel GbR
In der Aue 31, 37213 Witzenhausen
www.dreschflegel-saatgut.de
Zusammenschluss von Bioanbauern, Saatgut alter Sorten für Hausgärtner,
sowohl politisch als auch praktisch aktiv in der Erhalterarbeit (biologische Produktion)

ingana Shop
Konrad-Adenauer-Straße 8, 35440 Linden
www.inganashop.de
viele rare und exotische Saaten, Zubehör für Pflanzenanzucht (konventionelle Produktion)

Reinsaat KG
Reinhild Frech-Emmelmann
3572 St. Leonhard am Hornerwald 69, Österreich
www.reinsaat.com
biologisch-dynamischer Saatzuchtbetrieb,
Kooperation mit der Erhalter-Organisation Arche Noah (biologische Produktion)

Sativa Rheinau AG
Klosterplatz 1, 8462 Rheinau, Schweiz
www.sativa-rheinau.ch
demeter-Saatgut für Landwirte und Gärtner,
Kooperation mit der Erhalter-Organisation ProSpecieRara (biologische Produktion)

Thompson & Morgan
Poplar Lane, Ipswich, Suffolk, IP8 3BU, Großbritannien
www.thompson-morgan.com, www.tandmworldwide.com
verblüffende Vielfalt – allein 14 Sorten Puffbohnen (konventionelle Produktion)

Erhalter-Organisationen

»Erhaltung durch Nutzung« haben sich die folgenden Organisationen auf ihre Fahnen geschrieben: Arche Noah in Österreich, ProSpecieRara in der Schweiz und der Verein zur Erhaltung der Nutzpflanzenvielfalt e. V. (VEN) in Deutschland sind die richtigen Anlaufstellen für all jene, die sich gerne an der Erhaltung alter Sorten beteiligen möchten oder Informationen dazu brauchen. Die Vereine bieten auch Kurse zum Thema Saatgutgewinnung an.

Arche Noah
Gesellschaft für die Erhaltung der Kulturpflanzenvielfalt & ihre Entwicklung
Obere Straße 40, 3553 Schiltern, Österreich
www.arche-noah.at
Im Arche Noah Sortenhandbuch werden die Saatgut-Angebote der aktiven Mitglieder ebenso veröffentlicht wie die Saaten, die im Schaugarten und auf den Vermehrungsflächen des Vereins in Schiltern gedeihen. Sortenarchiv mit über 800 Bohnensorten! Die Online-Sorten-Datenbank enthält derzeit neben Tomaten, Paprika und Salaten über 50 Bohnensorten mit Beschreibungen und Bildern und wird fortlaufend erweitert. Auch Nicht-Mitglieder können das Sortenhandbuch ordern und daraus bestellen.

ProSpecieRara
Schweizerische Stiftung für kulturhistorische
und genetische Vielfalt von Pflanzen und Tieren
Pfrundweg 14, 5000 Aarau, Schweiz
www.prospecierara.ch
Schaugärten an verschiedenen Orten in der Schweiz, Sortendatenbank im Internet,
unter anderem mit sehr vielen Bohnen, die meisten mit Abbildungen

210

Verein zur Erhaltung der Nutzpflanzenvielfalt e. V. (VEN)
Uhlandstraße 57, 45468 Mülheim an der Ruhr
www.nutzpflanzenvielfalt.de
Die jährlich erscheinende Saatgutliste veröffentlicht die von den aktiven Mitgliedern vermehrten Samen und Pflanzen. Die Liste kann auch von Nicht-Mitgliedern bestellt und genutzt werden.

Wissenswertes, Essenswertes und Bohnenschmuck

Slow Food Deutschland e. V.
Luisenstraße 45, 10117 Berlin
www.slowfood.de
»Essen, was man retten will!« ist die Devise bei den Slow-Food-Projekten zur Erhaltung der Biodiversität. Weltweit sind auf der »Arche des Geschmacks« schon über 1000 Produkte als Passagiere registriert: alte Sorten, alte Rassen und traditionell hergestellte Lebensmittel. In jedem Land, in dem sich Mitglieder zu »Convivien« zusammengeschlossen haben, gibt es eigene Schwerpunkte. Von Deutschland aus sind bis heute 29 vom Vergessen bedrohte Köstlichkeiten auf die Arche gewandert, noch zählen Bohnen nicht dazu. Als Kandidaten vorgemerkt sind aber die Stangenbohnensorte 'Türkische Erbse' und die Kokosbohne 'Ahrtaler Kökse'. Bei Slow Food Schweiz hat sich im Jahre 2008 ein eigener Förderkreis für die Dörrbohne gegründet (www.slowfood.ch).

www.haricot-tarbais.com
Wissenswertes zur Bohnensorte 'Haricot Tarbais', einer beliebten Sorte in Frankreich mit geschütztem Regionalanbau (AOC) aus der Region um Tarbes.

www.mogettedevendee.fr
Wissenswertes zur Bohnensorte 'Mogette de Vendée', einer beliebten Sorte in Frankreich mit geschütztem Regionalanbau (AOC), die in der Vendée angebaut wird.

Gemüsesortenprojekt »Rheinland (+) Pfalz«
Christian Havenith
Auf der Esch 24, 56653 Wassenach
www.gemüsesortenprojekt.de
Unter der Schirmherrschaft des Bund für Umwelt und Naturschutz hat sich hier eine beeindruckende Sammlung regionaler Sorten entwickelt, die nach Möglichkeit auch angebaut werden. In der Vielfaltsgärtnerei von Christian Havenith können private Gärtner für den Eigenbedarf Saatgut dieser Sorten bestellen.

www.joogen.bplaced.net/gar.htm
beeindruckendes, sehr umfangreiches privates Projekt zur Erhaltung seltener Nutzpflanzen von Prof. Dr. Jürgen Klapprott mit sehr vielen Beschreibungen von Bohnen, zum Großteil mit Bildern

www.waimann.de/capitel/inhalt.html
Im »New Kreüterbuch« von Leonhart Fuchs aus dem Jahre 1543 findet sich sowohl die älteste Darstellung der Gartenbohne als auch eine sehr schöne Darstellung der Saubohne. Auf der angegebenen Website finden Sie alle Abbildungen dieses beeindruckenden Buches in digitalisierter Form.

211

Bohnenschmuck
Dr. agr. Anja Oetmann-Mennen
Schwarzer Weg 35, 49536 Lienen
www.bohnenschmuck.de
Mit alten Bohnensorten lässt es sich gut kochen und gut schmücken!

Hersteller und Händler

Im Folgenden eine Auswahl an Herstellern und Händlern von Bohnenspezialitäten und anderen Zutaten für die Bohnenküche. Die Adressenliste erhebt keinen Anspruch auf Vollständigkeit!

BioManufaktur Grünboden
Urs Frühauf
6264 Pfaffnau, Schweiz
www.gruenboden.ch
Urs Frühauf hat in seinem Sortiment nicht nur die echten Schweizer Dörrbohnen, sondern auch noch weitere leckere Spezialitäten.

EL PUENTE GmbH
Lise-Meitner-Straße 9, 31171 Nordstemmen
www.el-puente.de
fair gehandelte Produkte, unter anderem im Sortiment: Palmzucker aus Bioanbau und Gewürze

mercado mexicano e. K.
Feinkost Import
Klosterstraße 27 b, 97084 Würzburg-Heidingsfeld
www. mercadomexicano.de
mexikanische Spezialitäten, unter anderem im Sortiment: original mexikanische Bohnen als Konserven; weißes und blaues Maismehl; getrocknete Blätter von Hoja santa und weitere Zutaten für die mexikanische Küche

TALI
Dr. Aziz Pourebrahim
Steinweg 1, 34298 Helsa
www.tali.de
orientalische Spezialitäten, unter anderem im Sortiment: persische Baghla-Bohnen, Golpar, Tamarindenmark, indische Gewürze und weitere Zutaten für die orientalische Küche

LIMA Deutschland
Im Aul 88, 53738 Eitorf
www.limafood.com
unter anderem im Sortiment: Edamame-Bohnen als Konserve im Tetrapack, pur oder in verschiedenen Zubereitungen, erhältlich im Naturkost-Fachgeschäft

Bio Gärtnerei Christian Herb
Heiligkreuzerstraße 70, 87439 Kempten im Allgäu
www.bio-kraeuter.de
Biogärtnerei, bei der Sie die von mir in den Rezepten erwähnten Kräuter als Pflanzen für Ihren Garten oder Balkon beziehen können.

Rühlemann's Kräuter & Duftpflanzen
Auf dem Berg 2, 27367 Horstedt
www.kraeuter-und-duftpflanzen.de
Biogärtnerei, bei der Sie die von mir in den Rezepten erwähnten Kräuter als Pflanzen für Ihren Garten oder Balkon beziehen können.

Kräuter- und Wildpflanzengärtnerei Strickler
Bioland-Gärtnerei
Lochgasse 1, 55232 Alzey-Heimersheim
www.gaertnerei-strickler.de
Biogärtnerei, bei der Sie die von mir in den Rezepten erwähnten Kräuter als Pflanzen für Ihren Garten oder Balkon beziehen können.

Zum Weiterlesen

- Benediktinerinnen Abtei Fulda: **Pflanzensaft gibt Pflanzen Kraft: Pflanzliche Gieß- und Spritzmittel für den Garten**

- Faßmann, Natalie: **Auf gute Nachbarschaft. Mischkultur im Garten,** pala-verlag

- Fuchs, Leonhart: **New Kreüterbuch,** Basel 1543, Facsimilia Art & Edition

- Gladis, Dr. Thomas: **Die Trocken- oder Körnerbohnen. Von den Wanderungen und den Wandlungen der Kulturpflanzen,** VEN-Samensurium Heft Nr. 15, Seiten 11 – 23, Verein zur Erhaltung der Nutzpflanzenvielfalt e. V.

- Grünefeld, Dettmer: **Das Mulchbuch. Praxis der Bodenbedeckung im Garten,** pala-verlag

- Heistinger, Andrea, Arche Noah, ProSpecieRara (Hrsg): **Handbuch Samengärtnerei: Sorten erhalten. Vielfalt vermehren. Gemüse genießen,** Verlag Löwenzahn

- Körber-Grohne, Udelgard: **Nutzpflanzen in Deutschland: Kulturgeschichte und Biologie,** Konrad Theiss Verlag

- Kreuter, Marie-Luise: **Der Biogarten,** BLV Buchverlag

- Kreuter, Marie-Luise: **Biologischer Pflanzenschutz: Schädlinge und Krankheiten naturgemäß abhalten,** BLV-Buchverlag

- Kreuzer, Johannes: **Kreuzers Gartenpflanzen-Lexikon,** Thalacker Medien

- Storl, Wolf-Dieter und Pfyl, Paul Silas: **Bekannte und vergessene Gemüse: Heilkunde. Ethnobotanik. Rezepte,** AT Verlag

- Vogel, Georg: **Handbuch des speziellen Gemüsebaus,** Ulmer Verlag

- Zacher, Dr. Friedrich: **Käferfraß an Hülsenfrüchten,** aus: Sonderdruck der Gesellschaft für Vorratsschutz e. V. 1942

- Yanping, Wu: **Ernährungstherapie mit chinesischen Kräutern: Die chinesische Diätetik kombiniert mit Phytotherapie,** Elsevier GmbH, Urban & Fischer Verlag

Rezeptindex

214

Wir engagieren uns noch stärker für den Klimaschutz!

Seit mehr als 15 Jahren drucken wir unsere Bücher weitestgehend auf Recyclingpapier und versuchen damit, eine ressourcenschonende und umweltfreundliche Buchproduktion zu ermöglichen.

In den letzten Jahren ist der Klimawandel mit seinen weitreichenden Folgen für uns und vor allem unsere nachfolgenden Generationen immer mehr zum Thema geworden. Die Auswirkungen sind bereits jetzt spürbar – Wetterextreme, sich verschiebende Jahreszeiten, Erderwärmung. Auch wenn diese Entwicklungen nicht mehr völlig aufzuhalten sind, müssen wir – auch als Verlag – aktiv werden.

Die *freiburger graphische betriebe,* die Druckerei, in der unsere Bücher produziert werden, beteiligen sich an der Klimainitiative der Druck- und Medienverbände Deutschland und bieten die Möglichkeit, Buchproduktionen klimaneutral herstellen zu lassen. »Klimaneutral« bedeutet den Ausgleich von Treibhausgasen bzw. die Neutralisation durch die Einsparung einer bestimmten CO_2-Menge an anderer Stelle. Da die Wirkungen des Treibhauseffektes global schädigen, ist es irrelevant, an welchem Ort der Welt Emissionen entstehen und wo sie dann letztendlich eingespart werden. Der gesamte Prozess des Ausgleiches von Treibhausgasen basiert auf dem Kyoto-Protokoll von 1997.

Wir haben nun die Möglichkeit, für jedes Druckprodukt den genauen Wert des CO_2-Ausstoßes, der auf den Produktionsprozess in der Druckerei und deren Materialeinsatz zurückzuführen ist, zu ermitteln. Mit Hilfe eines vom Bundesverband der deutschen Druckindustrie entwickelten Rechners, mit dem viele Faktoren erfasst werden – Energieverbrauch, Farbe, Papier, Transportwege oder Einsatz von Personal – wird am Ende der Buchproduktion ein Wert ermittelt, der die relevante Wertschöpfungskette für die technische Herstellung des Buchs umfasst und den durch die Produktion verursachten CO_2-Ausstoß nachweist.

Für diesen Wert bezahlen wir als Verlag einen Ausgleich, der dann in anerkannte und zertifizierte Klimaschutzprojekte fließt. Die Zertifizierung erfolgt durch die Organisation firstclimate (www.firstclimate.com) und wird durch das Logo »Print CO_2 kompensiert« angezeigt.

Die aus dem Druck dieses Buchs resultierende Klimaabgabe fließt in ein Windparkprojekt in der Marmara-Region in der Türkei.

Das Projektgebiet liegt in der Marmara-Region an einem Höhenrücken etwa 350 m über Meereshöhe, nahe der Dörfer Elbasan und Çatalca unweit Istanbuls. Im Rahmen des Projekts werden 20 Windenergieanlagen mit einer Nennleistung von je 3 MW errichtet.

Biogarten nach dem Vorbild der Natur

Thomas Lohrer:
Marienkäfer, Glühwürmchen, Florfliege & Co.
ISBN: 978-3-89566-277-5

Natalie Faßmann:
In die Falle gegangen
ISBN: 978-3-89566-288-1

Dr. Ralf Klinger:
Regenwürmer – Helfer im Garten
ISBN: 978-3-89566-282-9

Natalie Faßmann:
Auf gute Nachbarschaft
ISBN: 978-3-89566-257-7

Andere Bücher aus dem pala-verlag

Herbert Walker:
Bohnen, Erbsen, Linsen & Co.
ISBN: 978-3-89566-215-7

Irmela Erckenbrecht:
Querbeet
ISBN: 978-3-89566-279-9

Heike Kügler-Anger:
Vegetarisches aus der Klosterküche
ISBN: 978-3-89566-286-7

Jutta Grewe:
Vegetarisches aus Omas Küche
ISBN: 978-3-89566-294-2

Gesamtverzeichnis bei:
pala-verlag, Rheinstraße 35, 64283 Darmstadt, www.pala-verlag.de

ISBN: 978-3-89566-298-0
© 2011: pala-verlag
Rheinstraße 35, 64283 Darmstadt
www.pala-verlag.de

Alle Rechte vorbehalten.

Umschlag- und Innenillustrationen: Lisa Apfelbacher
Lektorat: Angelika Eckstein

Druck: fgb • freiburger graphische betriebe
www.fgb.de
Printed in Germany

Dieses Buch ist auf Papier aus 100 % Recyclingmaterial
gedruckt und klimaneutral produziert.